RESURRECTING RETAIL

The Future of Business in a Post-Pandemic World

小売の未来

新しい時代を生き残る10の「リテールタイプ」と消費者の問いかけ

ダグ・スティーブンス 著
斎藤栄一郎 訳

DOUG STEPHENS

プレジデント社

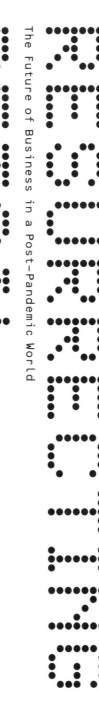

RESURRECTING RETAIL
The Future of Business in a Post-Pandemic World
by
Doug Stephens

脅威に立ち向かい、
チャンスを捉え、
未来を受け入れるすべての人々のために

はじめに

　1980年代にカナダのカルガリー南部の郊外で育った私にとって、巨大ショッピングモールの「サウスセンター・モール」は、生活になくてはならない存在だった。友人とぶらぶらしたいときは、決まってこのモールに行ったものだ。家族でさっと食事を済ませて映画を観るのも、ここだった。もちろん、買い物もここと決めていた。特に8月と12月には、核テナントだった百貨店のイートンズとザ・ベイが新学期セールやらクリスマス翌日のバーゲンで競い合い、多くの買い物客でごった返していた。

　当時の私には、お決まりの巡回コースがあった。HMVに寄っては新譜を聴き、ビルボードのシングルヒットチャートでお気に入りのアーティストの順位を確認する。たとえ購入する余裕がなくても、それで満足していた。続いてギャップ（GAP）だ。ここは私が夏休みにいつもアルバイトをしていた店で、ジーンズやT

シャツを売った。そして映画館。火曜の夜は入場料が5ドル以下になるので、いつも満員だった。

こうして振り返ってみると、あのモールは単なる買い物の場でなかったことがわかる。そう、すべてが詰まっていたのだ。地域の中心として、娯楽、刺激、そして現実逃避の場と、すべて揃っていたのである。

新型コロナウイルスの感染拡大に世界が振り回され、私たちの日々の暮らしが様変わりするはるか前から、北アメリカのショッピングモールの底なしのような凋落は、じわりじわりと始まっていた。私たちの前に最初に登場したのが、大規模小売店だ。ショッピングといえば「ありきたりの商品を大量に並べたお決まりの大型店舗に行く」というイメージを植え付けた張本人である。その後、アマゾンを筆頭にオンラインストアが誕生すると、消費者は買い回りの煩わしさや苦労から解放され、自宅にいながら無駄なく便利に何でも買えるようになった。そして現在、パンデミックでデジタル化が一気に加速し、本来なら何年もかかるはずのオンライン販売の成長が、わずか数カ月で達成されてしまった。その結果、世界中で業績が低迷する大量の小売店が閉店を余儀なくされている。

実際、2020年は、実店舗の終焉にとどめを刺すかのような場面が何度となく訪れた。ダグ・スティーブンスが本書『小売の未来』で明快に語っているように、世界的な感染拡大とそれに続く経済危機で長期的なトレンドが加速しているばかりか、数十年に一度あるかないかというような人間行動の変容も進んだ。その結果、生活や仕事、教育のあり方、そして買い物のありようや理由まで、何もかもが変わろうとしている。

小売業界の経営幹部やマーケティング担当者にとっては、ポストコロナの世界で小売りをどう再構築するかが大きな課題となる。本書では、ダグならではのざっくばらんな直球の語り口で、これから生き残る10の小売りの型「リテールタイプ」が提示される。ダグが描く新たな世界が現実のものとなれば、生き残るショッピングモールは、新興住宅街やフィットネススタジオ、図書館、レストラン、コンセプトストアなどが集まったコミュニティの中心地や町の広場のような存在になるはずだ。私にとってのかつてのサウスセンター・モールのイメージである。

一方で、未来のショッピングモールは、小売りやショッピングに関わる新たな技術や思考様式にも対応したものになっていく。つまり、顧客がどこかで実際に購入する場合でも、ブランドに対するロイヤリティや認知度の向上につなげていくということだ。もはや売り場面積当たり売上高とか、1クリック当たりのコストの時代ではない。売り場面積当たりの体験内容、1クリック当たりの売上高が問われる時代なのである。

現在の混乱が収まったときに世界がどのようになっているのか、知りようもないが、1つだけ確かなことがある。ありとあらゆるものが変わり、「ピンチはチャンス」という言い古された言葉が改めて見直されることになる。そのチャンスをつかむ手助けとなるのが、本書『小売の未来』だ。

イムラン・アメッド
『The Business of Fashion』創業者・CEO
2020年11月ロンドンにて

CONTENTS

第2章 異世界へのタイムトンネル

第3章 食物連鎖の頂点に立つ怪物たち

第4章 大きな獲物が狙われている

第5章 新しい時代を生き残るリテールタイプ

第6章

小売りの技を極める

第7章 ショッピングモールの再生

第8章

小売の未来

序章

握手とハグが当たり前だった日々

HANDSHAKES AND HUGS

親指に刺すような痛みがあると、
邪悪な何かが訪れる

ウィリアム・シェイクスピア

上空から見ると、それが何なのか最初は理解できない。巨大な空間にアルミの骨組みが作られ、そこから白やグレーのカーテンがいくつも垂れ下がり、防音パネルで仕切られた小間が延々と続いている。このように細かく区切られたスペースが約18万5800平方メートルの空間に何列も並ぶ。地上に近づいていくと、フォークリフトやパレットトラックがせわしなく動き回り、消耗品や什器、機材などを指定された場所に運んでいるのがわかる。

「年中無休24時間体制で専門チームと連携しながら、拠点の詳細を詰めて発注します。そして発注直後から設営作業が始まりました」

アメリカ国防総省向けのある記事で、陸軍工兵隊の広報官マイケル・エンブリッチはこのように説明する。

2020年春、陸軍工兵隊はニューヨーク市と協力してこの施設を設営した。新型コロナウイルス感染者2000人以上を収容する施設である。[1] この施設はあっという間にアメリカ最大級の医療施設になった。収容力で言えば、近隣の病院を大きく上回る規模である。医療専門家によれば、電気・水道が即座に利用できることに加え、廃棄物管理や適切な換気設備を考えれば、理想的な施設だ。最近の医療施設に比べれば、高級感こそないが、搬送される患者にとっては、ありがたい新しい環境だった。

最も印象的だったのは、施設完成までにかかった期間だ。

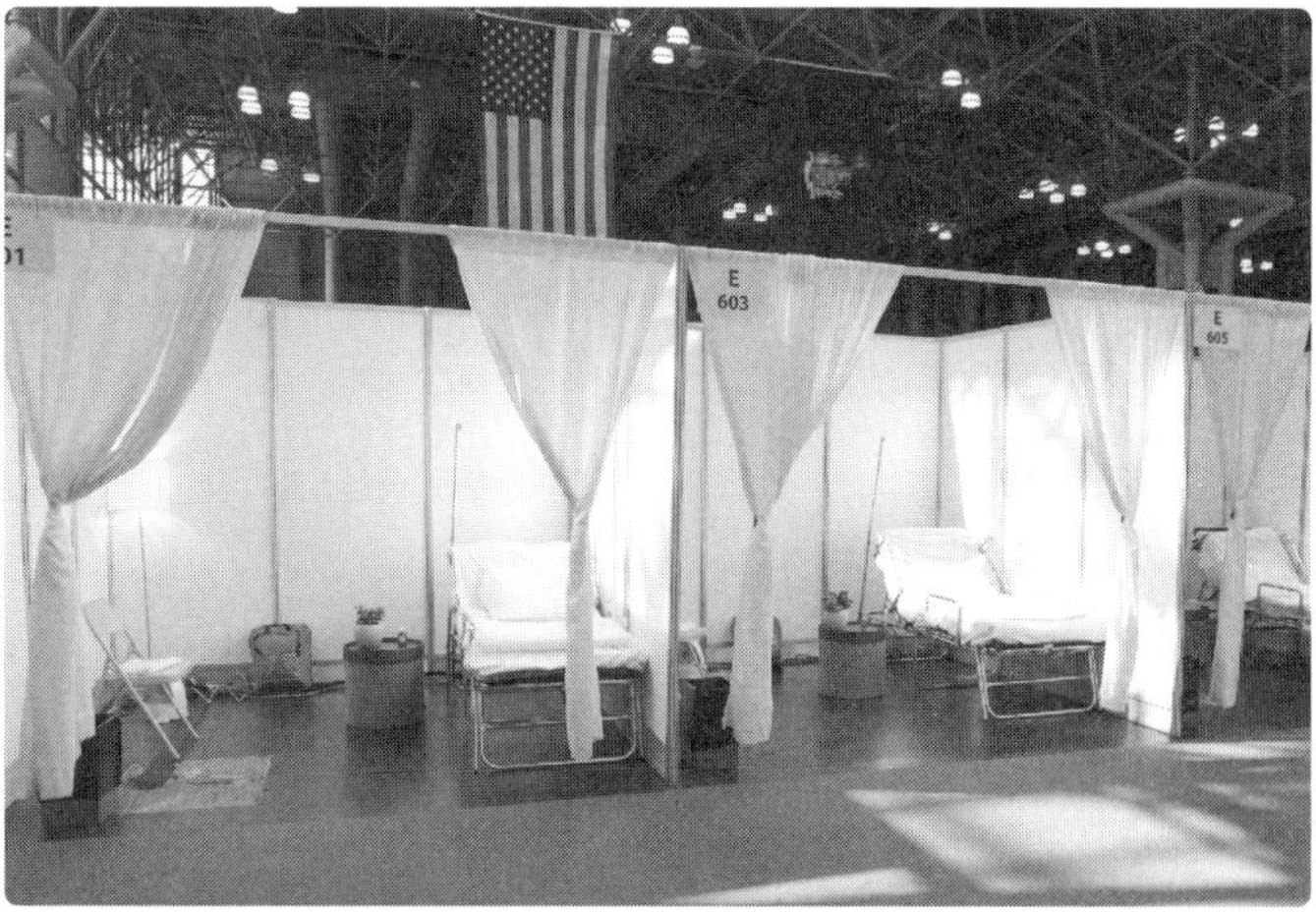

全米小売業協会主催見本市の会場としてもお馴染みのジェイコブ・ジャビッツ・コンベンションセンターが、ニューヨークの感染者数急増を受け、アメリカ陸軍工兵隊による仮設病院に様変わり

「通常の設計・施工とは比べものにならないほどのスピードだった」とエンブリッチは振り返る[2]。実際、施設全体が内装も含めてほぼ2週間で完成してしまったのだから、どう見ても大変な力業だったと言わざるを得ない。

こんな大規模の建設工事があっという間に完成したとはにわかに信じがたい。この仮設病院のある場所が元々コンベンションセンターで、ほんの3カ月前には全米小売業協会(NRF)主催の最大級の業界見本市「ビッグ・ショー」が開催されていたと、誰が信じるだろうか。毎年、ニューヨークシティで1月に開催されている見本市である。実際、2020年1月、私は世界中の小売り関係者とともにこの場にいた。ホールや吹き抜けスペース、講堂に3万7000人が詰めかけ、小売業界の行方について話し合ったばかりだった。

数え切れないほどの握手やハグを交わし、密集して列に並び、騒々しいセッションホールでは互いに顔を寄せ合って会話をしていた。

ところが、そのわずか数週間後には、それまで当たり前だった行動を控えるように言われ、禁止されるケースも出てくるとは、想像だにしなかった。まして、2020年が小売業界はもちろん、地球上のほぼすべての生業《なりわい》に与える影響の深刻さなど、まともに見通せた人間はいなかったのではないか。私たちの暮らしも仕事も一変してしまった。

パンデミックがもたらした世界的な変容の象徴として、この施設以上のものは簡単には思いつかない。小売業界の明るい未来と期待が渦巻く一大拠点だった巨大なジェイコブ・ジャビッツ・コンベンションセンターがわずか3カ月後には、米国陸軍の仮設病院となり、100年に一度あるかないかの最悪のパンデミックであふれ返る何千人もの患者を受け入れることになったのである。

今にして思えば、くだんの見本市の参加者のうち、あの日、あの場で話し合われたテーマやコンセプト、討議内容は、その後に襲いかかる事態に比べれば、実に些細なことだった。しかし、それを当時想像できた者はいなかっただろう。タイタニック号で浮かれ騒いでいた乗客と同じで、世界の小売業界が動かしようのない巨大な壁に激突し、業界全体がボロボロになるような前触れも兆候もなかったのだ。

2019年の小売業界を振り返る

パンデミックが猛威を振るっている本書執筆時点でも、世界の小売業界にとって2019年は遠い昔のことのようで、懐かしささえ覚える。2019年が素晴らしい1年だったからではない。いや、素晴らしくも何ともない年だった。あくまで比較のうえで、2020年が悪すぎたからなのだ。

現に2019年に業界が抱えていた基本的な筋書きは、世界的な減速だった。貿易戦争、関税、地政学的な緊張、膨れ上がった負債に苦しむブランド各社、迫り来る世界的な景気後退が束になって業界に襲いかかり、将来の景況感も展望も悪くなるばかりだった。耐久消費財に対する世界的な需要は落ち込み、中国を含むあらゆる国々で国内生産が減少した。

たとえばイギリスでは、2019年は小売業界にとって史上最悪の1年となった。ブレグジット（EUからの離脱）をめぐる不安に、とどまるところを知らない小売店の閉鎖も重なり、消費者心理の冷え込みに拍車をかけることになった。

当時としては史上空前の低失業率、極めて低い借入金利、所得税減税が揃ったアメリカ経済でさえ、10－12月期全体で小売りの売上高は、前年比0・3％増にとどまった。小売業界で何かともてはやされていた「黄金の四半期」も、すっかり輝きを失っていた。

多くのブランドは息も絶え絶えで、自分たちがどうにか生きながらえるのがやっと。消費者の購買意欲を再び刺激するどころではなくなっていた。百貨店などの業績不振組は、明らかに風向きが変わった世界で、自らの存在意義を問い直すという終わりなき戦いに苦しんでいた。

クレディ・スイスのレポートによれば、2019年10月には、アメリカ国内の店舗閉鎖数は、7600店に達していた。同社の調査開始から25年間で、1－9月期の数字としては最悪の結果となった。同レポートでは、とりわけアメリカのアパレル業界の業績不振は、業界全体にとって特に大きなお荷物になっていると指摘されていた。[3] もっと言えば、アメリカの小売り全般として、何の記録更新も見られなかった。むしろその逆だ。

もっとも、経済が真っ暗闇だったかといえば、そうでもない。投資できる資本がある人には一筋の光も見えた。その数少ない例が株式市場で、主要株価指数は軒並み上昇した。S＆P500種株価指数は、12カ月で28％の上昇だった。さらに好調だったのがナスダック総合指数で前年比35％増、ダウ平均株価は前年に比べて22％上昇した。

かたや驚くような収益をもたらした株式市場、かたや長引く景気低迷に見舞われている小売業界。この明暗は、いわばウォール街と繁華街の間にどうやら決定的とも言うべき溝があり、しかもそれが広がり続けていることを物語っていた。一例を挙げれば、アメリカの人口のざっと10％が、株式全体の80％を握っているのである。[4] 相場に手を出す余裕がある雲の上の人々は笑いが止まらず、地上の庶民は悲観的になっていたというわけだ。

だが、私は望みを捨てていなかった。誰の目にも明らかな弱点がないわけではないが、小売業界全体が積年の課題に対して、デジタルコマースやデータサイエンス、体験型の店舗デザインといったかたちで、ゆっくりではあるが重要な進歩を遂げつつあったように思える。全米小売業協会が毎年開催しているニューヨークシティの店舗最前線視察ツアーでは、テキサス州発のスタートアップ企業である「ネイバーフッドグッズ」や新時代の玩具ストアの体験を売りにする「キャンプ」、ギャラリーと小売りとイベントスペースを融合した独自のセンスが光る「ショーフィールズ」など、斬新な体験型コンセプトの視察を企画していた。どれも大変有望なもので、長年、迷走する小売りの世界で変化を提唱してきたごく一握りの人間としては、小売り革命がようやく浸透し始めたことに大きな手応えを感じていた。小売業界が目を覚ましたかに見えた。

私は、２０１９年後期には新しい本を書こうと心に決めていた。アートと小売りに共通するある要素が徐々に頭をもたげてきていて、そこに光を当てようと思ったからだ。12月31日には序章をしたためていた。実はその2週間以上前に、1万1000キロ以上離れた中国の政府高官が、人口1100万人を擁する港湾都市・湖北省武漢で異常な肺炎の症例が数件見られるとWHO（世界保健機関）に通報していた。後にわれわれは、漏洩《ろうえい》した中国政府の内部文書から、同ウイルスの最初の徴候が11月半ばにはすでに表面化していた可能性があることを知る。[5]

ご多分に洩れず、私もこのニュースを軽く受け流していた。中国の保健衛生当局が適切に封じ込めるだろうと思い込んでいたからだ。中国にしても初めての経験ではないし、みんなが常識的に行動して手洗いを励行すれば、たちまち平常どおりに戻ると考えていたのは、私だけではないだろう。欧米の人間は、過去20年間によその国でウイルス大流行のニュースを耳にしてもすっかり慣れっこになっていて、自分たちの暮らしや仕事に深刻な影響が及ぶわけがないとタカをくくっていたのである。だから、あたかも〝どこかで見たことのある映画〟のように受け止め、気にするそぶりも見せなかった。

だが、市場はそうした呑気な姿勢とは裏腹に反応していた。まったく同じ2019年12月31日、ダウ平均は前週末比183・12ドル安（マイナス0・6％）の2万8462・14ドルで取引を終えた。S&P500は18・73ドル安（マイナス0・6％）の3221・29ドル、ナスダックは60・62ドル安（マイナス0・7％）の8945・99ドルだった。結果論ではあるが、こんな相場にありがちなちょっとした下落が、実は最初のかすかな兆しで、これが徐々に大きくなって巨大な津波となり、人も経済も惨憺《さんたん》たる状況に追い込まれたと振り返ることになる。

ほどなくして、ひとくちにウイルスといっても、疫学の世界では、既知のウイルスと未知のウイルスの2つがあることも知られるようになった。平たく言えば、新型と呼ばれるウイルスは、過去に出現したことも調査されたこともないウイルスである。したがって治療法も抗体もワクチンも存在しない。まったくもって未知の怪物だったのである。

わずか数カ月後には、世界の小売業界がほぼ例外なくロックダウン状態に突入する。2020年3月3日、混乱が広がるなか、私は出版社に連絡を取り、執筆中の本のテーマを変えたいと申し出た。小売業界絡みで執筆に値するストーリーといえば、新型コロナウイルス感染症（COVID-19）以外に考えられなかったからだ。

「健康」と「経済」への脅威。双頭のモンスターだった新型コロナ

危機を評価する際に難しいのは、脅威とその規模をどう見極めるかだ。迫り来る脅威の範囲と規模がわからなければ、それに見合った対策の取りようがない。

今回のパンデミックを量的に捉えることが難しいのは、その危険性を見るときに2つのまっ

〔図1〕新型コロナウイルスと他のパンデミックの比較

原因	期間	死亡者数	治療法
スペインかぜ	1918～1919年	5,000万人	なし
SARS	2003年	774人	ワクチン
H1N1	2009～2010年	15万1,700人～57万5,400人	ワクチン
MERS	2012年～現在	881人	なし
エボラ出血熱	2014～2016年	11万1,323人	なし
新型コロナウイルス感染症	2019年～現在	200万人 以上	治療法・複数のワクチンが開発中

出所：Business Insider

たく異なる尺度が存在するからだ。1つめの尺度は、健康上の脅威である。この面では、SARS（重症急性呼吸器症候群）やMERS（中東呼吸器症候群）、豚インフルエンザウイルス（H1N1）、エボラ出血熱、1918年のスペインかぜなど過去の世界的な流行と、新型コロナウイルスを比較できる。簡単に言えば、健康の観点では、1918年のスペインかぜが全世界で5000万人の命を奪って以降、新型コロナウイルスは最も広範に致命的な健康被害をもたらした緊急事態である。本書執筆時点で200万人以上の患者が命を奪われている。読者が本書を読んでいるころには、死亡者数ははるかに増えて、何倍にもなっている可能性がある〔図1〕。

さて、第1の尺度が健康だったのに対して、第2の尺度は、経済的な脅威である。これに関しても過去に学ぶことができる。30歳以上の読者なら、2008－2009年の世界金融危機（リーマン・ショック）が残した爪痕を今も生々しく覚えているのではないか。誰がどう見ても、多くの人々がかつて経験したことのないどん底の経済不況だった。だが、新型コロナウイルスに比べれば、あのときの危機など、可愛いものだ。

〔図2〕
世界のGDPに与えた経済的影響

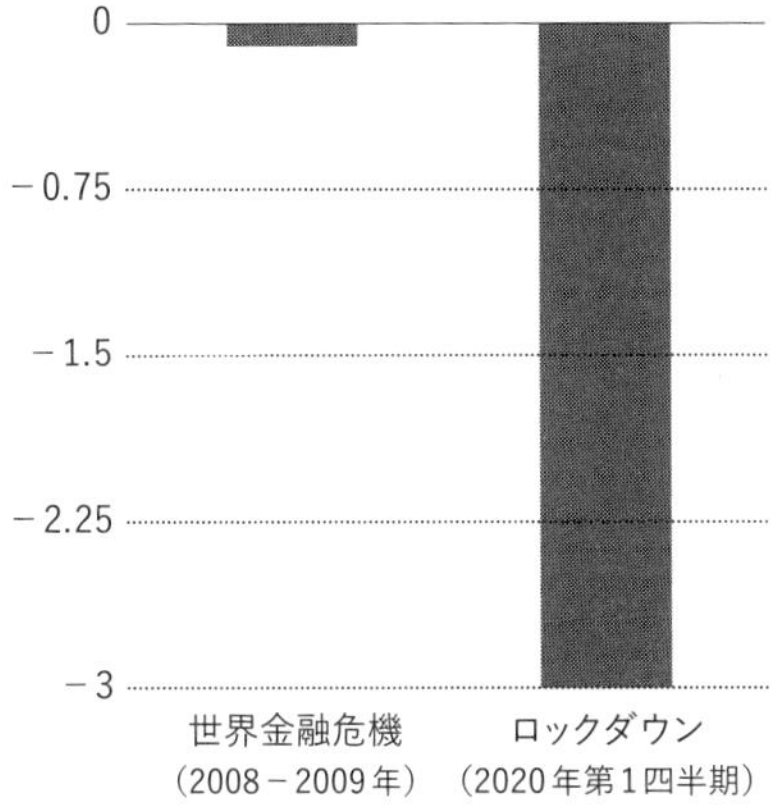

出所：IMF World Economic Outlook

　世界経済フォーラムの推定では、2020年第1四半期に世界各地で都市封鎖が相次いだ「グレート・ロックダウン」中に世界のGDPが3%の落ち込みを見せた。2008－2009年の世界金融危機の際の実に30倍である。欧州連合、イギリス、アメリカを含むG20の国に限ってみると、落ち込みは3・4%とさらに大きくなる[6]〔図2〕。

　これが、その後に続く第2四半期に比べれば、まだ楽観的な数字だったと、誰が想像しただろうか。

中国経済はどうにか持ちこたえたが、ほとんどのエコノミストは、これから中国にとって真の試練はもっと先に待ち受けているとの見方で一致している。中国は欧米諸国の消費需要と切っても切れない関係にあり、完全に正常化するには何年もかかるという見立てだった［図3］。

［図3］
2020年第2四半期の国別のGDPの前期比

国	前期比
イギリス	−20.4
ユーロ圏	−12.1
カナダ	−12.0＊
アメリカ	−9.5
メキシコ	−17.3
中国	＋3.2
日本	−7.8

＊推定

歴史が示す、パンデミック後の世界経済の行方

では、世界的なパンデミックから経済的に回復するには、どのくらいの期間がかかるのか。参考になりそうなデータとなると、100年以上前の1918年のスペインかぜの大流行にまで遡る必要がある。

スペインかぜ（ちなみに発生源はスペインではないらしい）は、新型コロナウイルスよりはる

かに平均感染致命割合（ＩＦＲ）が高いのだが、意外にも世界経済は破壊されていなかったのである。現在の状況からは、まるでピンとこない話だが、いくつかの理由が考えられる。

第1に、1918年はほぼ年間を通じて、アメリカなどの政府は戦時の総動員体制に重点的に予算を割いていて、これで工場生産や国家経済をテコ入れしていた。第2に、終戦時、それまで節約と貯金に励んでいた国民が通常の支出を始めたため、経済成長を後押しすることになったのである。このように当時と今の世界的なパンデミックの経済的影響はまったく違うわけだが、その要因として、『ブルームバーグ・オピニオン』のコラムニスト、ノア・スミスが指摘するように、他にも構造的・社会的に考慮すべき点がいくつかある。[7]

まず、1918年当時、労働者のかなりの割合が、ウイルス感染拡大の影響を受けにくい農業や製造業に従事していた。一方、今日ではたとえばアメリカ人の4分の3は、他人との密な接触機会が多いサービス業に従事している。[8]また、1918年のメディアや通信手段は新聞以外、皆無に近かった。当時、多くの政府は、スペインかぜウイルスの恐怖を煽《あお》らないよう新聞社に圧力をかけていた。新聞社側も多くが求めに従った。その結果、危険性があることさえ理解していない人々がほとんどで、普段どおりに仕事や生活を続けていた。

ただし、1920年には深刻な世界的不況が本格化し、1921年まで続いたことは注目に値する。エコノミストも歴史家も、不況が長引いた原因については諸説入り乱れている。一説には、終戦による物価の下落が原因だという。一方、スペインかぜに感染したのは主に働き手となる若者で、そのほとんどが製造業に従事していたため、彼らの死後しばらくして生産量の低下を招くことになったという説もある。

だが、1921年夏に不況から脱すると、長期的で堅調な経済成長に支えられて、高い生産性、イノベーション、成長を柱とするいわゆる「狂騒の1920年代」に突入する（水をさすようで申し訳ないが、あえて言えば、これが大恐慌の下地にもなっていった）。もっとも、それはまた別の話だ。

歴史は繰り返すのかどうか、断言するのは難しい。今日では医療のシステムにしても知識にしても大きく進化している。それだけでなく、経済への深刻な影響を和らげる経済的介入や景気刺激策についても、使い方と理解度は昔とは比較にならないほど洗練されている。そう思いたいではないか。

ワクチンが開発されても、正常化の時期は不透明

新型コロナウイルス感染拡大の初期、小売業界関係者と話していると、決まって最後は誰か

が「ワクチンが出てくるまではなぁ……」とぼやくか、もっと語気を荒らげて「まだワクチンはできないのか」と漏らすというパターンだった。

　幸いにも、いくつかのワクチンが承認され、流通や接種が始まっている。

　もっとも、何十億回分ものワクチンの輸送、保管、接種は容易ではない。しかも、ワクチン候補のなかには、2回の接種で有効になるものもある。現場の医療従事者や、高齢者など重篤化しやすい人々から優先的に接種が始まっているが、一般の人々にワクチンが行き渡って一定レベルの集団免疫が獲得できるのは、さらに何カ月も先になりそうだ。

　したがって、社会が何らかの状態に戻るにしても、その「何らかの状態」というのが、完全に感染拡大前のビジネスの世界になることなど、まずあり得ないと言っていい。当面は感染再拡大のリスクと背中合わせに生きていかざるを得ないだろう。

　こんな予断を許さない前代未聞の将来に向けて、いったいビジネスリーダーはどのように備えればいいのか。未来など予測のしようがないという声もある。まったくもってそのとおりだし、予測しようとがんばる必要もない。だが、だからといって、備えができないわけではない。

　次の話題に移る前に、ビジネスリーダーが今後の戦略づくりの際にはまりやすい落とし穴を見ておこう。

アフターコロナにビジネスリーダーがはまりやすい落とし穴

短期利益至上主義

将来を思い描こうとして見誤る最初の原因は、短期利益至上主義にとらわれてしまうからだ。一見重要そうな数々の問題に注力するのだが、蓋を開けてみると、こうした問題は長期的には瑣末《さまつ》なものだったり、経営へのインパクトに欠けるものだったりすることが多い。新型コロナウイルス感染拡大に関して頻繁に持ち上がる疑問をいくつか挙げてみよう。

- 流行収束後も、消費者のウイルスや細菌に敏感な姿勢は変わらないだろうか。その可能性は極めて高い。言い換えれば、小売業者にとっては、少なくとも短期的には新たなスタンダードや手順が必要になる（ただし、長期的にベストプラクティスになると考えられる）。
- 景気低迷と失業に直面し、消費者は倹約志向になるのか。

そのとおり。少なくとも当面そうなるのが普通だ。また、小売業者独自の強みも多少の調整が必要になるはずだ。

・アパレルや再販・レンタルといった新しい分野は短期的に厳しいだろうか。
アパレル販売は総じて影響を受けている一方、再販（リセール）事業は意外にしっかりと持ちこたえている。多くのリセールショップがすでにオンライン販売サイトを定着させていて、実店舗が閉まっても消費者を受け入れる体制が整っていた点が大きい。また、リセールの宝探し感覚を一種の娯楽として、自宅にいながらにして楽しめる点を指摘する声もある。もちろん、経済的な先行き不透明感から安価なリセール品人気が高まったと見る向きもある。いずれにせよ、消費者が実店舗での買い物に安心感を取り戻し、リモートワークのトレンドも大きく変わらないことには、アパレル販売がパンデミック前の水準に完全に回復することは難しいだろう。

・消費者は店舗に足を運ぶ回数を減らし、オンライン購入を増やすだろうか。
これはすでに現実の動きとなっていて、今後も続くことは確実なようだ。マッキンゼー・アンド・カンパニーが、アメリカ、イギリス、フランス、ドイツ、スペイン、イタリア、インド、日本、韓国、中国で20の製品カテゴリーを対象に実施した調査によれば、ほぼすべての国と全カテゴリーで、感染拡大収束後もオンラインショッピングの支出が増加する見通しである。唯一、例外的な結果が見られたのが中国だ。20の製品カテゴリーのうち、10のカテゴリーでマイナスの結果となった。つまり、特定カテゴリーのショッピングに関してはオンラインを利用する意向が小さいことがわかる。[9] 思うに、他にも理由はあるかもしれないが、中国ではウイルスによる危機が初めてではないことも関係しているのだろう。2003年のSARS流行中、中国はオンライン取引のめざましい成長につながる大転換があった。他の国々では、まさに同様の大転換をこれから経験することになるのだ。

今挙げた項目はいずれも予見しやすい。長期的には、ほとんどの企業が「想定外だった」と慌てふためくような話ではないため、どうしても重要度は低くせざるを得ない。短期的に懸念を抱くかもしれないが、最終的に業界を干上がらせるような問題ではない。小さな悩みに目を奪われている背後で進んでいる本当に大きな変化こそ、企業を、いや、場合によっては業界をまるごと吹き飛ばしてしまいかねないのである。

したがって、賢明なビジネスリーダーは、もっと先に視線を向け、小売りの世界や消費者行動の深層で進む特徴的な変化を見極めようとする。そのような視点を提示するのが、本書の役割である。

偏狭な考えを捨てよ

第2のリスクは視野の狭さだ。新たに姿を現し始めた消費者行動に対応する際、答えをすべて自分の業界や分野という狭い範囲で探そうとする発想はいただけない。小売業者は小売り、ホテルはホスピタリティ、銀行は金融のみに専念しがちだ。それに輪をかけて悪いことに、同じカテゴリー内でも、靴屋は他の靴屋を見ていて、電器店は他の電器店を見ている。いつのまにか、経営幹部は針穴から世界を見るようになっているのだ。

むろん、自宅の玄関先にある危険に目がいくのは当然の反応だが、身内のカテゴリーや業界のなかだけを眺めていては、顧客や社会、さらには小売市場で起こっている、はるかに重要な変化は見えてこない。

現在重視か未来重視か

次に、未来を予測しようとする際、現在を見る目が実に粗くなる傾向がある。ジャーナリストのロブ・ウォーカーは先ごろ、ビジネスニュースサイトの『Marker』で次のように書いている。
「恒久的な変化に関する予測決定版などと言われるものは、じっくり吟味してみると、完全に間違っているとは言えないが、往々にして最近のトレンドの延長線上にある一番極端な状況を言っているに過ぎない。要するに、そのような予測に登場する未来とは目先を変えただけの現在であって、単に今をもっと新しくしたというだけのことである」[10]
まったくそのとおりで、そう考えてしまう理由がある。たいていの人々にとって、現在は未来よりもはるかに快適だからだ。現在の状況には土地勘があるし、多くの経営者がやっているように、数字で具体的に説明することもできる。抽象化と予測の世界に足を踏み入れる必要もなく、現時点でわかっていることや理解していることを手がかりに推定するほうがはるかに楽である。経営者というものは、統計に基づいていて、検証可能で、立証できるものに惹かれる傾向がある。未来には、こうした経験に基づくガードレールが存在しない。それどころか、自分で用意しなければならない。
つまり、未来は、われわれが快適でいられるかどうかなど、知ったことではないのである。ビジネスリーダーとしては、現在のその先を見据え、社会や行動のおぼろげな変化を見つけ出していかなければならない。

白か黒かの二元論に陥るな

人々は都会を捨てるのか、捨てないのか。子供たちの教育はオンラインになるのか、それとも今後も登校して教室で勉強するのか。消費者は今後も実店舗で買い物をするのか、しないのか。メディアはこの手の質問が大のお気に入りだ。いい見出しになるからである。この類いの質問には、未来を白か黒かの二元論に落とし込む危険がある。

とはいえ、完全な変化などめったにないし、全面的、絶対的な変化でなければ、われわれの暮らしに何ら意味を持たないということもないのだ。企業は廃業でもしない限り、客を一人残らず失うこともない。同様に、企業はすべての人々に商品を売らなければ、大成功できないわけでもない。

逆に言えば、さまざまなトレンドの影響を考える際には、ほんのわずかな変化であっても、すべてを変えてしまうこともある点を忘れてはならない。

具体的な事実とパターンを区別せよ

毎日、われわれのもとには、さまざまな話題や問題に関して、膨大なデータがどっと押し寄せる。このデータには2つの種類がある点に注意したい。もし読者のなかにデータサイエンティストがいたら、これから一括りに一般化して説明することについて、どうか大目に見ていただきたい。むろん、データには、数え切れないほどの種類があることは承知しているが、筆者の世界観で言うと、「具体的な事実」か「パターン」かの2つに分かれる。

具体的事実とは、徐々に明らかになりつつある医学的な事実とか、経済レポートとか、業界ニュースなど、何でも当てはまる。これが十分に重大なものであれば、事の成り行きを変える可能性がある。たとえば、かつてのオーストリア皇太子であるフランツ・フェルディナントの暗殺事件がきっかけで、第1次世界大戦の火蓋が切られた。あるいは、2001年9月11日に発生したアメリカ同時多発テロ事件を機に、中東は何十年にもわたって政情不安と戦争が続き、各地でテロ攻撃が頻発し、空港の保安検査はかつてないほど厳格になった。

こうした個々の事実が大きな変化につながる可能性はあるが、本来的に予測不可能であり、将来予測の手段としては、あてにならない。次にどのような事象が発生するのか予測することは不可能に近い。明らかなトレンドになれば、話は別だが。

トレンドとは、定義のうえでは、さまざまな事象にまたがって見られるパターンである。医療データや経済レポート、業界の業績のなかにパターンがあれば、トレンドが生まれる。そしてトレンドは最終的に物事を変える。具体例としては、2020年5月25日、ミネアポリスの警察官の手により、アフリカ系アメリカ人ジョージ・フロイドが命を落とすという悲惨な事件が発生した。だが、これが世界的な抗議運動のきっかけになったのは、以前から存在していた明白なパターンに当てはまると受け止められたからである。事件は、激しい怒りに火をつけたが、パターンは、人種差別撤廃の呼びかけに対する世間の見方や受け止め方を変えるきっかけとなったのである。

だから、小売業者にとって、まったく違う業界やカテゴリーに見られるパターンが、小売業界で見られるパターンより重要なこともあるのだ。

そう考えると、コンサートなどライブエンターテインメント業界の技術進歩のパターンから、小売りの将来が何か見えてこないだろうか。医療分野のイノベーションのパターンはどうか。教育分野はどうか。こうした影響は十分に考えられることなのだ。顕微鏡を覗いて未来探しに腐心するよりも、電波望遠鏡を駆使して、宇宙全体の変化を示す信号がないか、耳を澄ますべきではないだろうか。そのためには、うつむきがちの顔を上げ、地平線のかなたに視線を向けなければならない。

ブラックスワン神話

エッセイストで学者のナシーム・ニコラス・タレブが提唱した「ブラックスワン理論」というものがある。白鳥は白いのが常識だったが、オーストラリアで黒い白鳥が発見されて大騒ぎになったことに由来し、予測不可能だがひとたび起これば破壊的な力を持つ出来事を指す。過去に前例がない出来事だから予期のしようがないというわけである。タレブの定義から言えば、新型コロナウイルスはブラックスワンではなかった。

実際、ほとんどの企業は感染拡大への対応で慌てふためいていたが、何年も前にこうした危機に備えて作成したプランに沿って行動している企業もあった。たとえばインテルは、20年近く前からパンデミック対応の常設委員会があった。2003年のSARS大流行の際に創設されたものである。[11] 新型コロナウイルスの感染拡大を受け、同委員会が対策本部となり、過去のパンデミックからの教訓・知識に基づいて指揮したため、インテルの対応は実に迅速だった。

読者の勤務先に同じような能力はあったとしても、その力を使いこなすためには、組織内にある能力をしっかり取りまとめる責任ある役職を置く必要がある。特に何をするわけではないが、組織の見張り役のような人材がどの会社にもいるのは、そういう理由である。はるか遠くの水平線上に、会社の行く手に影響を及ぼしそうなものがないか、目を光らせているのだ。何らかの脅威になる恐れありと判断すれば、とりわけパンデミック級の規模を持つ脅威なら、それを監視し、ひとたび現実のものとなったときに対処する危機対応計画を作っておくのは、組織の責任である。

今は歴史のターニングポイント

実は私たちは、業界としてすでにこうした落とし穴にはまり始めている。たとえば、極端な現在至上主義に陥っていて、小売業界に見られる変化を単なるこれまでのトレンドが「加速したもの」と言ってはばからない人々がいる。

「ここには見るべきものはない。どれも起こるべくして起こっていることだから」

このような見方にはあまり同意できない。そういう態度は、危険をはらんでいるばかりか、知的好奇心に欠けている気がするのだ。

現に、一種の宿命論的な目でパンデミックを眺めている限り、社会や産業の深層で未曾有の変化が起こっている現実を見逃してしまう。今回のパンデミックがなければ起こり得なかった変化である。小売りの歴史の流れを加速するだけでなく、一変させるほどの変化である。小売りの世界で大規模に繰り広げられるバタフライ効果と言ってもいい。

今回の危機で気づいたのだが、単に時間の流れが加速しただけでなく、100年に一度の〝時空の歪み〟も発生した。小売りがまるで違う時代にワープする入り口であり、ワープした先にあるのは、新しい社会規範、消費行動、厳しい競争圧力の時代である。そして、これは小売業者に限らず、あらゆる企業が直面する現実なのだ。将来振り返ってみれば、このパンデミックは進化のターニングポイントだったということがわかるだろう。一部の小売業者にとっては、新たな、ときとして不相応に不穏な規模に拡大するチャンスにもなった。一方、残念ながら適者生存の波に呑まれる企業も出てくる。

だが、果敢に挑む勇気あるブランドにとっては、狭き門とはいえ、生死を決めるほど重要な千載一遇のチャンスでもあったのだ。果敢に挑む勇気とは、消費者に訴求する価値、ビジネスの目的、存在意義などを、刷新しようという気概である。それは、新型コロナウイルスを天変地異と見るだけでなく、いい変化を生む起爆剤と捉える勇気でもある。

その場合、無謀とも思える大胆さがリーダーに求められる。かつてアステカ帝国を征服したスペインのエルナン・コルテスが、自ら乗ってきた船を焼き払って背水の陣を敷いた姿勢にも相通ずるものがある。事実、私たちはもう過去には戻れないのである。

第1章

“基礎疾患”のあるブランド

PRE-EXISTING CONDITIONS

死には3種類ある。
1つめは、身体が機能停止に陥ったときだ。
2つめは、体が墓に葬られたとき。
そして3つめが、将来、自分の名前が
もう誰にも語られなくなったときである。

――デイビッド・イーグルマン

コロナ禍を機に、新たに台頭する小売りの世界は、これまでとは似ても似つかない風景になる。辺りを見回せば、中小企業の残骸やら、傾いてしまった名門ブランドやら、弱体化した流通形態やら、資金繰りに苦しむ小売業者やショッピングモールのオーナーやらが否応なしに目に飛び込んでくる。

調査会社コアサイトリサーチによれば、2020年だけでも、アメリカで2万5000店[1]が閉鎖に追い込まれ、エンクローズドモール[2]（大型ビル内に店舗が並ぶショッピングモール）の25%から最大50%ほどが3〜5年の間に営業を停止すると予測されている。アメリカなら、巨漢になりすぎた小売業界から売り場面積というぜい肉を多少落としたほうがいいかもしれないが、小売りが大打撃を被る国は他にもたくさんある。

イギリスも、2020年6月中旬には小売業の31社が経営破綻に追い込まれ、1600店以上が閉鎖されている。[3]人口1人当たり売り場面積では、すでにアメリカの半分ほどになっているカナダでも、半世紀にわたって不景気や危機を乗り切ってきた靴・アクセサリーの「アルド（Aldo）」などのブランドが、新型コロナのしわ寄せで倒産している。ドイツでは、新型コロナウイルスが債務超過の主因であると証明できることを条件に、破産申し立て義務を2021年3月まで停止する措置を打ち出している。ひとえに企業倒産の急増を回避するためだ。フランスやスペインも同様の措置を講じている。

2020年9月までに、北米小売りチェーンの3分の1が、破産宣言か債権者保護申請を余儀なくされた。

- センチュリー21百貨店
- スタインマート
- テイラード・ブランズ
- ロード・アンド・テイラー
- アシナ
- ペーパーストア
- RTWリテールウィンズ（ニューヨーク&カンパニーの親会社）
- MUJI U.S.A.（無印良品アメリカ法人）
- スー・ラ・テーブル
- ブルックス・ブラザーズ
- ジースター・ロウ
- ラッキーブランド
- GNC

・チューズデー・モーニング
・セントリック・ブランズ（ハドソン、ロバートグラハム、スイムズ、ザックポーゼン、カルバンクライン、トミーヒルフィガー、ケイト・スペードなどのブランドのオーナーまたはライセンサー）
・JCペニー
・ステージストアーズ
・アルド
・ニーマン・マーカス
・Jクルー
・ルーツUSA
・トゥルー・レリジョン
・モデルズスポーティンググッズ
・アートバンファニチャー
・ブルーステムブランズ（アップルシーズ、ブレア、ドレーパーズ・アンド・デイモンズ、フィンガーハット、ゲッティントン、ハバンド、オールドプエブロトレーダーズ）
・ピア1

・SFPフランチャイズ（パピルスの親会社）
・セイル
・リートマンズ
・グループダイナマイト
・ル・シャトー

このパンデミック初期に犠牲になったブランドのリストを眺めていると、ある事実が浮かび上がる。新型コロナウイルスが、糖尿病や心臓病、喘息など基礎疾患のある人々の弱みにつけ込むかのように被害者を増やしたように、まったく同じ構図で小売業界に襲いかかったと言えるのだ。免疫力が低下していたり、元々健康に問題があったりした状態でパンデミックにさらされた企業には、生き残るチャンスはなかったのである。

負債が膨れ上がっていたJクルーやJCペニー、GNCといったブランドは、早い段階で息絶えてしまった。伝説の高級百貨店ニーマン・マーカスは、2020年5月に破産申請をしたが、最大の目的は50億ドル以上の債務の大半を圧縮するためだった。

他の企業も、斜陽化が進んだチャネルの犠牲になっただけである。ロード・アンド・テイラーのように、長年、迷走を続けてきた百貨店は、パンデミックの前に一気に撃沈してしまったのである。売り上げの大部分が百貨店頼りだったブランドも、あっけなく道連れとなった。落ち目のトゥルー・レリジョンやピア1、ラッキーブランドといったブランドも、重くのしかかる負担に耐えきれなかった。

多くのブランドは、消費者がウイルスの感染拡大に翻弄されるなか、信用を取り戻せなかった。となれば致命的である。ささやかな収益源もロックダウン（都市封鎖）で完全に干上がってしまったのだ。

秋口には、毎日発表される膨大な感染者数に多くの人々が慣れきってしまったのと同様に、小売業界の新たな経営破綻のニュースに接しても、さして驚かなくなってしまった。

ファッション系情報サイト『ビジネス・オブ・ファッション』に2020年に掲載された記事で、アパレルブランド「セオリー（Theory）」の創業者アンドリュー・ローゼンは次のように語っていた。

業界全体の浄化が始まり、元から経営不振だった企業は消えていき（中略）、切り抜けられる企業はこれまで以上に大きなシェアを確保します。同時に、新規参入の余地が生まれ、成長の新たな機会ももたらされます。[4]

閉鎖されてゴーストタウンさながらのウエストレイクセンター（シアトル） Photo by Nick Bolton

長い目で見ればローゼンの見立てどおりだと思うが、筆者としては、短期的にもっと厄介な状況にあると見ている。

パンデミックの最初の段階で相次いだ経営破綻に人々は動揺したが、残念ながら真実は、こうしたブランドの大半が元々、集中治療室に入っていたようなものだったし、生命維持装置が手放せないケースもあった。もっと言えば、失業の憂き目にあった労働者の悲劇は別として、経営破綻ブランドのなかで、消滅してしまって残念と思えるブランドがどれほどあっただろうか。

こうしたブランドの消滅に涙を流す人々がどれほどいるだろうか。実は、パンデミックの前から、このようなブランドの大半がすでに消費者の視界から消えていたのではないか。

ブランドの凋落は痛ましいけれども、想定外ではなかった。

問題は、パンデミックがまだ収束していない点だ。小売業界を襲った経営破綻の第一波は、元から弱っていた企業や問題を抱えていた企業の命を奪っていった。それは予見できた。だが、読者が本書をお読みいただいているころには、もっと深刻な波が押し寄せているはずである。しかも、本来なら健全だったはずの企業にも悪影響が出ているはずだ。

不況のドミノ倒しは終わらない

2020年6月、アメリカで雇用統計が発表され、雇用数が480万人増となった。トランプ政権（当時）は、このニュースをすべてが正常化に向かうシグナルに利用するつもりだった。あまりいいニュースを耳にしない時期だっただけに、多くの人々はこの発表を額面どおりに受け取った。

だが、よく見れば、この数字が語っていたのは、別のストーリーだった。第1に、発表にあった480万人という数字だが、これは新規に創出された雇用ではなく、経済活動再開で復活した雇用数に過ぎない。それに、パンデミックの初期の段階で失われた雇用数に比べれば、この数字はほんの一部だった。

第2に、雇用統計をじっくり読み込んでいくと、大統領の発表には盛り込まれなかった項目が見つかる。ほぼ60万人のアメリカ人労働者が永久解雇となっていて、パンデミックによる永久解雇の総数は約300万人に達していたのである。

失業状況は、アメリカに限った話ではない。同じ年の7月には、イギリスでも同じような現実が浮かび上がった。500万人の労働者がロックダウンの開始と同時に解雇され、失職状態が続いていた。

1カ月後には、アメリカよりも新型コロナ対策がうまくいっていたカナダで、25万人近い雇用が戻ってきた。もっとも、このプラスの数字を反映しても、差し引きで失業率は10・2%というのが現実だった。これに対して、2008～2009年の金融危機の真っ只中でも、カナダの失業率は8・4%と、比較的明るい状態だった。[5]

国連によれば、世界的には2020年第2四半期に4億人相当の雇用が失われており、[6]これはアメリカとカナダの総人口を足し合わせた数に匹敵する。

ロックダウンを利用しようとした政治指導者らは、手痛いしっぺ返しを食うことになった。一部の国々は、早々に経済活動を再開したものの、さして間を空けることなくもっと厳しいロックダウンを実施せざるを得なくなった。

パンデミック対策では優等生だった韓国やニュージーランドのような国々でさえ、感染再拡大に見舞われた。このウイルスに対して世界が一定の集団免疫を獲得しない限り、国や企業、グローバルなサプライチェーンのパートナー各社は、今後も感染再拡大や事業中断に対処せざるを得ないと見ておいたほうがいい。

これは極めて重要なポイントである。効果的なワクチンが流通して安心感が得られるまでは、小売業界に限らず、世界経済全体を非常に限られた状態で回さなければならないからだ。失業率は改善するのだろうか。それは確かだが、完全雇用水準に戻ることは難しい。そんな状況で消費者は小売店に戻ってくるのだろうか。もちろん、感染を恐れる人々は来店しない。少なくとも、よほどの理由がない限り、そんな気にもならないはずだ。しかも、店舗の最大収容人数やソーシャルディスタンス（安全な対人距離の確保）といった措置で、販売量はさらに抑え込まれる。

消費者の財布の紐は緩むのか。ある程度は緩む。だが、家計が厳しくなるのを恐れて、いざというときのために手持ち資金は大事にしまっておくという、消費者も一定数いるはずだ。結局、来店に気乗りしない消費者と感染拡大防止措置というダブルパンチで、事業活動を再開しても、パンデミック前の売り上げ水準に戻れず、商売人にとっては地獄のような状態に陥る。長期的には売り上げも利益もボロボロになってしまう。

入ってくるものが大して期待できなければ、業種・業界を問わず、企業というものは当然のことながらコストカットに動き出す。実際に多くの企業ですでにこうした動きが見られる。発注は棚上げになり、スタッフは完全解雇、会議・見本市は中止、オフィスは永久閉鎖になる。

この縮小・後退の動きが続けば、回り回って失業に拍車がかかる。当初のロックダウンの際には、失業の波は小売りやサービスの現場で働く低賃金労働者に襲いかかったが、ホワイトカラーにも広がるのである。ドミノ倒しはそこで止まらない。やがて小売りやオフィスのスペースに明かりが灯らなくなれば、商業用不動産の落ち込みは危機的水準に達する。産業の〝食物連鎖〟をたどっていけば、ビル清掃サービスや警備会社、さらには機関投資家までもが、先の見えない未来の痛みを感じることになるのだ。

コロナが与える各世代への脅威

新型コロナウイルスがもたらしたパンデミックが厄介なのは、その影響が多面的に及ぶからだ。まず医学的に見た場合、脅威が長期にわたるうえに深刻で、その後を追うように経済崩壊の波も襲いかかる。高齢者や基礎疾患を抱えている人々に対する医学的な脅威はぞっとするものがあるが、若年者が完全に無縁でいられるわけではない。

一方、経済的脅威は特に若い人々や経済的弱者に重くのしかかるが、高齢者とて無関係ではない。要するに、どの世代であろうと、経済的な立場がどうであるかに関係なく、医学的な脅威か経済的な脅威に翻弄され、ひょっとしたら両方の脅威に直面することさえあるのだ。

ミレニアル世代

1981年から1996年の間に生まれたミレニアル世代は、パンデミックに突入するなかで、所得、富、資産のどれをとっても、自分たちよりも前のあらゆる世代の後塵を拝している。たとえば、アメリカ連邦準備制度理事会（FRB）が先ごろ実施した調査によれば、「（2000年代に成人を迎えた）ミレニアル世代の世帯の平均純資産は2016年に約9万2000ドルだったが、その上の世代であるX世代（ジェネレーションX、1960年代中盤〜1970年代終盤生まれ）の世帯の2001年当時の平均純資産と比べて40％近く低く、またベビーブーム世代の世帯の1989年当時の平均純資産と比べて20％ほど低かった」[7]。

さらに、こうした目減り分がミレニアル世代の財産に生涯にわたって影響を及ぼし、生計とライフスタイルの両面に響いてくるというのが、同レポートの見立てだ。

実際、経済の安定期や成長期に就職を迎える世代に比べると、景気後退期に就職する世代は、まず間違いなく所得と富の両面で不利益を被ることが、各種調査で明らかになっている。しかも、(とりわけ北アメリカ地域では)ミレニアル世代の多くが学生ローンを利用していて、この返済が重くのしかかり、新たな失われた世代を生み出す原因になっている。

いずれも厳然たる事実である。2008～2009年の金融危機から10年たって、ミレニアル世代は自分たちの所得がようやく前の世代に追いついたと感じ始めていた頃、今度は新型コロナウイルスに打ちのめされてしまった。

さらに、ピュー研究所が指摘するように、旅行・レジャーなど特に被害の大きかった業界の多くで、一時解雇の影響が突出していたのもミレニアル世代だった。元々、こうした業界は若い労働者を雇う傾向があるからだ。[8] 同じミレニアル世代でも年齢が高い層は、人生で支出のかさむ時期に突入していたところに経済的困難というダブルパンチで、この先、家計が上向く見通しが立たない状態だ。

Z世代(センテニアル世代)

1996年以降に生まれた世代は今、ミレニアル世代が10年前に経験したのと同じ道を歩んでいる。多額の学生ローンを抱え、住宅や保険といった費用の高騰に見舞われている。おまけに、この状況で雇用まで剥ぎ取られようとしている。データ・フォー・プログレスによる2020年の調査から次の事実が浮かび上がった。

回答者のうち45歳未満では、失業か自宅待機か時短勤務を余儀なくされている人が半数以上（52％）に達する一方、45歳以上の年代ではわずか26％にとどまっている。コロナウイルスの身体的負担は高齢者に最も重くのしかかっているのに対して、一番重い経済的負担を強いられているのが若い世代である。[9]

X世代

1965年から1980年の間に生まれたX世代は、ウイルスに対して医学的にはそれほど弱い立場になく、経済的にも間違いなく安定してはいるが、この世代なりの問題を抱えている。多くが子育てと老親の介護に追われていて、同じ世代のなかでも年齢が最も高い層にとっては、定年退職が最大の心配事だ。景気回復の重荷をX世代に背負ってもらおうと期待しようにも、総人口に占める割合が小さすぎて、焼け石に水。たとえば、アメリカでは、X世代はベビーブーム世代より18％少なく、ミレニアル世代より28％も少ないのだ。

仮に目下の危機的状況下で、X世代の消費者一人ひとりが、分不相応に消費をがんばってくれたとしても、景気を上向かせることは計算上不可能なのである。

ベビーブーム世代

1946年から1964年までに生まれたベビーブーム世代といえば、ほとんどの先進国では一番裕福な世代とされているが、そんな世代とて安泰というわけではない。むしろ2つの脅威にさらされている。55歳以上はウイルス感染で重症化するリスクが高いだけでなく、仕事面ではすでに退職したか、退職を間近に控えているからだ。ベビーブーム世代のうち、老後の蓄えが十分にない人はかなりの割合に達することがわかっている。その状態で目下の危機に突入しているわけだ。

アメリカ会計検査院（GAO）が最近発表した報告書によれば、55歳以上のうち、48％は401kや何らかの公的年金基金にまったく加入していないという。[10] ヨーロッパの多くの国々でも、定年退職を迎える労働者は、同様の貯蓄不足に直面している。

ベビーブーム世代のうち、仕事が新型コロナウイルスの影響を受けている人は58％に上るだけに、多くの人々にとっては、経済状態を根本的に見つめ直すいいきっかけになるはずだ。一部のベビーブーム世代の場合、パンデミックは老後資金に手をつけることに他ならない。これまで早期退職を考えていた人々も、ここにきて人生設計を見直し、働き続ける方向に傾きつつある。そのしわ寄せで、若い労働者の働き口が減ることになるのだ。

沈黙の世代・GI世代

現時点の最高齢世代の場合、ウイルス感染による致死率はざっと20倍に達する。このため、パンデミックが続いている限り、ほとんどの人々が自宅に閉じこもってワクチンの流通を待ち続けるだけで、金融資産には手をつけない。

こうした状況を考えると、消費者心理をつかむことが少なくとも近年類を見ないほど重要になっている。そこで誰もが聞きたいと思っている疑問に行き着く。この感染拡大が続くなか、消費者の心のなかはどうなっているのか。心の奥底にある恐れや不安は何か。そして何よりも、消費者がショッピングに再び動き出すのはいつごろなのか。

コロナ禍の消費者心理を読み解く

マーケティングにはいろいろな意味があるが、核心にあるのは説得術だ。もっと言えば、特定の顧客に最適なタイミングで適切なメッセージを届け、ニーズや欲求を喚起し、一定の行動や反応（多くの場合は購入）を引き出すサイエンスである。もっとも、すべての条件が揃ったとしても、せいぜいハリケーンのなかをハンググライダーで飛ぶようなもので、はなはだ心許ない。それに、世界的なパンデミックの真っ只中では、どう見ても好条件が揃っているとは言い難い。

新型コロナウイルスの世界的流行は、プライベートか仕事かを問わず、これまでに経験したことがないほど長期にわたって心に傷を残す出来事だろう。しかも、その間に目にしてきた社会不安や葛藤は並大抵ではない。マーケティング関係者や小売り関係者が訴求対象としている消費者は大きな心の動揺を覚えている。

いったいコロナ禍の消費者の心理状態はどうなっているのだろうか。不安は人間の行動にどのような影響を与えているのか。消費者に受け入れてもらえるメッセージと、消費者が反発を感じるメッセージの違いは何か。こうした疑問を考えているうちに、私はアーネスト・ベッカーという人物に行き当たった。

ベッカーは、サイモン・フレイザー大学の教授で、専門は人類学である。同大で教鞭を執るかたわら、1974年に『The Denial of Death』（邦訳『死の拒絶』）を著し、ピューリッツァー賞に輝いている。ベッカーの作品の基本的な前提を一言で言うなら、人間は自らの生を意識しているという点で他の動物とは一線を画するということだ。私たちは、朝、自分の意思で起き、日の出を目にして、「生きているって素晴らしい」と実感できる。

独自の進化がもたらした明らかな特徴ではあるが、ベッカーに言わせれば、それは死をも意識しているという意味で、諸刃の剣なのだ。確かに、私たちは死とはどういうものか知っているし、不可避であり、それが永久に変わらないことも承知している。

この意識という人間特有の特徴、言い換えれば死の認識と恐れこそが、日々の行動のかなりの部分を突き動かしているというのが、ベッカーの基本的な前提なのだ。また、きたるべき死に対処するために、人間が周到な世界観を構築することで、人生に意味や目的を与え、死から逃れられないという現実から目をそらせる道具にしているのではないかとベッカーは推測する。

仕事、学校、家族、チーム、祈りの場などは、いずれも心理的な緩衝装置となっているからこそ、避けようのない死について、くよくよせずに済んでいるのである。さらに、将来の計画を立てることで、死から目を背け、その計画を楽しむために自分は将来も存在しているという想定でいられるのだ。そして、この世界観で、自分の人生に価値や意味を与え、物事を俯瞰的に眺めることで、自分自身がそれなりに重要な存在であると自らに言い聞かせるのである。会社や家族が自分を必要としていると自らに言い聞かせ、なかには宗教的な信仰や儀式を守ることで死後の人生を確信する者もいるだろう。

このような世界観は、ひとたび確立すれば、日常生活を通じて絶えず意識し、ほとんどの場合、死について考えずに済むのだ。ベッカーが力説するように、時折、この世界観の安全や安心を突き崩すような出来事が発生すると、死という考えが頭をもたげ、それとともに心理的な変化が怒涛のごとく押し寄せる。その変化には、従来と違う消費行動も含まれる。

ベッカーの独創的な研究は、シェルドン・ソロモンやジェフ・グリーンバーグ、トム・ピジンスキーというアメリカの社会心理学者グループの手で発展を遂げている。ソロモンは次のように言う。

「俺はいつ死んでもおかしくない。外を歩けば飛んできた彗星に直撃されるかもしれないし、ウイルスにやられるかもしれない」などと考えてばかりいたら、朝起きる気もしないだろう。ベッカーはこのように仮説を立てた。まるで収縮だけを繰り返す原始的な生命体がベッドの下にうずくまり、手探りで大きな安心を求めているようなものだ。[11]

このとき、ベッカーの提示する文化的世界観の仮説が当てはまる。不可避の死という現実から目をそらし、壁を築いて自分を守るためだ。

おもしろい仮説だが、現実世界で証明されたことはなかった。そこでソロモンらの研究チームが証明に乗り出したのである。一定の管理された環境で、被験者集団に対して意識的にも無意識的にも死を思い起こさせる刺激を与えておいてから、一連のテストを実施し、行動や認識に変化が生じるかどうかを測定した。

その結果は驚くべきものだった。

死を想起させる要素にさらされた結果、被験者の態度や行動が突然変わったのである。ソロモンらは、この状態のことを「死の顕現化《けんげん》」(命のはかなさを悟った状態)と呼んだ。死を想起させるものがあると、見た目や考え方が近い者同士とか、国籍・宗教・政治信条などが同じ者同士で一緒にいたいという欲求が刺激されたのだ。

また、死を想起させるものがあると、政治や共同体に対する態度にも影響が見られた。自身の死を意識した人々は、大衆迎合型でカリスマ性のあるリーダーを好むようになったのである。さらに、死の顕現化を受けて、人は自然界や動物界に対してあまり価値を置かなくなり、自分たちの経済的利益のために天然資源を利用する気持ちが高まりやすくなった。

この結果は、まさしくベッカーの仮説の延長線上にあるが、2001年に起きた出来事が、現実世界での死の顕現化仮説（存在脅威顕現化仮説）の壮大な実験になるとは、当のソロモンも想像だにしなかった。

2001年9月11日火曜日の午前8時45分。ニューヨークのワールドトレードセンターの北タワーに1機目の飛行機が突っ込んだ。その18分後、世界が恐怖に怯えながら事態を見守るなか、2機目が南タワーの60階に突き刺さった。あの日、自分があのタワーにいたとしても不思議ではなかったと多くの人々が激しい恐怖感に襲われた。程度の差こそあれ、自らの死が一気に現実味を帯びた瞬間だった。

危機が人間行動に与える影響を研究する第一人者、シェルドン・ソロモン教授

「2001年9月11日を境にテロに関する書籍の執筆依頼が舞い込んだ」とソロモンは振り返る。

「その本で、9・11の惨事が大きなきっかけとなって、死の顕現化が誘発されたと指摘しました[12]」

ソロモンらのチームが以前の実験で行動の変化に気づいたように、9・11以降の現実世界で同様の変化が見られたのである。

具体的には、消費のレベルが顕著に上がったのだ。たとえば、人々の心のなかでカネの力が大きく高まった。物を所有することが格段に重要になった。映画のレンタルやギャンブル、アルコール消費などが劇的に増加し、これに歩調を合わせるように精神疾患も増えていった。

ソロモンの目には、死の顕現化の仮説どおりの明確な反応に映った。消費者が先を競うように、自身の世界観を組み立て直し始めたのである。

安心感と気休めを求める心

実存的危機、つまり人生の意味を失いかねない状況に陥ると、何よりもまず、私たちは安全・安心を取り戻そうとする。ソロモンが指摘するように、カネはまさにそのための頼みの綱だ。実際、文化の違いを問わず、多くの場合、カネが不死の代用品になったという。

「そう説いても首を傾げる人もいる。アメリカなら、私はこんなふうに説明している。1ドル札の裏に『In God, we trust』(われらは神を信ずる)との一節があり、同じ裏面の左側にはピラミッドの絵があって、その頂上に目玉が浮いている。これは古代エジプトの不死の象徴なのだ、と[13]」

食品や家庭用品の買い占めで棚がガラガラになったフロリダ州オンタリオの食料品店

貨幣が死をものともしない盲目的崇拝の対象になり、宗教そのものになった人もいる。

混乱を収拾する支配力を求めるあまり、その思いに応えてくれそうな頼みの綱があれば、とにかく飛びつきたい衝動に駆られるのだ。なるほど、パンデミックを通じて頻繁に見られた行動の多くは、これで説明がつく。ハンドサニタイザー(消毒液)や消毒剤の買い占め、家の修繕・リフォームにかける費用の大幅増、家庭料理やパン作りの流行……。いずれも安心感、安堵感、快適感を確保する手だてである。

だが、人々が求めたのは安心感だけではないとソロモンは指摘する。ボードゲーム人気やネットフリックスの加入契約、自転車、ガーデニング用品なども空前の売れ行きとなった。

どれも脅威から目を背ける道具である。

先ごろ複数の国々で実施された消費者調査によれば、調査対象地域全体で消費者が総じて支出を控える意向を示したことに驚きはないが、注目すべき例外が家庭用品や衛生日用品、食品、ホームエンターテインメントなどの分野だった。[14]

つまり、コロナ禍の最中では、安全・安心とか、金融資産面で落ち着きを取り戻した心に訴えるマーケティングメッセージなら即座に伝わって理解され、行動につながる可能性が高い。

ワクチンの本格普及にはまだ時間がかかる可能性があり、景気面の懸念も消えそうにないため、総じて消費者は長期にわたって多かれ少なかれ安全と気晴らしを求め続けるはずだ。9・11は、心に大きな傷を残す事件ではあったが、時間的には短かった。一方、コロナ禍は医学的、経済的な脅威が2021年中も、いやひょっとしたら2022年になってもしぶとく続くと見るのが妥当だろう。

それまでは、マーケティング担当者にとっては、ブレーキがかかった状態の消費者に何とか火をつけたくても、なかなか思うように訴求できない日々が続くだろう。どの分野のマーケティング担当者であっても、空気を読み、適切なメッセージ伝達になるよう作り込む必要がある。

価値観と帰属意識

感染者数も致死率も増加の一途をたどるなど、パンデミックが猛威を振るう最中にあって、意外かもしれないが、社会のかなりの数の人々が、パンデミックそのものではなく、別のことに気を揉んでいた。それは、贔屓《ひいき》のスポーツチームの試合がいつ再開になるのかである。サッカーかアメリカンフットボールか、あるいは野球かクリケットかを問わず、世界中のファンは地元チームやスポーツ界の人気者が再びユニフォーム姿を見せてくれる日を待ちわびていたのである。

パンデミックの最中にスポーツに熱を上げている人々の姿に、不見識きわまりないと批判する声もあった。だが、死の顕現化というレンズを通して見ると、これ以上ないほど理にかなっているのだ。

多くの人々にとって、自分が応援しているチームは、自らのアイデンティティを確立するのに欠かせない心理的要素なのである。人間に元々備わっている個人的な価値観や帰属意識を満たす力があるのだ。生活のストレスから逃れる方法として、スポーツは健全な気晴らしになるばかりか、人付き合いの橋渡し役になることもある。

マレー州立大学のダニエル・ワン教授は、スポーツチームを追いかけたり応援したりすることについて、「心理的に非常に健全な活動」だと言う。

「ファンであることで、志を同じくする人々が結びつくきっかけとなり、これが帰属意識を求める人間のニーズを満たしてくれるのです」

さらにワンによれば、スポーツファンを自任する人のほうが、スポーツに興味のない人に比べて、「自尊心が高くて孤独感が低く、人生の充足感が大きくなる傾向にある」[15]という。

私たち消費者は、さしあたっての脅威が過ぎ去ったか、少なくとも大幅に弱まったと気づけば、堰《せき》を切ったように生活を立て直し、自尊心や価値観を回復しようと動き出す。スポーツイベントの再開を求める気持ちは、そんな強い欲求の表れなのだ。

もちろん状況の感じ方は人によって大きく異なる。化粧品メーカーのエスティローダーの元会長、レナード・ローダーは、かつて、危機や不景気になると同社の口紅の売り上げが伸びたことから、これを「口紅効果」と呼んだ。そのような時代には、女性は高価な高級品の代わりに口紅など小さな贅沢を楽しむからだとローダーは推測した。

自尊心を保ちたいという欲求を満たすために、ある人は車を購入する。旅行を楽しむ人もいる。また、ネイルサロンやヘアサロンに行ったり、口紅を買ったりする行動も見られる。さらに、麻薬やアルコール、ギャンブルなど、後ろ向きの行動に走る人も、驚くほどの割合で存在する。

結局、消費者は、自尊心や価値観を自分なりに肯定する製品やサービス、体験を求めるのだ。理性的な範囲での贅沢や自分へのご褒美を消費者に働きかけるメッセージが威力を発揮するのは、まさにこの段階である。マーケティング担当者としては、消費者が世界観を再構築する段階に入ってきたところで、分別をわきまえつつ、安全でささやかな自分へのご褒美という位置づけで製品やサービスを訴求すれば、大きな効果をもたらすはずだ。

受け継いだ遺産と来世

死と背中合わせという現実を直視すると、自分の人生がこの世にどのような痕跡をとどめ、自分の死後に人々の記憶にどのように残るのかと思いを馳せることになる。その欲求はスピリチュアルな方法で満たされる人もいる。実際、主要な宗教は例外なく来世の到来を説いている。また、この世で手にした名声や富、権力、権威、財産などのかたちで、自分が名を残したとの思いを強くする人もいる。この現象をエリザベス・ハーシュマン教授（心理学）は「世俗的な不死」と呼ぶ[16]。この状態にある消費者には、自己研鑽や変身、夢の実現、慈善事業、家や車など大型資産の購入に関するメッセージがすんなりと受け入れられやすい。

マーケティング担当者としては、消費者の心理状態にもっと敏感になる必要がある。それも今だけではない。消費者がパンデミックのトラウマを抱え続けることを考えれば、今後もしばらくはそうした姿勢が大切だ。コロナ禍でだんだんと明らかになってきた人間行動について少々単純化してまとめたのが、次ページの表である〔図4〕。

要するに、人間の行動は必ずしも白か黒かのように二分できないのである。単純に倹約か散財かで割り切れるものではない。今、製品や体験を求める需要があったとしても、小売店やマーケティング担当者に都合のよいタイミングまで、いつまでも需要が膨らみ続けていくとは限らない。特に危機的状況下にはこれが当てはまる。

マーケティングの特定のメッセージには敏感に反応するのに、それ以外のメッセージはまるで目に見えていないかのように無視するという、複雑怪奇で避けようのない心理作用があるのだ。無視するだけならまだしも、ひどい場合、自分の欲求状態とは矛盾するかのようにメッセージを避けたりはねつけたりすることさえある。

また、ソロモンによれば、パンデミックの置き土産として、一時的に大きな繁栄や生産性向上、支出増を残していく可能性が非常に高いという。

ただ、1つだけはっきりしていることがある。私たちの思考や感情がこれほど長期にわたって痛めつけられれば、買い物行動も変化していかざるを得ないのである。

［図4］危機的状況下の消費者心理

消費者の重点	欲求状態	観察される行動		反応しやすい製品・サービスの特徴
		前向き	後ろ向き	
安全性	脅威を抑え込みたい欲求と脅威に対する安全策	差し迫った脅威を軽減する製品・サービスを要求	カネ、買いだめ、資産、買い占めに激しいこだわり	安全、安心、管理を強調
気晴らし	脅威を忘れられる気晴らしが必要	新しい趣味、レクリエーション、娯楽を追求	些細なことに気を取られ、薬物・アルコール乱用の兆候を示す	脅威で頭がいっぱいの状態から救い出してくれるもの
自尊心	自分の価値観や目的意識を取り戻したい	身だしなみや容姿を整えるためのちょっとした物質的贅沢に費用をかける	カネ遣いの荒い消費行動や、中毒的で反社会的でさえある危険をはらんだ行動	自尊心の強化につながる、分別ある健全な手段
帰属意識	家族、共同体、社会、政治団体、宗教団体との絆を再び強める	友人や家族と再会し、チームや共同体、職場、宗教団体との絆を再び強める	極端な政治スタンスや外国人排斥の姿勢がエスカレートするリスク	安全で分別ある方法で人付き合いの再開を後押しするものか、関心のあるブランドの世界との橋渡しになるもの
名を残す欲求	世俗的または精神的な来世の約束を求める	大きな買い物、変身・変貌、夢の実現、慈善活動、信仰心の向上にのめり込む	浪費が見られ、宗教的または政治的な過激思想の片鱗をうかがわせる	地位・身分・業績を約束するもの、変身の機会を提示するもの、限りある人生への感謝の気持ちや心に残る家族の楽しい思い出づくりの欲求を喚起するもの、大きな世界に前向きな変化を起こす活動に関わるもの

それでも変わらないものとは

他にもパンデミックを受けて、新聞の見出しや解説、ライブストリーミング番組などでさんざん取り上げられたテーマがある。それは感染拡大の最中に見られた消費者行動のうち、ポストコロナの時代も残りそうな行動はどれかという問題だ。何が習慣になり、定着するのか。

聞いたことがあるかもしれないが、一般に習慣を身につけるのも、習慣を捨て去るのも、21日かかると言われる。実はそれは正しくない。正確ではないのだ。「21日」説を最初に広めたのは、アメリカの形成外科医のマクスウェル・マルツ博士である。マルツ博士は、患者が自分の手術結果に慣れるまでの期間が平均21日だと気づいた。

たとえば、隆鼻術《りゅうびじゅつ》を受けた患者が自分の新しい顔に慣れるまでに21日かかるのだ。手や足を切断した患者は、切除部分がまだあるような感覚が抜けるまでに約3週間かかった。マルツ博士は、正式な臨床上の検査から導き出したわけではないものの、こうした専門家としてのそれまでの観察結果や自分自身の個人的な経験も踏まえ、1960年に『Psycho Cybernetics』(邦訳『自分を動かす――あなたを成功型人間に変える』)という著書をまとめるに至った。その著書でマルツ博士は次のように指摘する。

「私が観察した現象にとどまらず、他にも一般的によく見られる現象を考慮すると、それまでにあったイメージが消滅して新しいイメージが固まるまでに、少なくとも21日ほどかかることがわかった[17]」

やがて医学関係者や組織行動主義者が、ある意味で皮肉なのだが、自ら行動せずにマルツ博士の説を引用するようになってしまったのだ。実は、マルツ博士の説は、少なくとも部分的に間違いがある。

一定の行動や手順への愛着が薄れたり、逆に強まったりするのに最低でも21日の期間が必要かもしれないが、新たな習慣が本格的に定着するにはもっと長い時間が必要なのである。イギリスの家庭医学会誌『British Journal of General Practice』によれば、正確には66日かかるという[18]。

だが、重要なのはここからだ。目下のパンデミックから最終的に抜け出すまでに66日どころか、600日はかかるとすれば、これまで利用してくれた常連客であっても、何かの拍子にまったく新しい習慣や行動を持つようになっていても不思議ではない。新しいチャネルやブランド、購入手段を試すのに十分な時間ではないか。

だが、こうした習慣や行動の変わり方を正確に把握するには、小売業界をただ眺めているだけでは答えは見つからない。人生は小売りを投影したものではない。小売りが人生を投影したものなのだ。暮らしや仕事、教育、コミュニケーション、旅、趣味や気晴らしに至るまで、その場やありようが投影されるのである。言い換えれば、パンデミックで小売りがどう変わるのか理解することも大切だが、その前にまずパンデミックで私たちの生き方がどう変わるのかを理解することが先決なのである。

第2章

異世界へのタイムトンネル

THE WORMHOLE

インスタントコーヒーを電子レンジに入れて、
時間どおりに戻ってきたつもりだったんだが。

——スティーヴン・ライト

最近、妻と近所をドライブしていたら、新しく建設中の学校が目に留まった。そのときは二人とも深くは考えていなかったのだが、後になって奇妙なことに気づいた。工事中の建物の骨組みをちらっと見ただけで、公立小学校だと割と確信を持って判断できたのはなぜか。実際、もっと後になって、私たちの見立ては当たっていた。

その経験から、なぜほとんどの公立学校はいかにもそれらしいデザインなのか、疑問が湧いてきた。調べてみると、それには理由があったのである。話は200年ほど前に遡る。現在の公教育は、産業革命の産物だったのだ。

実際、工業化以前の学校教育は、王族や裕福なエリート層にほぼ占められていた。だが、仕事の性格が変わり、工場労働者に新たなスキルが求められるようになった結果、工場のオーナーらが大量の労働者予備軍に対する基本的スキルと知識の伝授を目的に、教育制度を考案することになった。

このような教育機関は「工場学校」と呼ばれる。プロシア（現ドイツ）で始まったものだが、たちまち世界中の主要都市に広がっていった。これを機に、子供たちが年齢別に分けられ、標準化された教育カリキュラムに沿って、進捗状況を管理されるようになった。

もっとも、その目的は、深い思考や独創的な発想を育むものではなかった。工場で問題を起こさずに、従順にテキパキと働くための知識やスキルを授け、行動矯正を受けた人間を現場に送り出すことに特化した制度だったからである。もっぱら産業の生産性向上や繁栄、富裕化を狙ったシステムである。

この教育が人材を送り込む工場だけでなく、教育自体も一種の生産システムになり、十分に有能で従順な労働力が〝製品〟となった。これが現代の公教育に発展したのである。今日の公立学校の多くが工場の建物に似ているのは、偶然ではない。優れた発想を触発する場ではなく、むしろ学習課程という組み立てラインに十分な数の学生を投入する装置として造られているからだ。

だが、工業化時代の産物は学校だけではない。大都市の適当な街角に立って周囲を見回してみるといい。視界に入ってくるものといえば、まず間違いなくビルや企業、大学、通勤者、学生、地下鉄、タクシー、バス、電車、メディアに至るまで、ほぼすべてが工業化時代の産物なのである。生産性向上、繁栄、富裕化が都市部に集中するようになったのは200年以上前のことだが、今挙げた大都市の景色は、そのころに始まった出来事の結果なのだ。

実際、1800年代に突入する前までは、世界の大部分が田舎暮らしの生活で、仕事は農業だった。ほとんどの商品は地元で作られ、地元で売られていた。村の靴職人、陶芸家、機織り職人は、製品の作り手だけでなく、売り手も兼ねていて、客一人ひとりの要望に合わせて作ることが一般的だった。これは実に興味深いと思う。

今日、ブランド各社の動向を見ていると、自社製造品を自社販路で消費者に直接販売するD2C（ダイレクト・トゥ・コンシューマー）というビジネスモデルが盛り上がっているが、結局のところ、このD2Cとは、商売がこの世に生まれたときからある形態なのだ。

ただ、1800年代中期～後期には、工業化の進展と集中化が進み、大都市の人口が爆発的に増え始めた。1870年にアメリカで人口100万人を超えていた都市は2つしかなかった。1900年までに6都市に増え、アメリカ人の40％が都市環境に移り住んでいる。[1] 人口は力となり、都市が政治、文化、経済活動の中心地になった。

小売りにも工業化社会の様相が投影され始め、ボン・マルシェ、セルフリッジズ、メイシーズ、マーシャルフィールズなど最初の百貨店が誕生したのもこのころだ。いずれも史上空前の爆発的な需要増を背景に生まれたものだ。かつては製品の作り手と売り手が同じであることが普通だったが、効率化と生産性向上のために徐々に仕事の分担化が進んでいった。作り手は作るだけ。売り手は売るだけ。1800年代より前の時代は、ものづくりといえば、客に合わせてカスタマイズするのが当たり前だったが、標準化された製品の大量生産へと急激に軸足を移し、スケールメリットゆえの低価格化も進んだ。

需要の増加によって、供給の安定化がますます重要になり、1800年代中期から後期にかけて、今日の現代的なサプライチェーンのはしりが姿を現し始めた。蒸気機関や自動車、鉄道、路面電車といった新しい輸送技術のおかげで、ある市場で原材料を調達し、別の市場で製品を製造し、さらに別の市場でこの製品を最終的に販売することが可能になったばかりか、安上がりに実現できるようになった。

たとえば、ヨーロッパの服飾産業は、かつてはインド産の綿などの原材料に頼っていたが、価格競争力のあるアメリカ産の綿を調達し、最終製品をアメリカ向けに販売できるようになった。1900年代中期には、規格化されたコンテナの導入など、さらなるイノベーションが追い風となって、モノの移動がますます容易になった。

都市部の人口が増加するなか、建築家の想像力は上へ上へと向かって、初の高層ビルの誕生につながり、地上1階には小売店、上層階にはオフィスや工場が入居した。そして、日々の稼ぎを求めて、毎日大量の労働者軍団がビルに吸い込まれていった。都市は、世界経済の原動力としての地位を固めはじめた。

第2次世界大戦直後、アメリカをはじめ、さまざまな国が経済を立て直していったが、その原動力となったのが、ハーバード大学のリザベス・コーエン教授の言う「消費者共和国」なる力だった。[2] 1945年以前のアメリカは、基本的に借家人の国だった。ところが戦後、復員兵援護法などのプログラムに補助金による支援策が盛り込まれた結果、家や土地を所有する機会が生まれ、何百万人もの人々が郊外に引き寄せられた。自動車所有は過去に例のない水準に達し、高速道路網の整備も手伝って、毎日の通勤という現代の習慣が生まれた。

その匂いを嗅ぎつけて、後に続いたのが小売業者だ。1950年代になって、初の郊外型ショッピングモールが誕生する。そして30年以上にわたって、消費生活の中心的な役割を担っている。郊外の消費者が、新たに出現した中産階級としての象徴を求めるなか、どうにかそのニーズに応えてきたのが、ショッピングモールだった。1950年代後期には、ベビーブーム世代の大部分が4~14歳になり、史上空前の消費ブームの牽引役となっていった。この世代の圧倒的な人口規模は、今日に至るまで先進国経済に大きな波及効果をもたらしている。

新興の中産階級が都市から郊外へ脱出すると、都市の中心部は富裕層と貧困層が暮らす場に変わりはじめた。1960年代になると、都市部の所得格差を背景に犯罪が急増する。この傾向はアメリカだけでなく、大西洋を挟んだヨーロッパでも見られた。ハーバード大学のスティーブン・ピンカー教授は次のように説明する。

「アメリカとヨーロッパは歴史も発展段階も違い、さまざまなズレがあるものの、あるトレンドだけは同時発生している。それは大都市の暴力事件数が1960年代に方向転換したことだ[3]」

アメリカの犯罪件数は10年で倍増という、過去100年以上の間に経験したことのないほどのペースで悪化していった。

都市が荒廃すると、そこにある商業活動の中心地も道連れになった。失業率、犯罪率の上昇を受け、欧米の主要都市の多くは30年以上にわたって苦しむことになる。

だが、1980年代後期に始まって、今日まで続いている新しい革命がある。都市化を引き起こす要因はさまざまだが、テクノロジー企業もその1つだ。初期の先駆者であるIBMやマイクロソフト、アップルから、第2波として登場したフェイスブックやアマゾン、ウーバー、ツイッターなどの新興勢力に至るまで、テクノロジー企業が進出先の都市に莫大な税収を約束し、まばゆいばかりのピカピカの社屋などのインフラを整備し、そこで働く何千もの若い従業員は、自分のプログラミング能力で手にした給料を地元に落とすことになる。

自治体側も、こうした企業の便宜を図り、いろいろなものが集まる注目度の高い土地を提供しただけでなく、世界屈指の理工系大学・研究機関にも、近くの土地を用意した。かつて産業界を牛耳った大物らと同じように、新しく誕生した有力テクノロジー企業は、お膝元に成長市場を抱え、優秀な従業員を絶えず取り込みながら、成長の原動力にしている。

現在、世界の人口の半分が都市部に暮らしており、経済生産性に関して不釣り合いなほどに大きな役割を担っている。世界経済フォーラムの2016年のレポートによれば、「今から2025年までに、世界の成長の3分の1は、欧米主要国の首都と新興国の巨大都市から生まれる。次の3分の1は、新興国の多くの人口を抱える中堅都市から生まれ、残る3分の1が発展途上国の小都市や農村部からもたらされる」という。[4]

この動向は、富、成長、移動の面で、大きな不均衡も生み出す。たとえば、ブルッキングス研究所によると、2005年以降、「イノベーション領域」での雇用増加分のうち、90％がアメリカのたった5つの都市圏に集中している。[5]

ところが、これが変わる可能性があるのだ。工業化時代に都市化、集中化、商業化、そして最終的にグローバル化へと進んできたが、これが歴史的な転換を遂げるかもしれないのである。その起爆剤となるのが、新型コロナウイルスだ。生活や仕事、教育、娯楽の場、そして特に買い物のあり方が、根本から永遠に変わろうとしているのである。

「何を馬鹿なことを」と、本書を閉じる読者がいるかもしれない。そういう批判は承知のうえだ。確かに、これまでもいろいろな時代に、世の中ががらりと変わるといった予想はさんざん耳にしてきたが、いずれも実現していない。新型コロナウイルスの世界的感染拡大に絡んで、特に引き合いに出されるのが、1918年のスペインかぜの世界的大流行だ。当時と今とでは人口密度の違いはあるにせよ、1918年のパンデミックでは、都市封鎖もなければ、大規模な集まりやレストラン・店舗の営業、公共交通機関の利用が禁止されることもなかった。

だが、最大の違い、しかも往々にして見過ごされている違いがある。過去のどの時代とも違って、現代は選択肢があるということだ。人類の歴史を振り返ると、今、テクノロジーのおかげで享受できている時間的・空間的な自由は、過去にあり得なかった。その気になれば、例外はあるにせよ、いつでもどこからでも、ほぼ何でもできる時代である。1918年を生きた人々にとっては、いや、1980年代から見ても、現在の暮らしは、まるで当時のSF小説のようだ。

変化の兆しはすでにある。産業や労働の集中化、仕事の集権化、教育の体系化、製品の物流システムといったものに、ほころびが見られ始めている。小売業界も無縁ではいられない。今日の小売りは、こうした工業化時代に作り上げられた構造にしっかりと組み込まれているからだ。店舗の立地、デザイン、業態、営業時間はもちろん、場合によっては収益モデルさえも産業基盤に組み込まれていて、それがデジタル時代に崩れ去ろうとしているのである。

それでも生き残る企業は、パンデミックに耐える不屈の精神があるだけでなく、その先にある世の中を見極める先見性も備えているはずだ。脱皮のできる小売業者なら、この変化を生き抜くことができる。そうでない小売業者は過去の遺物となる。その理由を説明しよう。

伝統的な日本のハンコ文化すら粉砕された

2017年、私は、ある日系多国籍企業のニューヨークオフィスで戦略プロジェクトに関わっていた。同社と何度か打ち合わせをしているうちに、日本国外ではあるものの、日本企業のカルチャーにじかに触れることができた。

日本人従業員が持つ労働倫理やひたむきな姿勢、会社への忠誠心は、もはや伝説的と言っていい。現に日本には「過労死」という言葉さえあり、働きすぎて命を落とすのである。こうした気風の中核を成しているのは、職場を神聖視する考え方である。

このクライアント企業と仕事をしていて一番驚かされたのは、最先端技術が行き渡った先進的な企業文化でありながら、中央集権型で対面を重んじる社風に大きく依存している面もあった点だ。

メールや電話会議、スカイプなどを使って日常の話し合いを持ち、中間目標やプロジェクトの最終目標に向かって業務を進めていく機会はいくらでもあったのだが、それでもじきじきに集まって会議が開催されていた（しかも何度も、である）。ある日の会議では、私が行う予定のプレゼンテーションを東京本社の社員にもライブでストリーミング配信するにはどうすればいいのか検討するために、1時間近く費やしたのである。

　翌年、東京に出向いた私は、目の前で繰り広げられる猛烈な日本流の労働倫理を、とことん思い知らされることになる。

　日本の労働文化に詳しい一橋大学の小野浩教授は次のように説明する。

「ここ（日本）には、物事を進める方法は1つしかありません。仕事とは会社で所定の時間に行うものであり、教育は学校で行うものであり、診察は病院で行うものなのです[6]」

　にもかかわらず、コロナ禍は、これほどの徹底した職場至上主義の文化さえも有無を言わさず再考させる破壊力を持っていた。契約書の電子化、ズーム会議、果ては仕事終わりのオンライン飲み会まで当たり前になってしまった。日本のビジネスになくてはならなかったハンコ文化でさえも揺らいでいる。

　ハンコについては、初めて日本を訪れる前に予習した際、奇妙だが興味をそそる文化の一端だと思っていた。日本で在宅勤務が広まらない大きな理由の1つに、ハンコの存在を挙げる経営幹部もいるほどだ。書類に目を通して決裁にハンコを押す必要があるため、オフィスに出向く必要があるというのだ。

　ところが、この「日出ずる国」をコロナ禍が席巻して以来、昔からの伝統の多くが徹底した見直しの対象となり、ハンコも例外ではなかった。その結果、オフィス至上主義も含め、何事も不変ではないことが証明されたのである。

世界的に拡大するリモートワークへの移行

2020年5月21日、フェイスブックは数万人に及ぶ従業員の在宅勤務を認めただけでなく、世界のどこでも好きな場所を「自宅」に設定できると発表した。マーク・ザッカーバーグはテクノロジー系ニュースサイトの『ザ・ヴァージ』に次のように語っている。

> 当社のような事業規模としては、リモートワークに最も前向きな企業をめざします。（中略）今後5～10年のうちに、おそらく5年よりも10年に近いと思いますが、全体の半数の従業員が恒久的にリモートワークになっている可能性があります。[7]

同じ日、カナダのネットショップ構築プラットフォーム大手のショッピファイとツイッターも、同様の発表をした。ショッピファイ創業者・CEOのトビアス・リュトケは、同社従業員のほとんどが在宅勤務を選択すると見込んでいて、「そうなれば、われわれはこの大変動の波に、いわば乗客として座っているだけでいいのか。それとも、しっかりとハンドルを握り、従業員同士が大して顔も合わせることなく世界屈指のグローバル企業になる方法を自力で見つけることになるのだろうか」[8]と述べている。

7月下旬にはグーグルが、2021年夏まで従業員の在宅を認めると発表した。その対象となるのは、全世界で実に20万人ほどに上る。[9]このような方針を打ち出したのは、テクノロジー企業に限った話ではない。モントリオール銀行（カナダ）やバークレイズ（イギリス）など、銀行もオフィスのない未来を視野に入れている。モンデリーズ（スナック食品メーカー）、ネイションワイド保険会社、モルガン・スタンレーも、20世紀のオフィスの価値や有用性を根本的に再考する動きを見せている。ネイションワイドの場合、オフィス5拠点を完全閉鎖し、影響を受ける従業員4000人の恒久的な在宅勤務を認める、思い切った措置を打ち出した。

バークレイズCEOのジェス・ステーリーは先ごろ、「立地戦略の考え方を長期的に調整することになる。1つのビルに7000人も詰め込むという発想は、過去のものになるだろう」[10]と述べている。

言うまでもなく、在宅勤務の流れがあらゆる職種に同じように当てはまるわけではない。ご想像のとおり、在宅勤務の可能性は、発展途上国よりも先進国のほうがはるかに高いし、ホワイトカラー職にかなり集中する。

〔図5〕
国別の在宅勤務で対応可能な仕事の割合

国	割合(%)
アルゼンチン	26 ～ 29
フランス	28
ドイツ	29
イタリア	24
スペイン	25
スウェーデン	31
イギリス	31
アメリカ	34
ウルグアイ	20 ～ 34

結局のところ、在宅勤務でこなせる仕事はどのくらいあるのか。それを明らかにしようと、さまざまな分析手法で一連の調査が実施されている。

在宅勤務が可能な仕事は、過半数には満たないものの、かなりの割合に上る〔図5〕。また、この数字はすでに利用されている在宅勤務支援のツールやテクノロジーを前提としたものであって、現在、新たな道具の考案や従来の道具の改善が続いている。たとえば、2020年9月には、フェイスブックが「インフィニット・オフィス」という新しい在宅勤務プラットフォームを発表した。ＡＲ（拡張現実）空間に複数のディスプレイを表示して作業ができる環境で、ゴーグル型ヘッドセットを装着して利用する。フェイスブックによれば、インフィニット・オフィスは、チームミーティングなどの場合には仮想環境に完全に入り込んでコラボレーションに専念できるモードと、自宅など現実世界の背景にデジタル情報を重ね合わせて表示する拡張現実モードを自由に切り替えながら作業することができるという。

パンデミックが長引くほど、このように絶えず変化を遂げる生産性向上ツールが、リモートワーカー向けに次々に登場するのも、もっともな話である。たとえば、ズームを公衆電話のような見かけにするツールもそうだ。

在宅勤務は本当に有効なのか

簡単に言えば、答えはイエスのようだ。

パンデミックに伴う学校閉鎖を受け、在宅勤務者にとっては子供の世話など余分な仕事が増えたわけだが、コロナ前に実施された調査によれば、在宅勤務は生産性や従業員満足度の面では明らかなプラスになることがわかっている。

シートリップ（携程旅行網）という中国のオンライン旅行予約サイト運営企業について、スタンフォード大学が調査した結果がある。上海オフィスの経費削減を検討していた同社が500人のコールセンタースタッフを採用し、ランダムに半数を選んで在宅勤務実験を実施した。

この実験を取り上げた論文によれば、不動産経費が節約できても、在宅勤務組の生産性低下で相殺されると見込んでいた。ところが、蓋を開けてみると、まったく逆の結果となった。生産性は13％向上し、その内訳は、9％がシフトごとの労働時間増加（休憩時間と病欠の減少）、残る4％が1分当たりのコール数増加によるものだった。[11] 同じ調査で、スタッフの仕事に対する満足度が向上し、総合的に離職率低下につながっていることもわかった。

これとは別の1000人以上の在宅勤務者を対象にした調査では、生産性向上の一因として、年間16・8日多く働いている事実が明らかになった。これは、毎日の通勤時間がなくなったことが原因と見られ、実際に調査対象者の年間の総通勤時間は平均17日で、労働時間増加分と符合する。[12]

ほかにもメリットが期待できる。第1に、オフィス内の密集度が下がれば、全体的に従業員の健康増進につながる。ニューヨークや香港など外出制限命令が効果を上げた都市では、コロナ禍の大流行にブレーキをかけただけでなく、インフルエンザ流行期の劇的な短縮にも効果を発揮した。たとえば、香港では2019〜2020年のインフルエンザ流行期が、過去5年の平均と比べて63％も短かったのである。2003年の香港でのSARS流行時にも、同様の短縮効果が見られた。[13]

第2に、通勤距離の制約がなくなるため、採用可能な候補者が劇的に拡大する。

第3に、研究者で作家でもあるマット・クランシーが指摘するように、リモートワーカー間の交流促進効果が調査から浮かび上がった。その証拠は他の分野でも明らかになっている。クランシーは、「アメリカ人の成人の41％が週平均5時間近くオンラインでビデオゲームを他人とともに楽しんでおり、ゲームを通じて、オフラインの場合と変わりのない社会関係資本（相互信頼や互助、絆など）を形成することが調査でわかった」と指摘する。[14]

膨大なホワイトカラーを抱えるごく一握りの企業が反射的に動いただけのように思うかもしれないが、ＰｗＣが先ごろ実施した調査によれば、アメリカ企業の実に26％が不動産投資の削減に積極的に乗り出しているのだ。

それに本音を言えば、ほとんどの企業にとって、オフィスを持つことが効率化や生産性向上のお手本になったことなどないのである。給湯室辺りでは無駄話に花を咲かせているし、休憩室では「冷蔵庫をきれいに使いましょう」といった張り紙が何度も何度も張り出される。

もっと言えば、オフィスには往々にして2つの役割しかない。1つは、会社としての見栄。そしてもう1つは、大量の労働者に対する監視と支配を実現する中央集権メカニズムである。工業化時代では、それなりに意味もあった。それがデジタル社会になって、馬鹿げた理由になりつつあるのだ。

では、このことが小売りにどういう関係があるというのか。それが大ありなのだ。いみじくも『ニューヨークタイムズ』紙のマシュー・ハーグ記者が次のように指摘する。

「地下鉄、バス、電車のラッシュアワーにしても、ビルの新築工事にしても、どうにか生き残っている街角の商店にしても、経済全体がオフィスへの膨大な人の出入りを前提に形成された。レストラン、バー、スーパー、商店は、労働者がオフィスに来なければ経営が成り立たない」[15]。

まったくもってそのとおりだ。たとえばニューヨークのマンハッタンには、毎日150万人以上がなだれ込む。こうした通勤者のわずか25％が在宅勤務になっただけで、マンハッタンのありとあらゆる商売人が影響を感じとるはずだ。商店や食品雑貨店、レストラン、カフェ、ネイルサロンなど、いったいどれほどの店がこうした人の移動を当て込んで商売をしてきたか、考えてみるといい。在宅勤務が主流の未来に、こうした商売をどのような運命が待ち受けているのだろうか。

サンフランシスコやニューヨーク、ロンドン、パリ、香港といった都市は、在宅勤務革命で根本的に変貌を遂げ、こういった街の小売りの風景もがらりと変わる可能性がある。金融危機以降に創出された雇用の70％以上が、アメリカの一握りの大都市に集中していることを考えると、都市化の逆転現象が現実のものとなれば、経済に信じがたいほどの影響を及ぼしそうだ[16]。

サンフランシスコのベイエリアだけで、技術系の労働者は83万人以上いると見られる[17]。このベイエリアの技術系労働者は、ニューヨークシティで金融業に携わる平均的な労働者と比べて、収入が年平均56％も上回っている。控えめに言っても、技術系労働者はサンフランシスコ経済の原動力なのだ。

そこで疑問が持ち上がる。「好きな場所で働いていい」と会社から言われたら、こうした技術系労働者のうち、どのくらいがベイエリアからの脱出を考えるだろうか。ベイエリアの技術系労働者4400人を対象に先ごろ実施された調査によれば、66％が脱出の意向を示した。[18] これは、地元で働く技術系労働者83万人のうち、実に55万人に相当する。

だが、ここでは、もう少し控えめの数字を想定して議論を進めたい。たとえば、4分の1弱（20万人）がベイエリアを去り、もっと物価の安い市や郡に移り住むと仮定しよう。それでも、ユタ州ソルトレイクシティの全住民（訳註：日本で言えば、東京都台東区や島根県松江市とほぼ同等規模）が消えてしまうような数字だ。その経済的な影響たるや、いかばかりか。経済へのしわ寄せはこれだけにとどまらない。

2010年の調査によれば、ベイエリアの技術職が1人雇用されると、サービス業で5人の雇用が生まれるという。[19] つまり、単に技術労働者の4分の1近くが消滅するだけでなく、この人々を当て込んでサービス業で仕事をしていた100万人以上の雇用まで、道連れになるのだ。

オフィスレス化社会あるいはオフィス大幅削減社会の長期的な影響が予期されるのは、サンフランシスコに限らないし、もっと一般化してアメリカ全体に限られる話でもない。パリやロンドン、シドニー、東京といった都市でも、同様の人口流出が進む見込みだ。

調査会社ハリス・ポールが、アメリカの成人2000人以上を対象に2020年4月に実施した調査によると、人口密度の高い地域からもっと田舎に移り住む意向が「どちらかといえばある」と「非常にある」との回答を合わせると、30％近くに上った。[20]

都市から地方への人口シフトが進む

これがただちに都市の終焉を意味するわけではないが、都市に対する依存度は低下するはずだ。ジャーナリストのサイモン・クーパーは次のように語る。

「ズームで経済が回るようになれば、多くの人々がパリを出ていく。パリ10区辺りの2間のアパートと同じ家賃で、田舎の大邸宅が借りられるのだから」

街には週に1回高速鉄道のＴＧＶで出かければ十分だろう。大恐慌時代にパリのアパートや店舗、オフィスが投げ売り状態になったが、その再来になるのではないか。[21]

パリのような都市が今すぐに消滅するわけではないが、ホワイトカラーの流出による経済的損失もさることながら、その過程で、人々を惹きつけてきた都市本来のエネルギーや活力の大半も失われることになる。

パンデミック収束からそれなりに時間が経過した後、経済的な理由で人々が街から出ていく衝撃的な展開はほぼ確実だが、そうなれば、ここを商圏に商売をしてきた小規模の個性的なショップやレストラン、サービス企業は、衰退に向かう。ボストンやロサンゼルス、ベルリンなど、学生の存在に依存する大学街は、例年であれば9月の新年度を迎えると住民数が大きく増加する。ところが、多くの学生が授業料の安いオンライン受講を選択し、たまに対面のやり取りが必要な研究課題や交流イベントのために街に足を運ぶだけとなれば、大学街の住民数は著しく減少する。

このように都市の姿は、永遠とまでは言わないまでも、かなり長期にわたってがらりと変わるだろう。老舗オピニオン誌『アトランティック』のコラムニスト、デレク・トンプソンは、次のようにまとめている。

> 都市の利便性の高さは依然として変わらないだろうが、その利便性は没個性のありふれた景色になる。代わり映えのしないコンビニ、銀行の支店、ファストファッションのチェーン、カフェが軒を連ねるだけである。（中略）都市住民は、一般にチェーン店を見下す傾向がある。それは効率一本槍の機械的な対応だとか内容の貧弱さだとか意外性のなさが原因なのだが、凶悪ウイルスが忍び寄る状況では、こうした画一的な要素がありがたいような、ありがたくないような微妙な存在になる。[22]

とはいえ、注文品の配達、クリック＆コレクト（オンライン注文後に自宅以外の場所で商品を受け取るサービス）、店内の安全な対人距離の確保などの措置でパンデミック中も顧客を確保できているのは、まさにこうした全国展開・国際展開をしている画一的な小売りチェーンなのである。勝ち組が利益を手にし、勝利を足掛かりにさらに都市での寡占を進めていく。

かつては、ほぼすべての大都市で移民が活力源とされてきたが、各国が驚愕の失業率と経済的損失に対処するなかで、パンデミックの最中はもちろん、パンデミック収束後でさえ、感染拡大防止の観点から、移民枠が大幅に削減される可能性が高い。

何らかの明るい見通しがあるとすれば、居住スペースと事業用スペースの両方で、賃貸料がまず確実に下がることだろう。不動産価値が長期的に低下すれば、デジタルに強い新たな起業家が地域に根ざしたビジネスを引っ提げて、こうした都市に乗り込み、時間の経過とともに、その街の本物らしさや独自性、魅力を再び育んでいくはずだ。同様に、高所得者が各地に分散することで、これまではテクノロジー企業進出の恩恵とは無縁だった地域にも、新たな繁栄と成長がもたらされる。過去10年間の状況とは打って変わって、新規事業やスタートアップが揃いも揃って、ロンドン発だの、ニューヨーク発だの、サンフランシスコ発だの、と謳《うた》う必要もなくなる。

このような人口流出を機に、空きが増えた街の再編が進むだけでなく、その周辺の郊外地域も変貌を遂げる。

"郊外詣で"を始めた都市部の若者たち

1990年代から2000年代初めまで、特に若者たちは、高給の仕事や都会暮らしの刺激を求め、郊外の実家を飛び出して都会に押し寄せた。彼らは、大きなスペースは不要と割り切って、目の飛び出るような賃料でも喜んで手狭なアパートを借りた。都市はこうした若者たちの遊び場になった。賑やかな通りやショップ、カフェ、レストラン、クラブが織りなす街並みは、さながら鮮やかなタペストリーのようで、若者たちにとっては、自分たちのために発展した街であることを常に実感できる風景だった。

だが、コロナ禍がこれをひっくり返してしまった。

たとえば、マンハッタンでは、住宅の空室が急増している。2020年7月、「わずか1カ月前の6月と比べて、アパートの空室流通量が21・6％も増加し、前年同月比では121％増」と各種レポートが伝えていた。[23]『ニューヨークタイムズ』紙によれば、実際の空室数は6万7300室に上り、ここ10年以上で最大の空室数となった結果、賃料は10％低下している。[24]

マンハッタンで人気の34丁目も、このありさま

　ニューヨークやサンフランシスコなど沿岸の大都市を捨てて、ワイオミング州ジャクソンやユタ州プローボ、オハイオ州コロンバスなど、もっと小さくて魅力的な町や市に移り住む人もいるが、どちらかといえば、勤め先の都市からあまり離れていない地域に引っ込む人のほうが多いだろう。結局のところ、企業が従業員のリモートワークを積極的に受け入れるとしても、依然として、多くの企業は定期的な対面のチームミーティング出席を求める可能性があり、そんなに遠くに移住するわけにもいかないのである。このため、若者たちも、両親や祖父母の世代と同様に、郊外詣でに乗り出すことになる。
　この移住の第1陣はすでに動き出しているようだ。早くも2020年8月時点で、ブルームバーグが「都市脱出組、全米各地で郊外住宅ブームの火付け役に」と題した記事を配信している。

アメリカ全土で人口密集度の低い地域への脱出が見られるが、物価も密集度も高いニューヨークやロサンゼルス、サンフランシスコからの脱出が特に顕著だ。マンハッタンでは、分譲マンションや共同所有アパートの7月の成約数が前年同月比で60％の下落となった。一方、ニューヨーク中心から30分～1時間弱の北部郊外都市に当たるコネチカット州のウエストチェスター郡やフェアフィールド郡といったベッドタウンでは、戸建て住宅価格が2倍に跳ね上がった。[25]

総合すれば、ホワイトカラー職の勤務場所の自由が広がり、低コストで広い居住スペースが確保できるようになったため、ここ70年以上見られなかった都心からの流出の流れが加速し、おそらくは、所得と富の分散が近代史上、最も大きくなっている。

さらに、仕事の概念が進化して、大きな移動の自由が生まれ、集中管理型のオフィスにあまり依存しなくなれば、教育も無縁ではいられない。

デジタルを使った教育革命が始まった

今日の教育市場は、さまざまな意味で、ここ20〜30年にわたり、小売業界を映す鏡になっている。小売店と同様に、多くの教育機関は何十年もの間、デジタル革命に背を向け、教育という商品の効率化、生産性向上、経済性向上につながる技術投資から逃げてきた。学生の成績よりも、収益、利益、ブランドの名声を優先してきた産業と言える。誰もが分け隔てなく享受できる教育づくりという使命は忘れ去られている。

多くの国々では、高等教育は、かさみ続けるコストに加え、学生と保護者の双方にとっても右肩上がりの費用と経済負担を強いる教育界のネズミ講的様相を呈している。学費の高い上流校・名門校と学費の安いコミュニティカレッジ（公立の2年制短大）の両端の格差が激しく、その間にある学校は明確な位置付けも価値も欠いているような業界だ。そして、カスタマイズやクオリティではなく、単位という名の商品の〝出荷数〟を目標に掲げ、学習の商品化を進めてきたシステムでもある。

コロナ禍で、このようなシステムの弱点があっさりと露呈した。原型である工場学校が1世紀前に誕生して以来、未曾有の規模で中断に追い込まれる死角があったのだ。

先ごろアメリカで実施された大学の財務状態に関する調査で、次の事実が明らかになった。

- アメリカ全体で500校以上が財務的に厳しい状態にあると判断された。
- 1年次の秋期入学者数が2009年度以降で初めて前年割れとなった大学は約1360校に上った。30％近くの大学で、2017〜2018年度の学生1人当たり授業料収入が2009〜2010年度を下回った。[26]

これでは盤石な基盤とは言い難い。また、『ネイチャー』誌の調査では、次のような実態が浮かび上がった。

すべての大学が財務上の重大な問題を抱えている。ジョンズ・ホプキンス大学（メリーランド州ボルチモア）など、資金力のあるアメリカの私立大学でも、来年度は数億ドル減となる見込みだ。イギリスでは、全大学で入学者の落ち込みが予測されることから、来年度は少なくとも25億ポンドの減収となる。[27]

その結果、授業料は際限なく値上げが続き、リターンは急激に先細るばかりのシステムになっている。裕福な家庭の出ならともかく、平凡な家庭に育った普通の学生が、かなり重荷になるローンに手を出すこともなく、充実した教育を受けられた時代は、もう遠い昔の話である。たとえば、アメリカの学生の借金総額は、２０１９年に１兆５０００万ドルに達している。[28] これは韓国の年間ＧＤＰをわずかに下回る額に相当する。

高騰を続ける授業料は、いったいどこに行くのか。先ごろイギリスで実施された調査によれば、授業料とその他の収入のうち、純粋な教育費用に使われるのは半分にも満たない。大部分は、建物の保守、図書館、ＩＴ、経営管理、マーケティングに支出されているのだ。

それでいて、対面講義の代わりに、劣化版のオンライン授業でお茶を濁すような産業が、このままでいられるわけがないと、作家でアドバイザーのスコット・ギャロウェイが予想している。隔週刊誌『ニューヨーク・マガジン』の２０２０年５月号が、ギャロウェイを取り上げ、次のように指摘する。

> ポストパンデミックの未来は、（中略）世界最大級のテクノロジー企業とエリート大学の提携が相次ぐだろう。MIT@Googleとか、iStanfordとか、Harvard × Facebookといった具合だ。ギャロウェイによれば、こうした提携により、大学はオンラインとオフラインを組み合わせたハイブリッド型の学位、手ごろな学費、新たな価値を売りに、

――入学者数を劇的に増やし、高等教育のありように地殻変動をもたらすという。[29]

オンライン授業は、現時点では、しかるべき基準に満たない代物ではあるが、小売りの世界同様に、本来なら萎《しぼ》んでいたはずの市場で、すでに大きなシェアを獲得し続けている。たとえば、アメリカの総合的な大学進学者数について、学生情報研究センターは、次のように説明している。

「2016年秋期入学者数に比べて、2017年秋期入学者が約9万人減少した。これはほぼ0・5％減に相当する。だが、履修科目の一部でもオンラインで履修した学生の総数は、35万人以上増加し、前年比5・7％増と、かなりの増加となった」[30]

だが、ギャロウェイの指摘によれば、こうしたチャンスも、大手テクノロジー企業と無縁ではいられない。2020年8月、グーグルは、需要の高い多様な職業を対象に、資格認定プログラムのカリキュラムを発表した。このプログラムは、「グーグル・キャリア認定資格」と呼ばれるもので、従来の大学の課程を履修するのに何年もかかるのに対して、こちらは6カ月で修了できる。

同プログラムの費用について、詳しいことはまだわかっていないが、グーグルの発表によれば、コース受講料は一般的な授業料の数分の1程度で済むうえ、雇用者が求めている職種ごとの条件に正確に焦点を絞っているため、理屈の上では従来の大学の教育課程で学ぶよりも、就職率は高くなるという。

グーグルのプログラムが狙っているのは、規模が大きくて有望で高収益が見込めるにもかかわらず手薄になっている市場だ。こうした市場は、時代遅れの教育システムの影響下から解放されるのを待ちわびている。従来の正規教育が〝ビジネスクラス〟だという前提に立ち、オンライン授業を格下のエコノミークラス的に扱ってきた制度下で、学生は何世代にもわたって経済的に服従するしかない状態を強いられてきた。

もちろん、知識を授けるだけが学校の役割でないことも確かだ。自分探しや友達づくり、人生経験に大切な時期でもある。

まだパンデミック初期段階に、カナダで10~17歳の児童・生徒を対象に実施された調査によれば、75%が「勉強についていくことができている」と回答してはいるが、60%が「やる気が持てず退屈だ」と訴えている。登校できていたころを振り返って、一番寂しく思っていることを尋ねる設問には、50%以上が友達に会えないことを挙げていた。スポーツや課外活動との回答は、ずっと少なく16%だった。だが、「学校での授業に戻りたい」との回答は、36%にとどまった。[31]

要するに、デジタル時代に向けた教育改革には、対象の学年を問わず、「商品」と「提供方法」

の見直しが求められるのだ。実際、デジタルによる情報伝達でも、対面授業に匹敵する結果を出すことは可能になっている。ただし、遠隔地にいる学習者に、どうすればきちんと意味のある社会構造を体験させられるかは、まだ定かではない。

仕事と教育の双方でこうした変化が生まれると、都市に依存してきた仕組みが再構築されるだけでなく、都市との往来にも劇的な影響が及ぶ。

移動の激減で失われるビジネスチャンス

東京という都市には、さまざまな良さがあるが、なかでも公共交通機関は世界一の充実度と効率性を誇る。電車や地下鉄は清潔で効率的、しかも基本的にダイヤどおりに運行している。パンデミックが東京に襲いかかったまま、なかなか好転しない状態が続いているうちに、興味深い動きが見られるようになった。自動車教習所への入所者が増えたのである。このこと自体が奇妙なわけではない。実はこうした入所者の多くは、すでに運転免許保有者だったのだ。

日本では、免許を持っていても、都会暮らしゆえにクルマを持たないペーパードライバーが増えている。こういった人々が車の購入前に、復習がてら改めて運転を練習するペーパードライバーコースを受講しているのである。ペーパードライバーコースの受講者がどのくらいの数に上るのか正確なデータはないが、地方都市はもちろんのこと、東京でも万単位はいるとの声もある。

公共交通機関の利用をためらう都市生活者が、自らの運転による移動に切り替える動きは、世界中で見られるようになった。どれほどの恐ろしさなのか。グーグルが各地の移動状況をまとめたモビリティ・レポートによれば、2020年3月から4月の公共交通機関の利用はシカゴやサンフランシスコなどの都市で実に97%減となった。[32]

同レポートで興味深かったのは、最も打撃を受けた交通機関が通勤電車だった点だ。こうした電車は、ホワイトカラー職の比較的裕福な通勤者の利用が中心だったが、勤務場所の自由度が高まったために利用が激減したと見られる。一方、ワシントンやロサンゼルスなどの都市部のバス利用者数はもう少し安定していて、依然として乗車定員の3分の2程度が埋まっていた。この差が生じた背景としては、バス通勤者に低所得世帯が多いことが挙げられる。言い換えれば、交通手段を選べる人々が、その機会を利用したということだ。

つまり、在宅勤務と自分専用の移動手段が組み合わされば、朝の通勤風景が変わっても不思議ではない。アメリカでは何十年もの間、自動車運転者数が減少の一途をたどってきたが、この流れがひっくり返る可能性もある。同じ現象は、1990年代から運転者数が急激に減り始

乗客同士が安全な距離を確保して通勤するパリの地下鉄

めたイギリスでも見られる。

　今日の交通システムも、ご多分に洩れず工業化時代に発達したシステムであり、何百万もの人々が毎日、自宅から職場や学校までの決まったルートを通う工業化社会を前提に構築されたネットワークである。ところが、人口が散らばり、仕事や学校は場所の制約がますますなくなってオンライン化が進み、遠距離通勤や頻繁な通勤を強いられることなく能力を発揮できるようになれば、交通機関を見直す動きも出てくる。ウイルスが潜む地下鉄やタクシー、電車に毎日詰め込まれて運ばれると考えたら、恐怖感で尻込みしてしまうからだ。ジョエル・コトキンもそう考える1人だ。

　コトキンは、チャップマン大学の特別研究

員で、国立シンクタンクの都市改革研究所（テキサス州ヒューストン）の常任理事も務めている。彼は、次のように言う。

> 20世紀初頭にパンデミックが都市に襲いかかったときは、社会は低密度化で対応した。マンハッタンは、１９２０年に２５０万人近かった人口が１９７０年には１５０万人に減少した。同様の経過はロンドンやパリの中心部でも見られた。周辺部に流出する人口が増えるにつれて、都市は安全度が高まり、衛生面も改善された。[33]

コトキンも、雇用や富、手ごろな住宅を効率よく分配する手段として、郊外復興を挙げている。しかし、郊外について再考するとすれば、「CO_2排出の低減、在宅勤務の増加、通勤時間の短縮を想定して設計」すべきだとコトキンは言う。このような見直しを進めるには、専用道を走行する自律型の乗り物の出現も含め、これまでにない低コストのパーソナルな移動手段がほぼ確実に必要になる。

ただし当面は、都市計画関係者のいう「アクティブな交通手段」（徒歩、自転車、スクーターなど）に重点を置くことになろう。目下のパンデミックで、世界中で都市のロックダウン措置が取られ、大気の質が劇的に改善された。これは、主要都市の多くがパンデミック後に活動を再開した際に、ある程度は実現したいと考えている改善点である。

一例を挙げれば、すでにミラノなどの都市では、パンデミックで自動車の交通量が減ったのを機に、このまま自動車利用の抑制を維持したいと考えており、大がかりな整備計画に乗り出している。その一環として、市内の道路約35キロ分を歩道や自転車専用道に変更するという。[34] 同様の見直しは、ニューヨークなど主要都市でも進んでいる。

このことは、小売業にとって何を意味するのか。小売りが交通路や通勤ルートを軸に発展してきたことはご存じのとおりである。レストラン、ガソリンスタンド、コンビニエンスストアなどはいずれも、毎日自宅と職場を往復する大量の通勤者を捕まえようと、それなりのコストを投じて立地を選んでいる。

広告やメディアのエコシステム全体が、通勤客の目に触れることを意識した戦略で成立してきた。それを裏付けるデータがある。アメリカの公共ラジオ局ＮＰＲは、職場との行き帰りに放送を楽しむリスナーが減少したため、２０１９年第２四半期から２０２０年第２四半期までの間に、１四半期分のリスナーを失った計算になる。[35] 他にも、毎日の人の移動を当てにして成り立っている媒体は多いが、同じような状況に陥っていることは想像に難くない。屋外広告や交通広告、あちらこちらにあふれるデジタルスクリーンなど、いずれも毎日の通勤者の注意を惹こうとしていることは言うまでもない。

そんな通勤に関して、見直しの動きがすでに出ている。ＫＰＭＧの調査によると、アメリカではテレワークで自動車通勤が10〜20%減少する見通しだ。[36] また、カナダで実施された調査でも、「パンデミック収束後、どのような方法であれ、とにかく職場に通勤する」との回答は25%減少するなど、同様の結果が見られた。[37] 困るのは、日々の通勤ラッシュの人波を相手にしたビジネスだ。当てにしていた市場の4分の1が毎日、家にこもっている状態で、今後、戻ってこない可能性があるからだ。

だが、交通への影響は、陸上輸送機関に限った話ではない。空を見上げてみよう。

飛行機での移動

２０１９年に、私は１５０回以上も飛行機に乗って、世界各地を訪れていた。過去4年間だけでも、飛行機での移動距離は１００万マイル（約１６０万キロ）近くに及ぶ。どれだけハラハラした日々だったか、私の白髪頭を見れば一目瞭然だ。私の仕事に出張はつきものである。私の職業自体がそうだし、２０１９年に手がけた案件もそうだが、出張はなくてはならないものだっただけに、飛行機での移動なしに仕事をこなすことになるとは、想像だにしなかった。

今、パンデミックの最中に本書を執筆していて、今度は座席のクラスやフライト時間にかかわらず、快適に飛行機に乗ることが想像できなくなっている自分がいる。空港の大混雑や長い行列、清潔さを欠いた機内など、うんざりするような経験は何度もしているが、パンデミックの今になって考えると、余計にゾッとするし、よくあんな状況で平気だったなとつくづく思う。そう思っているのは、私だけではない。

コロナ禍で飛行機移動のあり方や自己防衛策も様変わりし、不安も増大

「目下の危機は、長期にわたって影を落とす可能性があります。かつてのような旅の習慣を取り戻すには時間がかかるというのが、乗客の方々の声です。多くの航空会社では、2019年当時の需要水準に戻るのは、2023年か2024年になりそうだと見ています[38]」

これは、IATA（国際航空運送協会）事務局長、アレクサンドル・ドゥ・ジュニアックによる業界調査結果を説明した際の導入部である。2020年6月、最近旅行したことのある4700人を対象に実施した調査によれば、ウイルス感染が「ある程度不安だ」、あるいは「非常に不安だ」との回答は83％に上り、65％が感染者の隣の席に座ることに不安を覚えていることがわかった。だが、本当に厳しい結果はここからだ。「少なくとも6カ月は旅行を再開するつもりがない」との回答が54％に上ったのである。「少なくとも1年は再開しない」との回答も20％近くあり、わずか2カ月間で11％も増加した。

そうなると、空の旅やそれに依存する小売業に関して、重大な疑問が持ち上がる。

空の旅の主役は出張旅行

ビジネスレポートソフトウェアを手がけるサーティファイによれば、毎年、飛行機を使った出張旅行はおよそ4億4500万回発生している。国際ビジネス旅行協会（GBTA）では、出張・会議の総費用について約3450億ドルと推定している。[39]数のうえでは旅行全体のうち、出張旅行者が占める割合は12％に過ぎないが、航空業界の収益の75％を生み出しているのが出張旅行だ。その出張旅行がパンデミックに直面して、ほぼなくなってしまった。利用者や航空会社を含め、多くの人々が知りたいのは、元どおりに戻るのかどうか、戻るとすればいつ、どの程度の水準まで戻るのかだ。

アメリカン・ホテル＆ロッジング協会（AHLA）のチップ・ロジャーズ社長兼CEOは、

2021年5月までに出張旅行がパンデミック前の水準の70%にまで回復する可能性ありと見ている。[40] たとえそうなったとしても、第1に、どの業界も同じだが、航空業界が通常の70%の需要では、よほどのコスト削減に踏み切らない限り利益は上げられない。

第2に、もっと差し迫った問題として、ロジャーズの見立ては、出張旅行者の心理と一致しない点が挙げられる。IATAが実施した最近の調査では、66%が出張旅行を減らす意向を示しているのだ。また、同じく66%がプライベートの旅行も減らすと回答している。

近いうちにワクチンが供給されることは、間違いなく業界にとって安心材料となるが、私としては、ただちに空の旅にそれなりの（といってもパンデミック前の水準よりはるかに少ないが）費用をかける気にならない。

もう1つの未知数は、航空運賃の行方だ。パンデミック後、航空券にこれまで以上に高い金額を払うことになるのだろうか。どうやらそうなりそうなのだ。エアバス傘下の航空データ会社スカイトラによれば、2020年5月にはヨーロッパ・アジア太平洋間の航空運賃平均額が、驚くべきことに34%も上昇していた。[41]

その結果、危機が長引けば長引くほど、出張旅行者自身も勤務先の企業も、出張に代わる安全策を模索する可能性が高くなる。もちろん、その1つがテレビ会議・ビデオ会議だ。

ビデオ会議は、対面の会議に代わる有力な選択肢であるだけでなく、多くの経営幹部が優れたコミュニケーション手段とみなし始めている。対面の会議では、こっそり携帯電話をチェックする人がいるなど注意散漫になりやすいが、ビデオ会議ならもっと集中力や効率が要求されると指摘する声もある。出張旅行にかかる多額の経費を確実に削減できる利点もある。たとえば、大手香料メーカー、インターナショナル・フレーバー・アンド・フレグランスのCEOは、昨年、『ウォール・ストリートジャーナル』紙の取材に応じ、「リモートワークの有効性が証明されたため、出張旅行を恒久的に30~50%削減する計画」を明らかにした。[42]

かと思えば、ビデオ会議の限界を指摘する声もある。ビジネス関係者向けのプレゼンテーションを商売道具にしている私から見ると、ズームはパンデミック中であれば申し分ないものの、実際に使ってみた経験から完璧とは言い難い。さまざまな制約があるのだが、特に問題なのは、現場でプレゼンテーションをするのと違って、刻々と内容が変わるようなコンテンツを共有できないことや、会場の雰囲気をつかめないことである。

とはいえ、こうしたビデオ会議技術の大部分は揺籃期《ようらんき》にあり、今後、大きく改善されていく点は理解しておきたい。たとえば、1980年代には、人目を憚《はばか》るほど巨大な携帯電話を使っていたではないか。それが今では、スーパーコンピュータ並みの性能がポケットに入ってしまう。市場あるところに投資と技術進歩あり、である。歴史に学ぶなら、ビデオ会議の技術が2年たっても今とほとんど同じで、制約も変わらないと考えるのは、どう見ても無理がある。

空の旅の大部分が出張旅行で、企業各社は出張の効率や経費を抜本的に見直している。かたや観光旅行に関しては、ウイルスに感染した患者がＩＣＵ（集中治療室）で苦しそうにしているイメージが人々のトラウマになっていて、旅先選びや旅の頻度にますます慎重になっている。とすれば、小売業界にはどういう影響があるのか。

２０１８年、私が率いる企業、リテールプロフェットは、パリに本拠を置く企業のプロジェクトに関わっていた。この企業は、世界各地で空港の経営権獲得・改修・管理を手がけていた。このプロジェクトで私たちに与えられた使命は、パリのシャルル・ド・ゴール空港、オルリー空港内の物販エリアを抜本的に刷新することだった。この手のプロジェクトに関わっていると、すぐに気づくことがある。空港の物販を生かすも殺すも、高級ブランドと免税店にかかっているる点だ。

多くの高級ブランドにとって、空港での物販は、過去10年間、最も期待の持てる場となっていた。パンデミック前に実施されたある調査によれば、世界のトラベルリテール（旅行者向け販売事業）市場の規模は、「２０２５年までに１５３７億ドルに拡大し、その期間のＣＡＧＲ（年平均成長率）は９・６％に達する見通し」だった。[43]

これは、世界の小売業が約５％の成長率だった世の中で、驚異的な成長率だった。この成長率の大部分を支える空港販売事業の稼ぎ頭が、免税店だった。あるレポートによると、２０１

8年の世界の空港免税店売り上げは前年比約9・5%増の760億ドルだった。[44]
航空運賃の高騰に、飛行機の利用条件の大幅な厳格化という悪い状況に加えて、出張や観光でのフライトが減少する一方、ビデオ会議の技術はイノベーションが進んでいる。これでは、空港の販売事業がパンデミック前の全盛期と同じ水準に戻るまでには、相当長い期間が必要になる恐れがある。それまで高級ブランドにとっては、重要なビジネスの場を失うことになる。

テクノロジーで再定義される体験の「価値」

「ライブのエネルギーや雰囲気に勝るものはないね」

そう語るのは、ロックバンド「ニルヴァーナ」の元ドラマーで、解散後は「フー・ファイターズ」のフロントマンを務めるデイヴ・グロールだ。

「お気に入りのアーティストのステージを生で見たら、生きててよかったって感動しますよ。薄っぺらな映像ではそうはいかない。(中略)憧れのスーパーヒーローが目の前で生身の姿を見せてくれるんだから[45]」

このライブ会場での感動に満ちた高揚感に異論を挟む余地はない。コンサートでも講演でもスポーツでもいいが、イベントを生で見て感動や興奮でゾクゾクした経験は、誰でも一度くらいはあるだろう。

私も講演の舞台に立つ身であり、1000人もの聴衆が詰めかけた会場でみんなが同じ時間を過ごし、考えや笑いを共有するという、えも言われぬ気持ちは自分自身、実感している。この体を電気が走るような興奮は、何ものにも代え難い。

こうした体験は、コロナ禍によって門が閉ざされてしまった。世界中でスタジアムやコンサートホール、ホテルの大宴会場、映画のセットが空っぽになり、気苦労なく過ごせた時間は過去のものとなってしまった。

その代わりに、別の動きが見られた。誰もが知恵を絞り、アイデアを凝らした結果だ。

慈善団体グローバル・シティズンが世界保健機関（WHO）と手を組み、ペプシをスポンサーに迎えて開催した「ワン・ワールド：トゥギャザー・アット・ホーム」というオンライン音楽イベントもその1つ。コロナ禍への対応や医療従事者を支援するため、さまざまなミュージシャンが出演した。このストリーミング配信を楽しんだ聴衆は2000万人に上り、1億3000万ドルの収益が寄付された。

出演者は、ローリング・ストーンズ、ビリー・アイリッシュ、リゾ、ジェニファー・ロペス、キース・アーバン、エルトン・ジョン、スティービー・ワンダー、ショーン・メンデス、カミラ・カベロ、レディ・ガガ、ポール・マッカートニー、ジョン・レジェンド、サム・スミス、セリーヌ・ディオン、アンドレア・ボチェッリら、錚々《そうそう》たる面々だった。これだけのアーティストをスタジアムに集めてライブイベントを開催することなど、まず不可能に近く、仮にできたとしても、とてつもない費用がかかる。しかし、ライブのストリーミング配信と事前収録済みの動画を組み合わせることで、世界各地にいるアーティストが一堂に会したようなイベントを実現できたのだ。

では、ライブコンサートの体験は、ライブストリーミング配信によって揺らぐことになるのか。そうなるはずと強く信じる向きもある。

カナダ企業のサイドドアも、そうした立場を取り、アーティスト向けに独自のコンサートの場を提供している。当初、同社は従来のライブコンサートのサポート業務を手がけていたが、即座に方針を変え、アーティストが有料のオンラインコンサートをどこからでも簡単に開催できる環境を提供するようになった。

「これならいけそうだとすぐにわかったので、プラットフォームに正式に変更を加えることにした」と創業者のローラ・シンプソンは説明する。

「今回の転換を通じて、アーティストのために働き、いつでもどこでもライブを開催できるようにして、すべてをオンラインに移行させるという自分たちの価値観や使命をとことん守り抜くことができました」[46]

このような展望を抱いているのは、シンプソンだけではない。２０１１年からコンサートのライブストリーミング配信を手がける企業、ステージイットの創業者、マーク・ローウェンスタインもその1人だ。「これは危機的状況下でのコミュニケーションにとどまらず、継続的にファンとの絆を強めていくうえでも効果的。従来以上に頻繁にコミュニケーションを取ることも可能」とローウェンスタインは説明する。[47]

私たちの暮らしのなかで見直しが進められている体験や活動は、コンサートばかりではない。

ナイトクラブ

パンデミック中にバーチャルナイトクラブが次々に誕生し、実際に客がカネを落としている。『フォーチュン』誌が次のように報じている。

「ズームを使った『クラブ・カランティィ』なるオンラインパーティがある。その辺のボトルサービスを売りにしたクラブにありそうなものはすべて揃っている。ないのはシャンパンクーラーくらいだ。ゲストは10ドルのチケットを購入してパーティ会場に入る。80ドル払えばプライベートルームも利用できる。会場にはインスタグラムで有名なＤＪやセクシーな踊りを披露するダンサーもいる」[48]。

今、ズームなどのビジネスツールを使ってクラブ遊びをオンラインで再現したナイトクラブが次々に登場していて、検疫を意味するカランタインをもじって命名した「クラブ・カランティ」もその1つに過ぎない。

大手ゲーム関連製品メーカーでeスポーツのスポンサーも務めるレイザーの共同創業者であるミンリャン・タンも、そこに商機を見出した1人。パンデミックのなか、タンが率いるレイザーは、シンガポールにあるナイトクラブのズークグループやライブストリーミング専門業者と手を組み、バーチャルなレイブパーティ（大規模音楽パーティ）を開催している。しかもオンラインで参加している観客は、DJとのチャットや交流も楽しめる。タンは次のように言う。

「この感染拡大が収束したら、人々の行動は劇的に変わるでしょうね。今後クラブが通常営業に戻ったら、対面のクラブだけでなく、ストリーミングも続けるはずです[49]」

タンの見立てが正しければ、問題は売り上げである。そもそもライブイベントのバーチャル版に、人はカネを払う気になるのか。客が中国人なら、十分にあり得る話である。2020年2月、北京にあるナイトクラブ「クラブ・サー・ティーン」がライブストリーミング配信を実施したところ、約230万人が楽しんだのだ。中国では、ほかにも数十のクラブが、最近「クラウド・レイブ」と呼ばれているイベントを開催し、数百万元（1元は約16円）を売り上げている。[50]

伝説のアーティスト、プリンスの不朽の名曲の歌詞に「(どうせ世紀末なのだから) とことんパーティを楽しもう」という意味の一節があるが、2020年に始まったパンデミックに翻弄されたナイトクラブ業界にとって、まさにそんな思いだったのかもしれない。

アートギャラリー

私の自宅のダイニングルームには、ブレンドン・マクノートンという才能ある作家の素敵な現代絵画が飾ってある。多くの作家同様に、マクノートンも展覧会での作品発表に大きく依存していた。

現在、マクノートンは自らの作品を制作するかたわら、アート・ゲートVRという会社を立ち上げ、経営に携わっている。この会社は、アートファンや美術コレクター向けに、さまざまな展覧会やアートイベント、作家とのQ&Aセッションなどの機会をオンラインで提供しており、ユーザーは自宅でウイルス感染を心配することなく楽しめる。美術品バイヤーは、世界のどこからでもオキュラスというVRヘッドセットを使い、没入感のあるインタラクティブな環境で作品の鑑賞・購入が可能だ。作家やギャラリーのオーナーと話したり、特定のテーマに沿っ

仮想アバターを使ったアート・ゲートVRでは、世界中のアーティストにスポットライトを当てた仮想ギャラリーで作品の鑑賞・購入が可能に

て組み立てたアートツアーに参加したりする機会もあり、違和感のない直感的なかたちでギャラリー空間を歩き回ることができる。アートギャラリーの味わい方を一変させるだけでなく、美術業界の経済的側面も大きく変わるはずだ。

バーチャルだから、作家は1つの作品を複数のギャラリーに同時に展示できる。しかも旅費や展覧会準備の費用は不要だ。アートバイヤーにとっても、展覧会に足を運ぶ費用が浮くことになる。要するに、作家はこれまで以上に多くの人々に作品を見てもらえるうえ、展覧会の開催コストも抑えられる一方、バイヤーにとっては、交通費を抑えつつ、たくさんの展覧会に顔を出せることになる。

やはりここでも、パンデミックによって、

デジタルイベントと実際のイベントを組み合わせた新しい独創的なスタイルの市場が開拓されたのだ。もちろんオンラインのイベントが、現実世界ならではの音や匂い、身体性に取って代わるまでには、しばらく時間がかかるかもしれないが、現実味のある選択肢であることは確かで、収益モデルとしても成立しそうな可能性を秘めている。消費者の体験を重視するプロデューサーにとっては、一気に多くの対象者に訴求できるようになる。

経験価値とのトレードオフ

こうしたデジタルの代替策が、少なくとも短期間で従来の対面方式に完全に取って代わることはあり得ない。だが、かつては考えられなかった体験の選択肢や新たなビジネスモデルに道を開くことになる。そもそも、この手のデジタルゆえのメリットとデメリットのさじ加減は今に始まった話ではない。私たちは消費者として常にこうした折り合いをつけている。音楽のストリーミング配信が初めて世に登場した際、ＣＤやレコードに比べて音質が劣る点を指摘する声が一部にあった。

何ごとにつけてもまず否定する人々はどの世界にもいるが、その言い分は技術的には間違っていなかった。だが、同時に重要なポイントをいくつか見逃していたことも事実だ。

第1に、音楽のストリーミング配信は単なる技術の移行ではなく、まったく新しいビジネスモデルの出現だったのである。今や、音楽ファンは、高い金額を払ってアルバムをまるごと手に入れるのではなく、月額定額料金を払えば好みの曲だけを無制限にストリーミング配信で楽しめるようになった。

第2に、膨大な数の曲が揃っていて、利便性にも優れている。これは音質面の欠点を補ってあまりあるメリットだ。

第3に、評論家らは、音楽のストリーミング配信技術が急ピッチで飛躍的に向上する可能性を甘く見ていた。実際、ストリーミング配信は、レコードやCDと同じ忠実度を再現するどころか、実質的に両者を絶滅に追いやってしまったのだ。多くの関係者にとって十分な水準の技術と、少なくとも消費者にとってはるかに魅力的なビジネスモデルの掛け合わせだったのである。

同様に、ライブストリーミングのイベントはミュージシャンや俳優、アーティスト、さらには私のような専門家に至るまでが活用するようになり、利用しやすく手軽でコスト削減も可能となれば、多くの人々にとって魅力的な選択肢と映るのもうなずける。

体験型イベントの本質がこのように変化すると、分配に伴う経済性も変わる可能性がある。2019年、私はスケジュールの調整がつかないために、少なくとも十数件のイベントをあきらめざるを得なかった。調整がつかなかったケースのほとんどは、会場間の移動を考えると次のイベントに間に合いそうもないことが理由だった。だが、パンデミック中は、1日で時間帯がまったく異なる地域を対象に、複数のイベントをライブストリーミングで配信できるようになった。

重要なのは、ライブストリーミングであれ、他の技術であれ、生のイベントの興奮を完全に置き換えられるかどうかではない。「観客に選択肢を与える」という意味で明らかに影響力があるのだ。

そこで自問自答してみよう。あなたは本当にスタジアムや販売店、アリーナ、ナイトクラブに足を運ぶ必要があるのか。もしかしたら、ライブストリーミングで済ますことができるのではないか。実生活で「何か」を体験する際、手間、コスト、時間をかけるからこそ、価値に対する期待も高まるのである。では、それだけの時間や手間、費用をかける価値があったのか。

これは、小売業者にとって特に重要な視点だ。心の底から正直に言うなら、ごくわずかなケースを除き、小売業界は、消費者に貴重な時間を割いてまで足を運んでもらうほど価値のあるショッピングの機会など生み出していない。実際、買い物中の消費者の心のなかでは、往々にして葛藤と失望と不満が渦巻いている。工業化時代の小売りなら、それでも乗り切ることができた。消費者に選択肢がなかったからだ。しかし、そんな時代は過ぎ去った。新たな期待を抱いた買い物客は、独自の明確な価値を持つ店に、時間と費用をかけるようになる。それがない店は、埋もれたまま消えゆく運命にある。

絶滅するか、新たな時代に適応するか

飛行機での出張からオンラインへの移行、現代的な生活の解体、場所に縛られていた仕事や教育からの解放、体験のあり方の見直しなど一連の動きを受け、私たちは工業化時代を脱出し、ポストデジタル時代への境界を越えようとしている。新型コロナウイルスは、単に未来へ向かう時間を早送りしただけではない。

はるか遠くの場所へ瞬間移動ができる時空のトンネルや時間の歪みをワームホールと呼ぶのだが、新型コロナウイルスは、100年に一度あるかないかのワームホールのようなもので、私たちの未来をがらりと変えてしまう力を秘めている。

ブランドや小売店がここまで小売りの道を切り開いてきたことは確かだ。だが、私たちが一気にスピードを上げて新しい時代への境界を突破する際に、多くのブランドや小売店は古びた遺産として取り残されることになる。そして進化の過程で犠牲となった絶滅種として、歴史の

脚注欄に小さく記録されるのだ。一方、生き残るブランドは、従来のマーケティング手法や販売戦術を抜本的に見直し、これまでとは違う新たな消費行動パターンに適応するはずだ。パンデミック収束後の世界にようやくたどり着いた私たちを待ち構えているのは、単にコロナ禍で加速されただけの小売業界ではない。それどころか、恒久的に変貌を遂げた産業や消費者がそこにいるだろう。

第3章

食物連鎖の頂点に立つ怪物たち

THE RISE OF RETAIL'S APEX PREDATORS

生命科学の根底には、
進化という概念がある。

――ビル・ナイ

未来を描いた映画には、ごく少数の邪悪な巨大企業に支配された暗黒のディストピアが人類を待ち構えていて、人々の生活が至るところでコントロールされているといったストーリーが少なくない。『ロボコップ』のオムニ・コンシューマ・プロダクツ社しかり、『エイリアン』のウェイランド・ユタニ社しかり、『ブレードランナー』のタイレル社しかり。こうした未来を牛耳る企業は、世界の中枢まで深く食い込んでいるだけに、超大国に活動を邪魔されることもない……。そんな筋書きだ。

パンデミック後の小売業界では、デジタル格差を飛び越えたその先で、こうした企業はもはや小説や映画だけの話ではなくなっている。つまり現実になっているのだ。

小売業者にとって、新型コロナウイルス感染症は隕石の衝突のようなものだった。100年に一度あるかないかの存亡の危機をもたらす出来事で、小売業界を覆う大気の化学組成まで変えてしまった。その結果、小売業界に生息していた多くの種が絶滅し、残った種による死に物狂いの適応行動が始まる。

もっとも、宇宙のビッグバン直後にも似たポストコロナという混沌とした状況から、これまでに見たこともないような新しい捕食者が誕生する。遺伝子の突然変異によって小売業界に生まれ落ちた新しい種で、天敵も外部からの脅威もない。自然界でこうした種は、食物連鎖の頂点に立つ捕食者（頂点捕食者）だ。小売りの世界では、アマゾン、アリババ、京東商城（JDドッ

〔図6〕

4社の2019年通年売上高と成長率

社名	2019年通年（単位10億ドル）	前年比成長率（％）
アマゾン	280.5	20
アリババ	72	35
京東商城	83	23.38
ウォルマート	524	1.9

〔図7〕

2020年第1四半期の4社の前年比売上高増加率

社名	前年比増加率
アマゾン	26.4
アリババ	22
京東商城	20.7
ウォルマート	74＊/10†

＊オンラインの売上高のみ　†総売上高

トコム）、ウォルマートと呼ばれる。

　この4社を合わせると、年間売上高は約1兆ドルに達する。常連客の数は数十億人に及ぶ。地理的な境界も時間帯もカテゴリーの垣根も関係ない。ある1日の株価のわずかな変動だけでも、普通の大企業の時価総額と同じか、それ以上の額が動く〔図6・図7〕。

　コロナ禍は、多くの小売業者にとって致命的だったが、頂点捕食者にとっては、それまでも今後も代謝ステロイドの静脈注射を打ち続けるようなものになる。この頂点捕食者たる怪物企業は、パンデミックでさらに大きく、さらに強く、そしてさらに大きな権力を持って浮上する。売り上げの最大80％を失って衰退する小売業者があるなか、一握りの巨大企業だけは思わず二度見してしまうほどの業績を上げていた。

　唖然とするほどの成長率からもわかるように、パンデミックでこの4社はただただ大きくなるばかりだ。

しかも飛躍的に。

コロナ禍すら成長の追い風にするアマゾン

アマゾンがエリート企業リスト、1兆ドルクラブに名を連ねたのは、2020年2月4日のことだ。[1] アマゾンはその日の終値ベースで時価総額を1兆ドル台に乗せ、アップル、マイクロソフト、アルファベット（グーグルの親会社）など1兆ドル企業と肩を並べることになり、現在、時価総額で世界最大の小売企業となっている。

新型コロナウイルスの感染拡大を受け、世界各地でロックダウンが実施された初期段階で、『ガーディアン』紙は、アマゾンでの製品・サービスの購入に、1秒間に1万1000ドルが消費されていると報じた。[2] つまり1日10億ドル弱である。実際、2020年第1四半期にアマゾンの売り上げは750億ドル増となった。[3] つまり、アマゾンの前四半期に対する売り上げ増加分だけで、米大手量販店チェーン「ターゲット」の2019年の年間売上高にわずかに満たない額なのだ。[4] これがどういう意味なのか、改めて考えてみよう。

ほとんどの企業がコロナ禍で事業の中断を余儀なくされたが、このこと自体、2019年に業績好調ですでに大飛躍は時間の問題だったアマゾンというロケットの打ち上げ燃料になったのである。その年、『エコノミスト』誌は「同社から発送された商品は、35億個。地球上の人類の2人に1人に販売した計算になる」と指摘している。また、日中は1億人以上がズームで会議を行い、夜も同じくらいの人々がネットフリックスで映画やドラマを楽しんでいるが、これをクラウド技術で支えているのが、アマゾンのクラウドコンピューティング部門であるアマゾンウェブサービス（AWS）である。こうしたビジネスも含めると、アマゾンの売り上げは2800億ドルに上る。[5]

世界がパンデミックに突入すると、アメリカで1ドルが消費されるたびにその半分の約50セントがアマゾンに転がり込むようになっていた。[6] オンラインでの商品検索のうち、約70％はアマゾンで発生している。この場合、ユーザーは自分がどの商品を探し求めているのか具体的にわからない状態で検索しているのだ。自分のほしいものがわかっている場合、約80％のユーザーがアマゾンで品定めを始める。

それだけでも大変なことだが、1億5000万人以上が有料会員サービス、アマゾンプライムの会員になっていることも付け加えておこう。[7] プライムは、客寄せの役割だけでなく、迅速な配送や映像・音楽のストリーミング配信といった特典や付加価値でアマゾンのプラットフォーム全体でのユーザー囲い込みを強化している。また、プライム会員の購入額は、非会員の3・5倍に達する。[8] さらに、プライムは、アマゾンが収集するデータの中核をなすものでもあり、顧客のニーズや行動を分単位で読み解く鍵となっている。「商品検索をアマゾンから始めるユーザーの数では、日本が世界で一番多い」と明かすのは、日本でアマゾンのファッション事業責任者を務めるジェームズ・ピーターズだ。「その結果、消費者が何を求めているのか、良質なデータが手に入る」という。[9]

つまり、アマゾンの検索バーの役割は、アマゾンの取扱商品を見つける手段にとどまらないのである。アマゾンにとっては、どんな商品を揃えればいいのか、リアルタイムに情報を吸い上げる市場調査ツールでもあるのだ。

単刀直入に言えば、アマゾンを小売業者と見るのをやめて、データ・技術・イノベーションの企業と捉えれば、一見わかりにくい戦略的な動きの多くが、完全に筋の通ったものであることがわかる。たとえば、2017年のホールフーズ（食料品スーパーマーケットチェーン）の買収はどうか。買収当時、多くの業界関係者は真意がつかめず、訝《いぶか》しがった。食料品分野にアマゾンの食指が動いたのはなぜか。そもそも過去の例から見て純利益率1％しか出せない分野である（誤植ではない。本当に1％である）[10]。

私見では、食料品の価値うんぬんではなく、食料品販売が生み出すデータの価値にヒントがあるのだ。私の言わんとすることを理解していただくため、今度スーパーマーケットに行った

アマゾン店舗だけで使われていた「アマゾン・ゴー」の技術を他社にも提供するようになるなど、アマゾンはテクノロジー企業としての性格を強めている

ら、次のことを覚えておいてほしい。

　レジ前で自分の列に並んでいる他の客のショッピングカートやカゴの中を注意して見てみよう。そこに入っている商品を見て、何かひらめくことはあるだろうか。ペットを飼っているかどうかわかるだろうか。子供はいるだろうか。健康意識の高い人か。料理好きか。それとも惣菜を好んで買っているだろうか。ブランド重視で商品を選んでいるか。それとも店のプライベートブランド（PB）商品を好んで買っているだろうか。こういう気づきがあるのではないだろうか。

　食料品分野ほど個人や世帯のデータを如実に炙《あぶ》り出す分野はない。アマゾンのような企業には、こうしたデータの価値は、牛乳や卵を売って手にする微々たる儲けに比べたら、はるかに大きな価値がある。食料品分野の競合にとってアマゾンが危険な存在である本当の理由は、ここにある。

いったいアマゾンはどこまで大きいのか。作家のスコット・ギャロウェイは次のように言う。

> アマゾンの株価が7％下落したら、ボーイングの時価総額が吹き飛ぶほどである。アマゾンは今まさにそういう状況にある。たった1日の取引でボーイングの時価総額相当分が増えたり減ったりしているのである。この巨大すぎる企業について語る場合、1日の株の値動きでボーイングという企業を売ったり買ったりしていると考えてもいい。[11]

同様に、アマゾンが未進出分野にちょっと関心を見せるだけで、その分野の既存企業の市場価値を下落させるほどの影響力がある。たとえば、2017年にアマゾンが家電販売への進出を発表したところ、ホームセンターのホームデポ、家電量販店のロウズやベストバイ、ワールプールの時価総額のうち、合わせて125億ドルが吹き飛んだ。たった1日の出来事である。

これでもアマゾン支配の構図が信じられないというのなら、2019年にフィードバイザーがアメリカの成人2000人を対象に実施した調査を紹介しよう。それによれば、「オンラインショッピングならアマゾンで買う」との回答が89％に上った。これがプライム会員に限定すると、96％にまで増加する。[12]

だからといって、アマゾンが盤石とは限らない。実際、隙《すき》はある。同社は、冷酷な幹部が大手を振る労働環境、さらに劣悪な倉庫の従業員の労働条件など、悪評に手を焼いている。また、アマゾンは自ら小売業者として商品を販売する一方、外部小売業者がアマゾン内で商品を販売する「マーケットプレイス」も運営している。アマゾンは自社の販売が有利になるように外部業者の販売データを不正に利用したという不誠実な前歴もある。ときにはアマゾンでの商品検索結果を表示する際、アマゾンが販売する商品の価格を外部業者の商品より下げて自社に有利にすることで、競合商品を徹底的に追い落とすことまでやってのける例もあった。

こうした逆風もなんのそので、大多数の人々が病気や雇用、社会不安に気を揉んでいた最中の2020年7月20日、たった1日でジェフ・ベゾスは個人純資産を130億ドルも増やしていた。その結果、個人資産総額はニュージーランドの年間GDPに匹敵するまでになったのだ。2020年8月には、アマゾンの時価総額が1兆7000億ドル弱にまで増加し、わずか7カ月で70％増を記録している。

パンデミックの嵐が小売業界全体に襲いかかった一方、アマゾンはその嵐を追い風に、ジャーナリストのブラッド・ストーンの言葉を借りれば「エブリシング・ストア（何でも買える店）」というゴールをめざして順風満帆で進んでいた。

アマゾンとは違うビジネスモデルで君臨するアリババ・グループ

中国では、11月11日は独身の日（光棍節《こうこんせつ》）とされ、毎年恒例のショッピングの日として定着している。2020年の独身の日、アリババ（阿里巴巴）は総流通額（同社マーケットプレイスで販売した商品の総額）740億ドルを達成した。この数字のすごさを説明するとすれば、2018年通年のドイツ全国でのオンライン販売額とほぼ同額と言ったらわかるだろうか。

アリババにとってコロナ禍は、願ってもない追い風となった。2020年3月31日までの1年間で売り上げは35％増を記録し、5カ年計画の目標であった総流通額1兆ドルを達成したのである。[13]

別の言い方をすれば、サウジアラビアの年間GDPを約30％も上回る金額である。[14] 2020年第2四半期には、アリババの売上高が34％増となり、株価は80％増、時価総額は8000億ドルに跳ね上がった。アリババのプラットフォームで熱心にショッピングをしているユーザーは8億人近い。そう考えると、いわゆる企業というイメージではなく、むしろ独自の国民と経済を擁する独立国と言ったほうがしっくりくる。

アリババを理解するとしたら、いわばアマゾンの鏡像と捉えるとわかりやすい。たとえば、

2020年11月11日、「独身の日」のショッピングイベント中にアリババは過去最高の740億ドル以上の売り上げを達成

現在、アマゾンの収益の大部分はクラウドコンピューティングサービス（ＡＷＳ）事業から生み出されている。だからといって、アマゾンが小売事業で稼いでいないわけではなく、しっかりと稼いでいる。実際、アマゾンの利益全体のうち、巨大な小売事業が占める割合は、ここ2、3年で拡大を続けている。とはいえ、依然としてＡＷＳ事業が最大の利益を叩き出していることに変わりはない。

　かたやアリババの利益の大部分は、外部小売業者をテナントとして受け入れるマーケットプレイス事業から生まれていて、営業利益率は10％台後半であるのに対して、アマゾンは1桁の低いところにとどまっている。[15]

　これには、2つの理由がある。第1に、自社販売の商品を自前で取り揃え、在庫を確保して配送まで手がけるアマゾンと違って、アリババの場合は同社運営のマーケットプレイスを外部出品業者に提供するビジネスである。アリババは在庫も抱えないし、自前の物流システムも運営していない。アリババは、外部販売パートナーにソフトウェアプラットフォームを提供し、ここで各パートナーが統合型のシステムを通じて物流も自己管理する仕組みだ。

第2に、アリババは、どんな分野にも対応できる万能型のマーケットプレイスではないため、1つのプラットフォームであらゆる顧客を満足させるものではない。実際、同社では5つの主要プラットフォームを擁する。

- アリババ（阿里巴巴）……国内外のメーカーと調達企業のマッチングを支援するB2B（企業間）電子商取引のプラットフォームである。
- タオバオ（淘宝網）……中国語で「宝探し」を意味するタオバオは、B2C（消費者向け）とC2C（消費者間）の商取引プラットフォームで、形態としてはアマゾンやeベイに似ている。また、中国最大のオンラインショッピングサイトでもあり、20億点を超える製品・サービスが登録されている。一般消費財から食品、果ては旅行手配に至るまで、タオバオでは手に入らないものはないというほどの品揃えを誇る。

また、タオバオは、商品自体もさることながら、ブランド各社や主要オピニオンリーダーがライブストリーミングで商品紹介コンテンツを発信する商品発見エンジンの機能もある。さらに、AR（拡張現実）などのツールもプラットフォームに標準機能として組み込まれていて、どの販売業者でも利用できるようになっている。

アリババによれば、タオバオユーザーは、1日に最大30分間、同プラットフォーム上で過ごすという。タオバオは、無料プラットフォームであり、買い手にも売り手にも取引手数料は発生しない。ではどうやって収益を上げているかというと、同サイト上に表示されるランクや存在感を高めたいブランドが支払う広告料だ。

• アリエクスプレス（AliExpress）……アリババは、中国国外の消費者向けの電子商取引サイトにも商機ありと判断して、2010年にアリエクスプレスを開設した。元々、同サイトは、中国国内の中小の販売業者が海外顧客に商品を販売する場として開設された。今では国外の販売業者も出店し、世界の販売店が、世界の市場を相手に商売ができる場へと発展を遂げている。ロシアでは最も人気のある電子商取引サイトである。

• Tモール（天猫）……有名ブランドの真正品を販売するB2Cサイトである。偽物商品がはびこる中国の市場で生まれるべくして生まれたサイトである。このため、欧米のブランドにとっては、Tモールは5億人ものアクティブユーザーを擁する巨大な中国市場への進出に不可欠なルートとなっている。

・Tモールラグジュアリーパビリオン……売り手のブランドも消費者も、完全招待制のサイトで、Tモール内の特別エリアとして設定されている。アリババは高級品販売を拡充し、ルイ・ヴィトンやシャネル、グッチなどの150以上の高級ブランドの取り込みに成功している。ラグジュアリーパビリオン開業初年度のユーザー平均消費額は、15万9000ドルだった。[16]

Tモールの成功の一因に、販売チャネルのこだわりを捨て、デジタル（オンライン）とフィジカル（実店舗）の垣根を越えて、消費者の動きを点ではなく、1本の線として捉えた点が挙げられる。アリババのヨーロッパ地区ファッション・高級品担当ディレクター、クリスティーナ・フォンタナに取材したところ、1つひとつの点は相互に密接につながり合っているという。フォンタナが例として挙げてくれたのは、Tモールサイトに出店している、あるファッションブランドだ。同ブランドでは新店舗の出店に最適な立地を検討していた。

「このブランドでは、北京のいくつかの地区を候補に挙げていたため、暫定的に期間限定のポップアップストアを開設しました。それがとても素敵な店舗だったんです。そこで私たちは同じ体裁で3Dで再現したショップをオンラインにも開設したんです。同社では、ポップアップストアを開設した地区に、本格的な旗艦店を出店した場合、十分な客足が確保できるかどうかを見極めようとしていました」

そこで同ブランドとアリババの双方が持つデータを駆使して、ポップアップストア関連オンラインメディアを視聴した主要顧客を特定した。その後、この情報から特定されたユーザーをポップアップストアのグランドオープンに招待した。オープンイベントの模様はオンラインで配信され、何百万もの消費者に告知された。

つまり、特定の顧客データを使って価値の高い顧客を割り出し、特定イベントをきっかけに実店舗に招待し、イベントの模様はオンラインでストリーミング配信して膨大な数のユーザーにも体験してもらうことが可能なのだ。オンラインでの配信に対するユーザーの反応も、アリババや同ブランドにとって貴重なデータとなる。メディア、エンターテインメント、顧客の反応、データ、知見という循環型エコシステムが成立しているのだ。

インターフェイスとしての店舗

世界最大級のオンライン小売業者であるアリババが、実店舗は「DX（デジタルトランスフォーメーション）化」の重要な要素だと主張していること自体、何やら狐につままれたような気がしないでもない。同社は、実店舗として2つの小売りチェーンを運営している。1つが食料品チェーンの「盒馬鮮生《フーマー》（Freshippo）」で、以前は「盒馬（Hema）」と呼ばれていた。もう1つは、「銀泰《インタイ》百貨（Intime Department Store）」という高級百貨店チェーンで、2017年の買収でアリババ傘下となった。

現在、盒馬鮮生は約200店を展開しており、地域のニーズに合わせて数種類の業態がある。そのなかには、主に朝食・飲料を扱う「Pick'n Go」という店舗もある（訳註：中国は朝食の外食率が高い）。その名のとおり、商品をピックアップするだけのテイクアウト専門店で、注文や支払いはオンラインで済ませる。基本的には地下鉄利用の通勤客がターゲットだ。注文は盒馬鮮生の専用アプリで済ませ、あとは店舗にあるコインロッカー風のデジタル保温ロッカーでスマホをかざして注文品を取り出すだけだ。盒馬鮮生には、ほかにも次のような業態がある。

- 「盒馬F2」は、百貨店の食品売り場をコンセプトにした店舗である。上海などの都市部で特に人の行き来が多い目抜き通りに出店し、若いビジネスマン、ビジネスウーマンをターゲットにしている。
- 「盒馬菜市」は、生鮮農産物市場の現代版をコンセプトにした店舗で、大口購入に対応するほか、エリア内30分配送のサービスもある。北京などトップクラスの大都市（いわゆる「一級都市」）の周縁部に暮らす価格重視の消費者をターゲットにしている。

・「盒馬mini」は、標準サイズの店舗である盒馬鮮生を小規模化し、近隣居住者をターゲットにした業態で、多くは中都市以下の地域に出店している。
・「盒馬小站」は、都市生活者をターゲットに、オンラインで生鮮品の注文を受けるサービスで、半径800メートル程度までをエリアに、超ローカルな宅配サービスを展開する。

業態を問わず盒馬の全店舗が携帯アプリに統合されている。アプリには、店内情報のチェックや宅配注文、レストラン予約、決済などの機能が搭載されている。

欧米の小売業者がショッピングモールの終焉かと右往左往している一方で、アリババは、盒馬独自のモールコンセプトの下、デジタル時代に合わせてモールの大刷新に乗り出した。深圳市に誕生したモールの1号店は、衣料品店、レストラン、ドラッグストア、食料品店、美容院、子供向け遊戯施設など約60のテナントを擁する。テナント全店が盒馬のアプリと連動していて、利用客は各種案内機能、モバイル決済、半径約3・2キロ以内のエリアを対象とした1時間配送サービスなどが利用できる。

2017年、アリババは、中国国内の33都市に約60店舗を展開する百貨店チェーンの銀泰百貨の株式の過半数を取得し、実店舗による小売り事業強化に乗り出した。銀泰百貨の陳暁東《チェンシャオドン》CEOに聞いたところ、アリババの営業戦略では、銀泰百貨の経営権を取得した当初は、徹底したネットワーク化の推進に明け暮れたという。つまり、店内にある全商品をデジタルデータ化することだった。ユーザーの目に触れる画面デザインなどフロントエンドと、サーバーなどのバックエンドの両方の全システムの統合も不可欠だった。

陳は、銀泰百貨ではさまざまなかたちでショッピングが楽しめるようになったと胸を張る。たとえば、銀泰百貨のアプリから、最寄り店舗にある商品を購入することも可能だ。わからないことがあれば、その場で銀泰百貨の販売員に直接問い合わせることもできる。あるいは、実店舗内で買い物をしていて、重い荷物を持って帰るのが億劫だと思ったら、店内にいてもアプリのオンラインカートに商品を放り込んでいけばいい。アプリ上で支払いを済ませ、わずか2時間後には購入品が自宅に届く。

陳が説明する。

「従来の小売りは、一方通行のシステムで店から顧客に情報を送りつけるだけでした。しかし、当社の『ニューリテールモデル』では、店と顧客の双方向コミュニケーションに対応しています」

アリババの幹部と話していると、刺激的であると同時に少々無邪気ささえも感じる瞬間がある。みな、あらゆる部分に商機を見出そうとしているのだ。同社幹部にとって、伝統的なシステムや旧態依然としたパラダイムの制約などなきに等しいのである。

アリババというブランドにしても、アリババが採用しているプラットフォームや技術、エコシステムにしても、温めた陶土のように自由自在に形を変えられるから、顧客が喜んでくれる形に成形しやすい。顧客の1つひとつの行動、システム、技術、販売機会のすべてが、「ニューリテール」というコンセプトの枠組みにきれいに収まっているのである。

中国発「ニューリテール」モデルが世界に波及する

アリババのジャック・マー（馬雲《マーユン》）会長が2016年に提唱した「ニューリテール」という言葉を欧米の小売業幹部が耳にしたら、おそらくは「ニューリテールね。はいはい、おっしゃるとおり」と何度もうなずきながら、それはわかっているという表情を見せるのではないか。だが、実際には、このニューリテールが何を意味するのか正確に理解せず、わかったようなふりをしている人も多い。いや、もっとひどいのは、戦略や遂行の面での「オムニチャネル」のことかと勝手に思い込んでいるケースだ。

確かに、オムニチャネルとニューリテールの違いは微妙なのだが、その微妙な部分にこそ、大きな違いがあるのだ。作家でアドバイザーのマイケル・ザッコアによると、この2つの概念を混同すると、破滅への道をたどることになるという。

私は2018年春にサンディエゴで開催された小売りの未来に関する会議でザッコアに出会った。彼が注目しているのは、電子商取引分野での中国の役割だった。実際、そのテーマで著書もあるほか、中国の「ニューリテール」モデルや欧米ブランドが理解しておくべき中国の現状について、新たな書籍を執筆しているところだった。

その日は短いやり取りで終わったが、ザッコアがまさにこの分野のエキスパートであることは一目瞭然だった。ザッコアは、コンサルティング会社のトンプキンス・インターナショナルで10年近くにわたり中国・アジア太平洋地域のデジタル・顧客グループやデジタルトランスフォーメーショングループの責任者を務め、世界各地でコンサルティングを手がけてきた。現在、自身の会社5ニューデジタルを率い、企業のニューリテール原則の採用・導入の支援に当たっている。

その後も連絡を取り続け、ザッコアが2019年7月に新刊の『New Retail: Born in China Going Global』を上梓した際、私も1冊いただいた。以来、私はこのテーマに関して何度となくインタビューさせてもらっている。

パンデミックになるまで、欧米のブランド各社はアジア市場の動きにあまり関心を持っていなかったとザッコアは言う。だが、パンデミックになり、欧米のブランド各社が中国の小売業界の回復ペースを目の当たりにしてからというもの、ザッコアへの問い合わせの電話が引きも切らない状態になった。

パンデミックの最中に、欧米の小売業者よりも中国の小売業者のほうが顧客ニーズに対応する力が大きく上回ったのはなぜか。ザッコアによれば、理由は単純だという。

「電子商取引の世界では、何をするにせよ、急先鋒となるのが食品の小売りなのです」

そう聞いて、アマゾンの食料品進出との不思議な符合を思い出すが、決して偶然ではない。この点をもう少し掘り下げてみよう。

ニューリテールとは何か

「今、小売りは、チャネルやECという切り口から、「エコシステムと生活域」という切り口へと軸足を移しつつある」とザッコアは言う。自然界なら、生態系があって、その中で生物がそれぞれ生息域を持つように、小売りの世界も、エコシステムの中で消費者が生活域で暮らすという発想だ。

このエコシステムと生活域が切り口になったのは、小売業者と顧客の関係を抜本的に見直した結果だ。その違いを理解するにはどうすればいいのか。ザッコアによれば、オムニチャネルの世界では、企業が自らを中心に置き、顧客との関係を築くパイプとしてチャネルを用意していた。オムニチャネルは、こうしたさまざまなチャネルをつなぎ合わせて、親和性、一貫性、連続性を高めるということしか言っていない。問題は、その企業が依然として中心に居座っていることなのだ。

一方、ニューリテールは、業態や体験、プラットフォームが完全に一体化されたエコシステムがあり、その中心を生活域にする顧客がいる。このエコシステム自体、ショッピングやエンターテインメントからソーシャルネットワーキング、決済に至るまで消費者が利用する体験をまるごと包み込んだ一種の安全圏であり、言い換えれば生活域である。

顧客がエコシステムにいる限り、ブランド側からは（データを活用して）顧客に利便性やカスタマイズ性を提供することと、顧客からの声や反応をいかに取り込むかに重きが置かれる。フィードバックのループが回り出せば、顧客からブランド側に重要な情報が届き、これを基にブランドは価値ある訴求が可能になるため、ますます顧客にとって価値は高まる。

ザッコアによれば、アリババのエコシステムには、タオバオ、Tモール、Tモール内ラグジュアリーパビリオン、アントグループ（同社の金融子会社）など、いろいろな「生活域」が用意されている。顧客は、こうした生活域のいずれかに入って行動し、テクノロジーのおかげで生活域間を自由自在に渡り歩くことができる。実際、ニューリテール志向のブランドは、販路という発想さえないという。

エコシステムを構築するブランドは、次のような発想で取り組んでいるという。

「ソフトウェア、プロモーション、テクノロジー、データサイエンスで完璧に一体化されたエコシステム内に多種多様な生活域を用意している。だから、顧客がどこからこのエコシステムに入ってこようが一向に構わない。内部には、入り口も出口も大量にある」

アリババが構築したシステムは世界最強であり、最たる例だとザッコアは見ている。「Tモール、Tモール・グローバル（天猫国際）、タオバオ、盒馬、銀泰百貨は、すべてが完全に共通のデータサイエンスシステムに接続されている」という。しかも、このシステムによって、アリババは、実店舗も含め、顧客に関するリアルタイムのデータを拾う〝傍受〟ポイントを50種類以上も持っている。

「とことん熱中できるほぼ密閉空間のような場だからこそ、顧客は、生活の基盤として依存を深めることになる」

ニューリテールを理解するには、核となる基本構造と、その原動力となる「新しいエネルギー源」を理解する必要があるとザッコアは説明する。ブランドがこのエネルギー源を活性化すれば、ニューリテールが可能になり、「ユニファイドコマース」に発展するという。

・新しいコマース……顧客がブランドや他の顧客とオンラインでふれあえるさまざまな手段が用意される。これには、オンラインからオフライン、あるいはオフラインからオンラインへの連携（O2O）、B2C、C2C、B2Bが含まれる。

・新しいメディアとエンターテインメント……ストリーミング、AR・VR（拡張現実・仮想現実）、現実世界でのイベント、ゲーム、ソーシャルショッピングなど、顧客の関心を喚起するさまざまな手段が用意される。

・新しいロジスティクスとサプライチェーン……先進の技術と物流システムを活用し、サプライチェーンから配送のラストマイルに至るまで迅速に商品を流す。バリューチェーン上のあらゆる決定やステークホルダーへの情報提供にデータを活用する。

・新しいデジタル技術、資金調達、IT……顧客と販売業者の双方を支援するシステムやプラットフォーム、サービスを揃え、業務のサポート・資金調達・情報提供に役立てる。

こうした要素が結合すると、何が起こるのか。

その好例が、アリババによる中国映画『永遠の桃花〜三生三世〜』（原題『三生三世十里桃花』）の製作・プロモーションだ。元々は、中国版ユーチューブと言えるアリババの動画投稿サービス「優酷《ヨウク》」でシリーズ化された配信ドラマ作品である。ドラマはヒット作となり、その波に乗って2017年に映画化されることになった（訳註：ドラマと映画の原題は同じだが、英語版と日本語版のタイトルは映画化に際して、『Once Upon a Time』、『ワンス・アポン・ア・タイム 闘神』にそれぞれ変更されている）。

製作費調達には、アリババのクラウドファンディング部門を担う娯楽宝《ユールーバオ》を活用した。続いて、チケットは、同社のチケット販売アプリ「淘票票《タオピャオピャオ》」で販売された。最後に、Tモールで3億元（48億円、1元＝16円で計算）を超える関連商品の販売につなげている。[17] このエンターテインメント系エコシステムを活用して商取引を促進した手法は、アリババによる顧客との関係づくりの重要な柱となっている。単なる広告ではなく、双方向性を確保し、ネットでの情報共有、商品購入も可能なメディア体験にしているからだ。

もう1つ付け加えておきたいのだが、私が本書を7～8年前に書いていたら、アジアの小売業者は欧米発のイノベーションをコピーしているだけと批判していたかもしれない。

今は変革の風向きが変わり、今度は中国発のニューリテールモデルを、アマゾンやウォルマートなど欧米の小売業者が採用するようになっている。先ごろアマゾンは高級品販売に進出したが、これもTモールラグジュアリーパビリオンの戦術をそのまま取り入れたものである。

ザッコアが言うように、アリババのようなブランドを相手に戦うつもりであれば、取り得る戦略上の選択肢は限られてくる。「こうしたエコシステムに参加するほかないでしょう。こういった巨大マーケットプレイスには、ツールもインフラもあり、顧客もいるので、これを生かすということです。それだけでなく、ブランド自らミニエコシステムを構築しなければならない」という。

世界最大の物流網を運営する京東商城（JDドットコム）

パンデミックはビジネスを殺す。同時にビジネスを生み出す力もある。京東商城《ジンドン》(JD.com)も、そんな混乱から誕生した経緯がある。

前身は1998年に劉強東《リウチァンドン》が北京の電気街に設立した4平方メートルほどの小さなエレクトロニクスショップである。2003年にSARSが流行したとき、劉はインターネット上での販売に商機があると気づいた。この時点で店を閉め、2004年にはオンライン専業の小売業者に転換した。

そこから急成長が始まる。2007年、最新鋭の統合型サプライチェーンを構築し、配送のラストワンマイルに至るまで、商品流通を取り巻くあらゆる要素をコントロールできる体制を築き上げた。1年後には一般雑貨も取り揃えるようになった。2010年、京東は、オンライ

無人配送車などのロボット利用で世界トップクラスの輸送企業に躍進した京東

ンマーケットプレイスのプラットフォームを立ち上げ、取扱商品数を飛躍的に拡充した。

２０１４年にインターネット関連企業のテンセント（騰訊）と提携したことで、状況はがらりと変わる。「中国のフェイスブック」とも呼ばれるテンセントは、京東の株式18％を取得しただけでなく、テンセントのインスタントメッセンジャーであるウィーチャット（微信）のプラットフォームを独占的に利用できる権利を京東に与えた。ウィーチャットは、単なるメッセンジャーではなく、膨大なサードパーティのアプリも取り込み、配車サービスやＳＮＳ、オンラインショッピングまで詰め込んだ、「デジタル版アーミーナイフ」とも言うべきツールだ。この提携を機に、10億人を超えるウィーチャットユーザーが潜在顧客となるチャンスが京東に転がり込んだ。

京東に秋波を送ったのは、テンセントだけでなかった。ウォルマートも京東と手を組む計画を練っていた。2016年6月、ウォルマートは中国でつまずいていたEC進出を断念し、通販サイト事業を京東に売却する代わりに、京東の株式5・8%を取得した。同年10月には、この持ち株比率が10・8%に増加している。

2015年から2018年までに、京東は為替変動の影響を除いた実質ベースで年率平均41・5%増という驚くべき成長を遂げている。[18] 現在、京東は中国のEC市場で約30%のシェアを占めており、トップのアリババ（50%）に次ぐ地位にある。[19]

倉庫を持たないアリババと違って、京東は中国最大（おそらく世界でも最大）にして最も効率のいい物流網を運営している。実際、同社は、広大な中国のほぼ全土を対象に即日配送体制を確立しているのだが、どのように実現しているのか不思議に思う人も少なくない。その答えは「2・7」である。

2・7とは何か。実は同社が調査した結果、1つの地域で特定の商品がクリックされる回数が一定以上になると、それを追いかけるように、当該地域で当該商品の注文数も決まって増加することがわかった。さらに、こうした注文は、クリック数の急増から平均2・7日以内に発生する傾向も浮かび上がった。また、この注文数は、クリック数増加量の約10%に相当する点も明らかになった。

言い換えれば、ある商品のクリック数が平均1000回増加すると、きっちり2・7日後に注文数も100件増加するということである。京東では、この2・7日というズレについて、顧客が他の選択肢と比較したり、さらに検討したりするのに必要な日数だと判断した。

そこで、物流システムを刷新し、クリック数の急増を監視する機能を加えたのである。急増が記録されると指令が飛び、クリックから購入までの2・7日のうちにクリック急増地域に商品が運ばれ、実際の注文に備えて待機しているのだ。この計算が正しいとすれば、その商品を注文する顧客は即日配送で受け取れることになる。

京東は、このように徹底したデータサイエンスと物流体制によって、世界トップクラスの卓越したロジスティクス企業としての評価を獲得している。

デジタルシフトで苦境から脱出を図るウォルマート

2015年の晩春、私はアーカンソー州ベントンビルのウォルマート本社に招かれた。世界各地から集められた同社経営幹部向けに2つのプレゼンテーションを行うためだ。まさにその年、アマゾンが時価総額でウォルマートを初めて上回ったのである。この歴史的事件を受けて、ウォルマート社員の間に明らかに動揺が広がっていた。売上高についても、非常ベルが鳴り響いていた。実際、２０１５年は上場以来、初の減収となるのだった。成長しか知らない企業にとっては、衝撃的な現実を突きつけられた瞬間でもあった。

その日、私は同社幹部を前に、相変わらずの歯に衣着せぬ物言いで、緊急提言をした。ウォルマートがビジネスを進化させる過程で、まかり間違えば命取りとなりかねない重要な変化があったのに見落としていたと私は指摘した。デジタル化とECサイト構築に投資する余裕もあったし、実際にそうすべきだったにもかかわらず、スーパーセンター業態の増強に投資を振り向けていたからだ。

仮にウォルマートが本気でオンライン投資に動いていたら、今ごろ「アマゾン」と言われて最初に人々が思い浮かべるのは南米を流れる川の名前に過ぎなかっただろうし、アマゾンがウォルマートを蹴散らすような存在にはなっていなかったはずだ。

ウォルマートが今すぐ大きく軌道修正をし、クラス最高水準のデジタルコマースのプラットフォームで実店舗での体験を補完できなければ、アマゾンにバラバラにされかねないと警鐘を鳴らした。ウォルマートがどう思おうと、消費者はデジタルの世界に突き進んでいるのだから、ウォルマートが自ら消費者の先頭に立って走るか、消費者にそっぽを向かれるかのいずれかだと訴えた。あの日、本社で伝えたメッセージを一言で言えば、「変革か死か」だった。

私は、プレゼンテーションを終えてから、遅ればせながら関係者から2つの事実を知らされた。1つめは、ウォルマート社内で保守派と改革派による激しい文化戦争が勃発していたことである。

一部の古参幹部は、ウォルマートを正常な状態に連れていってくれる船があるとすれば、それは本業回帰の船であり、つまりは巨大スーパーセンターに注力することにほかならないと強く信じていた。彼らの頭のなかでは、スーパーセンター業態から離れるのではなく、一層の強化こそが答えだった。一方、改革派の幹部は、まったく逆の考えだった。オンライン販売こそが救世主であり、同社を未来に運んでくれる新しい船を造ることに重点的に投資すべきだというのが、改革派の意見だった。

あの日の私のメッセージが背中を押したのか、他の影響があったのかはわからないが、同社の方向転換が実現した。目にもとまらぬスピードでイノベーションが進む小売業界で、ウォルマートは、急激に時代遅れになっている自社の現実に気づき、ようやく目を覚ましたのだ。ひとたび目を覚ますや、同社の快進撃が始まった。

2016年、ウォルマートはネット通販のジェット・ドット・コム（Jet.com）を33億ドルで買収し、創業者のマーク・ロアがジェットの機能をウォルマートの枠組みに統合する役割を担うことになった。

2017年には、ウォルマートに関する報道にも「転換」という言葉がたびたび見られるようになった。ある記事では次のように報道された。

> ウォルマートの転換が功を奏しているが、そこに何らかの疑念があるとすれば、まだ問題を葬り去っただけということだ。火曜日（2017年10月10日）の投資家向け会議で、この1年の年次活動指針を発表し、2019年度に調整後EPS（1株当たり利益）5％増を掲げた。つまり4年ぶりの増益を目標に設定したのである。[20]

ジェット買収から3年間に、S&P500種株価指数が38％増だったのに対して、同社株価は53％増を記録した。[21]
とはいえ、ウォルマートは、他の小売業者と同様に、EC事業の増収をテコに利益の黒字転換をめざしていた。2019年、報道によれば、EC事業部門は、210億ドルの売上高に対して10億ドルの損失を計上している。[22]この事実は衝撃的かもしれないが、どういう状況なのか精査したい。
パンデミック前の時点で、アメリカのEC市場全体に占めるウォルマートのシェアは5％に

2015年以降、ウォルマートはEC事業に注力して息を吹き返した

も満たなかった。同社には4年前までまともなＥＣ事業の影も形もなかったことを考えれば立派な業績であるが、アメリカのＥＣ市場で50%近いシェアを押さえているアマゾンには遠く及ばない。ただ、ＥＣ事業の場合、システムや配送インフラに巨額の固定費がかかるが、販売量を拡大することでこの負担を軽減していけるかどうかにかかっている。だとすれば、売り上げの拡大に伴って収益性もある程度までついてくると考えるのが筋だ。今まさにそういう段階なのかもしれない。

２０２０年第１四半期には、オンライン事業の売上高が前年同期比74%増という驚異的な数字を叩き出した。[23] 同社のＥＣ事業の通年業績見通しでは、売上高が44%増の４１０億ドルで、ｅベイを抜いてアマゾンに次ぐ第2

位に浮上する見込みとなった[24]。

パンデミックの全期間を通じて、ウォルマートが「生活維持に必要不可欠」の小売業者に指定されてからは、実店舗の売上高も異例の増加となり、2020年第1四半期は10％の成長となった。

5年前まで苦境に立たされていたウォルマートが、驚異的な進化の新たな段階に突入していたのである。

第4章

大きな獲物が狙われている

BIGGER PREY

自信とはドラゴンのようなもの。
頭を1つ切り落とされたら、
新たに2つの頭が生えてくるかのように。

――クリス・ジャミー

だが、進化は諸刃の剣だ。食物連鎖の頂点からの眺めの良さを考えれば、そこをめざす価値はあるが、頂点捕食者の地位を維持するためには、絶えず栄養価の高い新たな餌を探し続けなければならない。かたや利益の源泉を止めさせまいと迫ってくる投資家、かたや急速に力を伸ばしている競合他社。小売業界の頂点に立つ巨大な怪物たちは、両方のプレッシャーの板挟みになりながらも、業界での支配体制を維持しつつ、投資家が求める利益も上げていく新たな手段が必要になる。

各社とも既存のビジネスモデルの範囲内で、新たなプラットフォームやプログラム、市場参入を通じて成長する余地があるものの、怪物がさらなる成長に必要な栄養源を確保するには、既存のビジネスモデルでは間に合わない。

こうした食物連鎖の頂点に立つ怪物ブランドにも、やがてはそのイノベーションや成長がかすんでしまうような強敵が現れる。

使い捨て労働力からロボティクスへのシフトが始まった

2020年5月、アマゾン創業者のジェフ・ベゾスの発表に、人々は度肝を抜かれた。パンデミック中に、同社サプライチェーンの安全確保に約40億ドル相当を振り向けると発表したのである。[1] ベゾスは、赤外線カメラによる従業員の発熱チェック、マスクなどの個人用安全装備、幅広い関係者を対象とした検査まで含めた感染対策構想を打ち出したのだ。先見性があり、大きく踏み込んだ画期的な計画だと賞賛する声も一部から上がった。

ただ、何でもそうだが、物事は見た目ほど単純なわけではなく、この話こそ、まさしくそういうケースではないかと私は考えている。

わずか1カ月前まで、アマゾンはクリスチャン・スモールズという人物との間でゴタゴタを抱えていたからだ。スモールズは、ニューヨークのスタテン島にあるアマゾンの物流倉庫で働いていた。物流倉庫で重大な健康リスクや安全上の問題に不安を抱いたスモールズは、会社に抗議し、安全対策の強化を求めて職場でボイコットを呼びかけた。それが原因でスモールズは解雇されてしまったのである。

同社の顧問弁護士やベゾス自身を含む経営幹部が、スモールズの知性や話し方に難癖をつけ、信用できない人物として片付けようと画策していたことが明らかになるや、他の物流倉庫や本社スタッフも懸念を表明し始めた。この結果、さらに物流倉庫の従業員1人と本社スタッフ2人の計3人が解雇される事態に発展した。

私はすぐにこの件について書面で問い合わせた。すると、アマゾンの担当者から回答があり、スモールズが解雇されたのは、「ソーシャルディスタンスの指針に違反して、他の従業員を危険にさらしたため」だという。[2]

スモールズ解雇に正当性があるのかどうかは読者の判断を仰ぎたい。だが、知ってのとおり、アマゾンの物流倉庫の労働環境に疑問を投げかけたのは、クリスチャン・スモールズが初めてではない。実際、同社の過酷な労働環境という悪評はすっかり定着している。たとえば、2019年には、毎年恒例のセールイベント「プライムデー」の期間中に、ミネソタ州ミネアポリスの物流倉庫従業員が過酷な労働条件に抗議してストを決行している。一方、アマゾンは長年にわたって、同社事業拠点での組合活動を徹底的に阻止してきた。[3]

このため、ジェフ・ベゾスが「サプライチェーンの安全確保」などと語っているのを見ると、真意はどこにあるのか勘繰ってしまう。つまり、安全装備の支給や赤外線カメラによる体温チェックが目的ではなく、サプライチェーンを揺るがして効率低下や操業停止を招きかねない最大の原因を排除しようとしているのではないか。

その原因とは「人間」である。人間は病気になる。人間は過ちを犯す。人間には、一緒に過ごしたい家族がいる。そして何よりも、人間は人間らしく扱ってもらいたいという期待を抱く。巨大企業は尋常ではない規模とペースで拡大を続けていかねばならない。その妨げとなるのが、人間の脆さや弱さなのだ。

2017年の映画『ブレードランナー 2049』で、ジャレッド・レト扮する科学者ニアンダー・ウォレスが「文明が飛躍するときはいつでもその陰に使い捨ての労働力があった」と語るシーンがある。

はるか遠い昔から、人類の進歩は、消耗品のように使われる大量の労働者の血と汗と涙で実現されてきた。エジプトの巨大なピラミッドは、膨大な数の貧しき農民の手で築かれた。しかも、ニューヨークシティの摩天楼は、ヨーロッパから絶えず流れ込む移民の手で築かれた。しかも、エンパイアステートビルディングだけでも建設中に十数人の命が奪われている。

現在、バングラデシュの縫製工場では、労働者（ほとんどが女性）が時給33セント（約35円）という低賃金で働いている。[4] 資本主義が誕生したときから、決して日の当たることのない礎を担ってきたのが、使い捨て労働力なのだ。

小売業界とて例外ではない。過去40年間、世界の小売りの現場は使い捨て労働力に依存してきた。その多くが高卒で、ひどく低賃金なうえに、何かあればすぐにしわ寄せがいくのが彼らだ。しかも割に合わない危険な仕事を任されることも多い。特に女性は、小売りの低賃金労働者に不自然なほど多い一方、管理職・役員のポジションには不自然なほど少ない。

その40年間というもの、小売りの現場で働く人々が置かれた窮状に、顧客も見て見ぬふりを決め込んできたが、新型コロナウイルス感染拡大で態度が変わった。小売りの現場の労働者は社会でも最低賃金と言われる。ぎりぎりの生活を強いられているというのに、自身や家族の命を危険にさらしてまで、パンデミックの最中にオンライン注文の食品の箱詰め作業にせっせと取り組み、消費者の安全な買い物を支えていた。ようやく世の人々はこの気まずい現実を直視するようになり、現場の労働者が置かれている状況が浮き彫りになった。

これを受け、一部の小売業者は現場の労働者を「英雄」として称え、賃金の引き上げに動いた。また、毎日現場に出勤してくれるスタッフなしにはビジネスが成立しない事実に感謝の念を示すようになった。だが、消費者や労働組合の厳しい目があまり向けられなくなると、こうした小売業者の多くが何ごともなかったかのように上乗せ賃金を廃止し始めた。そして、会社は空前の増収増益を享受したのである。危険手当の撤廃という仕打ちは、「倒産せずに済んだよ、お疲れさん」と言っているようなものだ。

この状況を憂慮した全米食品商業労組（ＵＦＣＷ）の代表が、次のようにコメントした。「手袋とマスクを着用し、安全な対人距離を保って働いていること自体、危険な環境で働いている証拠ではないか。（中略）この時点で危険手当を廃止するのは、明らかに不公平である」[5]

賛同した消費者や政府もただちに激しい非難の声を上げ、悪質な企業は世論という名の法廷で裁かれることになった。２０２０年4月にモーニングコンサルトが実施した調査で、その理由が浮かび上がった。パンデミックを背景に消費者の90％が「ブランド各社の従業員の処遇が適切かどうかを重視する」と答えており、驚くことに品揃えの良さと並ぶ重要な条件に掲げている。さらに、購入を左右する条件の上位5項目に「従業員の処遇」を挙げた回答は50％近くに上った。[6]

つまり、コロナ禍で、小売業者は従業員の処遇に関して待ったなしの状況に追い詰められたと言える。従業員にまともな最低賃金を払うか、それとも、どこかから別の「使い捨て労働力」を探してくるかのどちらかだ。

そんな都合のいい労働力があるとすれば、ロボット集団だろう。実のところ、小売業者とロボットは、くっついたり離れたりの浮気相手のような関係を続けてきた。その理由の1つは、純粋にコストの問題だ。つい最近まで小売りの現場へのロボット導入について、費用対効果に疑問符がついていた。ロボットは、昔からテクノロジーの粋を集めた高価な品で、機能の範囲が限られているというのが相場だ。

もっと直接的なハードルは、世の中の受け止め方だ。ロボットは人間の雇用に明らかな脅威となるからだ。たとえば、2017年にピュー研究所が実施した調査によれば、人間の仕事がロボットやコンピュータに奪われかねないことについて、「ある程度心配している」または「非常に心配している」と回答したアメリカ人は73％に上った。[7]

さらに、人間の労働者がロボットに取って代わられることになれば、「経済的不平等などの望ましくない状況がますます悪化する」との回答は、過半数以上に及んだ。このため、小売業者は、従業員と顧客の双方からの反発を恐れ、大っぴらにロボット導入実験を実施することに尻込みしているのだ。

そのような課題はあったにせよ、小売業界向けロボット市場はパンデミック前から急成長していた。市場規模の見通しは右肩上がりだ。たとえば、コンサルティング会社のローランド・ベルガーは、小売り向けロボットのグローバル市場が2025年に520億ドルに拡大すると予測している。[8] これは年平均成長率約11％に相当する。

パンデミック後、一気にギアが上がって過熱気味の市場になっている。2020年の世界経済フォーラムによる調査では、経営幹部の5人に4人が「仕事のデジタル化と新技術の導入計画を加速する」と回答している。2008〜2009年の世界金融危機以降に見られた雇用拡大が白紙に戻る勢いだ。さらに同レポートによれば、2025年までに中小規模の企業で8500万もの雇用が消滅し、その分が技術で置き換えられるという。[9]

その背景には、AI（人工知能）の進歩、コンピュータの能力向上、コストの低減が挙げられる。たとえば、2019年、ウォルマートは、ニューハンプシャー州セーラムにあるスーパーセンター店舗で、注文のあった食品をロボットがピッキングするシステムの試験運用に乗り出した。このシステムは「アルファボット」と呼ばれ、1時間に800点の商品のピッキング・

箱詰めが可能だ。[10] 人間の10倍の生産性を誇る。しかも、すべての作業は店のバックヤード（倉庫エリア）で完結するため、売り場で陣取ったり、客の邪魔になったりすることもない。

ウォルマートでは、すでに大型店舗に1500台以上を導入している。現在、フロア洗浄機がけから、バーコードリーダーを使った在庫管理まで、日常の単純作業の多くはロボットが徐々に肩代わりするようになっている。昇給も病欠も不要で仕事を辞めることもない労働力である。倉庫にはカメラが随所に設置され、納入商品の荷受け・仕分けのためのAIと高速荷下ろし機が標準になりつつある。こうした新種の労働力と一緒に働くスタッフにしてみれば、いったい誰が誰のために働いているのか混乱することもある。ワシントンポストは次のように報じる。

そのため、仕事に違和感が生まれ、屈辱感を覚える従業員も現れ始めた。辞めてもクビになっても「どのみち、お客様に昇進できるからね」と自嘲気味に語る従業員もいる。自分から仕事を奪うかもしれないロボットに仕事を教え込み、何か問題を起こすたびに面倒を見なければならない。そんな気が気ではない立場にいることを自覚せざるを得ない。[11]

また、アマゾンが業務面で2つの大きな課題を抱えていることは周知の事実だ。第1に、物

流センターを通過する商品の処理のスピードアップ。そして客への配送だ。特に配送はアマゾンの収益性を圧迫する最大の原因でもある。『フォーチュン』誌の編集者・記者のブライアン・デュメインは次のように指摘する。

ベゾスは、自動運転のバンや地域を走り回る小型ロボット、空を飛び交うドローンが荷物を配送する未来を見据えている。しかもロボットはインフルエンザにもかからないので不眠不休で働く。そんな日が来れば、いやベゾスは100％来ると思っているのだが、自宅にこもる膨大な数の人々にロボットたちが商品を届けるようになる。そのころには、ひょっとしたら代替肉や代替ミルクなども運ばれているかもしれない。

それはともかく、困っている人々に救いの手を差し伸べるのは崇高な大義ではあるが、ベゾスがこのテクノロジーの導入に積極的なのには、別の理由がある。アマゾンをはじめ、食料品を扱う小売業者にとっての課題は、商品配送に莫大なコストがかかることだ。[12]

「莫大」というのは決して誇張ではない。たとえば、2018年、アマゾンの商品配送にかかったコストは約270億ドルだった。[13] その40％ほどが配送ドライバーの人件費である。だからドライバーが標的になるのだ。

2020年、アマゾンはこの課題に切り込む姿勢をはっきりと示した。自動運転技術開発のズークスを13億ドルで買収し[14]、無人のロボットタクシーの構想もぶち上げた。その新規事業に自動運転の配送車両の開発が含まれていることは疑いない。となれば、アマゾンの配送部分のコストは激減するはずだ。

結局、パンデミックは、こうした企業にとって、ロボットなど自律システム技術に突き進む絶好の口実になったのである。たとえば、2020年2月、武漢でウイルスが猛威を振るっていたころ、京東商城（JDドットコム）は、いわゆる自動運転レベル4に相当する自律走行ロボットで医療機関への配送に乗り出した。レベル4という水準は、高度運転を意味し、ジオフェンス（位置情報を使った仮想的境界線）で囲まれた特定エリア内であれば、まったく人が介在することなく走行できる状態を指す。

京東が自動運転車導入の野望を覗かせたのは、これが初めてではない。あるレポートによれば、中国の自動運転車メーカー、新石器慧通科技（ネオリックス・テクノロジーズ）は、ちょうどウイルスで自宅待機命令が出てガラ空きとなった公道を利用して、無人配送車を開発した。同レポートは、「有力ネット通販のアリババや京東が（中略）同社の小型配送ロボット約200台を発注した」と伝えている[15]。そうした無人配送のイノベーションが見られるのは、中国に限った話ではない。グーグルを傘下に持つアルファベットの子会社の1つ、ウェイモでは、

13台の自動運転トラックを保有し、現在、テキサス州の州間高速道路で公道走行試験を実施している。

今後、ロボットの普及が進むのは食料品販売をおいて他にはないだろう。パンデミック前のアメリカでは、食料品支出全体のうち、オンライン取引はわずか3％にとどまっていた。[16]だが、パンデミックになってこの数字が15％に上昇している。パンデミック前の予想では、オンラインの食品売上高は2025年までに20％に増加すると見られていた。[17]食品のオンライン購入が急増している今となっては、この見通しは少々的はずれの感がある。アメリカの場合、オンラインの食品購入がすでに6月にはパンデミック前の水準の6倍に跳ね上がっている。[18]

したがって、急増する売り上げや配送量にアマゾンが対応するためには、物流・配送の面で、それなりの対策やイノベーションが必要になるのは当然だ。

とはいえ、小売業界という食物連鎖の頂点に立ち、人間の労働力を使っているがゆえの弱みや無駄を少しでも排除したいと考えているのは、アマゾンだけではない。こうした業者がコストを抑えつつ生産性を高めるには、できる限り「人間」という要素を排除する方法を探す必要がある。

食物連鎖の頂点に立つ怪物企業にとって、たとえ世間で後ろ指をさされようが、経済的メリットは大きい。2018年のマッキンゼー・アンド・カンパニーによる調査によれば、玄関先まで商品を届ける自動配送ロボットを導入するだけでも、都市部の配送コストは10～40％の削減が見込めるという。[19]アマゾンだけで、年に100億ドル以上の削減が可能ということだ。

ロボット労働力は、もはやサイエンスフィクション（SF）ではなく、サイエンスファクト（科学的事実）になっているのである。使い捨て労働力が人間ではなくなるという、過去に例のない時代に突入しているのだ。それがいいことなのかどうかを語るのは時期尚早である。

続々と生まれる新しいデジタルフロンティアのリーダー

意外かもしれないが、アマゾンはパンデミック中にEC市場でシェアを増やすどころか、逆に落としている。その理由は単純だ。他の業者もオンラインに参戦し始めたからだ。これほどの短期間に、世界各地の業者がオンラインの状況を聞きつけて参入してきたのだ。オンラインでうまいこと売れていないなら、やるわけがない。それだけのことである。業界全体としてオンライン販売・受注処理・配送業務にテコ入れし、アマゾンとの差を大きく縮めているのだ。

問題は、多くの小売業者が追いつこうとしているのが、もう25年も前から世の中にあるEC（電子商取引）の手法なのである。アマゾン、アリババ、京東、ウォルマートが手がけているE

Cの業態は、四半世紀以上の歴史のあるビジネスである。

先行するブランドがそれぞれに新しい小売りのかたちを一から作り直してきたように、これから参入するなら、オンライン販売のあり方を一から作り直すつもりで、新たな小売りの道を見つけなければならない。今日のオンライン販売で私たちが当たり前と思っているシステムやインターフェイスは、10年もすれば、かつての通販カタログのように、時代遅れの懐かしささえ覚える代物に見えるはずだ。

グリッドデザインはもういらない

2018年、あるベンチャーキャピタルから連絡があり、投資先として検討中のスタートアップ企業の創業者に会ってもらえないかと打診があった。ベンチャーキャピタルからのこの手の誘いは珍しくない。要は、投資先候補の創業者を業界関係者に引き合わせ、事業コンセプトの有望性を探るプレッシャー試験というわけだ。反応を分析し、情報を収集するとともに、ゆくゆくは潜在顧客の紹介につなぐことができるかもしれない。徒労に終わることも少なくないが、どういうわけか、この案件に私は興味をそそられた。

このスタートアップの名前はオブセスといい、まったく新しいオンラインショッピング体験を開拓しているというのが売りだった。数日後、創業者のネハ・シンという女性と電話で話すことになった。マサチューセッツ工科大（MIT）でコンピュータサイエンスを専攻したシンは、グーグルでソフトウェアエンジニアとして5年間働いたという。学歴は理工系ではあるが、昔からファッションデザインに関心があり、仕事の合間を縫ってニューヨークシティのニューヨーク州立ファッション工科大学（FIT）に通い始めた。ファッション業界のスタートアップ企業向けに高級品専門ECサイトの構築を手がけ、技術とファッションの融合に興味を持ったという。

電話で話した後、改めて面談した際、シンはこの仕事を経験して、「ECサイトのフロントエンドのインターフェイス（ユーザーが直接使用する画面や操作性など）は長らくまったく変わっていない」と気づいた。

「アマゾンのお馴染みのインターフェイスは、そもそも書籍販売のために25年前に開発したものので、今日では他のECサイトも揃って似たようなインターフェイスになっています。各社ともバックエンド（ユーザーの目に触れないサーバーやデータベースなど）は数々のイノベーションが反映されているんですが、フロントエンドはほとんど変化がないんです。[20] ほぼすべての小売りブランドが同じ標準グリッドインターフェイス（デザインの要素を格子状に配置する方式）を基に構築していますから」とシンは指摘する。さらに、その型にとらわれたくないブランドの場合、開発コストは一気に上がるのが普通だった。

こうしたシンの当初の気づきがその後、確信に変わる。ファッション誌『ヴォーグ』のサイト構築を担い、デジタル版の立ち上げを機に、さまざまなブランドとの深い付き合いが始まったころだ。ウェブサイトや携帯アプリでの体験としては、ほとんどのブランドが似たり寄ったりだと実感したという。

そんなころ、ある出来事がきっかけで、シンの考え方や仕事の方向性が変わり、新たな一歩を踏み出すことになった。

「いつだったか、VRヘッドセットを試したんです。Oculus DK2の初期のバージョンでしたが、『こんなふうに買い物したいよね!』って、ひらめいたんです。絶対、未来はこうなると思いますよ[21]」

そしてシンは、自分の会社オブセスを立ち上げ、その未来に向かって走り始めた。オブセスは、ブランド各社を顧客に、ユーザーにブランドの世界観にどっぷりと浸かってもらえる魅力的なショッピング体験づくりに取り組んでいる。

シン率いる同社は、典型的なグリッドフォーマットを使った従来のブランドサイトやECサイトとは一線を画するオンライン環境の構築を得意とする。およそ思いつく限りのあらゆる形状、あらゆる形態が実現できるという。ユーザーは、携帯端末やデスクトップPCのブラウザー

オブセスが手がける仮想店舗の一例。客は直感的に店内を買い回ることができる

を使って仮想空間を歩き回ることができる。ユーザーが歩き回る空間は、従来型の店舗に近いイメージでもいいし、まったく違う斬新な空間でもいい。同社のクライアントのあるブランドは、さまざまな奇抜な環境を舞台にしたショッピング体験を生み出した。はるか遠くの惑星だったり、砂漠だったり、未来都市や海の中までである。

シンによると、唯一、制約があるとすれば、クライアントの想像力だという。パンデミック前は、トミーヒルフィガーやアルタ・ビューティー、クリスチャンディオールなどのブランドが早い段階から関心を示していたという。パンデミックとともに電話が鳴りやまず、問い合わせは前年の4倍に達した。[22]

気になるのは、効果だ。シンによれば、滑

り出しは好調だという。サイト滞在時間やコンバージョンレート（サイト訪問者のうち、購入など最終成果に至った割合）、平均注文金額（AOV）など、神聖視されているECサイト指標が大きな伸びを見せたからだ。

オブセスをはじめ、同様の企業が手がけるプラットフォームには、潜在的なメリットがいくつかある。第1に、検索用キーワードや商品紹介の静的ページ（状況にかかわらず固定された内容が表示されるウェブページ）を使わず、オンラインショッピングに発見の要素を加えることができる。ユーザーは、空間内を文字どおり動き回りながら、商品を目にしたり、メディアによる体験を味わったりする。第2に、こうしたプラットフォームでは、友人などと一緒に同じ場を体験しながらショッピングを楽しむことも可能だ。

シンはさらに興味深いアイデアを披露してくれた。購入する「商品」の多くがバーチャルなものになったらどうかというのだ。つまりそもそもバーチャルな商品を買うということだ。仕事や社会生活がオンライン化していったら、たとえば、バーチャルな衣料品やアクセサリーを購入するようになるのだろうか。エスティローダーのバーチャルな化粧品とか、シャネルのバーチャルなメガネ、プラダのバーチャルなジャケットなどである。そうなったら、宅配のドアチャイムが鳴るのを待つことなく、すぐその場でバーチャルに新製品をダウンロードして着用するわけだ。

バーチャル製品がリアルな製品に取って代わる世界に入り込むようになったら、オンライン体験は、現実の体験が持つ社会的な価値やその場の雰囲気に浸れる感覚に取って代わることができるのだろうか。在庫切れや貧相なサービス、人混みなどを気にすることなく、何の葛藤もなくオンラインの世界を選べるのだろうか。言い換えれば、バーチャルショップがまもなくリアルショップに取って代わるということなのか。流通の観点から言えば、それは確かだ。実験という観点から言えば、何ごとも不可能はない。

特に興味深いのは、オブセスに出資しているベンチャーキャピタル一覧にビレッジグローバルの名前がある点だ。実はこのベンチャーキャピタルにはビル・ゲイツやマーク・ザッカーバーグ、そしてお察しのとおり、ジェフ・ベゾスも出資しているのだ。

ジェフ・ベゾスについて言えば、世界の小売業界全体がアマゾンに追いつくのを座して見守っているだけと考えるのは、あまりにおめでたい。そんなに甘くない。25年前、アマゾンが世界的にオンラインショッピングの標準形となったように、ベゾスらは再びそのレベルを上げようと虎視眈々とタイミングを見計らっているはずだ。

ショッピングできるメディア

頂点を極めた巨大小売業者が成長や拡大を続けるうえで、コマーシャルなどの広告収入も重要だが、映像や音楽のプラットフォームにも大きなチャンスが潜んでいる。こうした映像・音楽メディアは、アリババもアマゾンも揃って開拓に成功した分野である。２０１９年、アリババは映画23作品の製作に出資しており、同年の中国国内の総興行収入のうち、同社出資作品が20％を占めている。[23]

だが、アリババのメディア部門の真価は、メディアとショッピングを巧みに融合する力にある。２０１７年、中国の「独身の日」（11月11日）セールに向けた下準備として、同社は、「即看即買」（「気になる商品があればその場で買う」）を謳うファッションショーをライブで開催し、セレブ・有名人や多彩な人気ブランドの商品が登場した。テクノロジーと情熱で新たな体験を生み出す機敏さがあるからこそ、世界のブランドにとってアリババは魅力的に映るのだ。

一方、アマゾンは、２０１８年に定額制動画配信サービス「アマゾン・プライム・ビデオ」で17億ドルを売り上げた。前年は7億ドルだったから驚異的な伸び率だ。パンデミック前の予測では、プライム・ビデオの売り上げは２０２０年に36億ドルに拡大すると見られていた。[24] 世界各地でロックダウンが実施されたことから、この数字が跳ね上がり、第２四半期の視聴が前年同期比で倍増した。

アマゾンは、エンターテインメントとの出合い方を変えようとしているだけでなく、楽しみ方までも変えようとしている。2020年第2四半期にアマゾンは、仲間と一緒に映画・テレビ番組を視聴できる機能「ウォッチパーティ」を発表した。アマゾンのプライム会員を対象とした機能で、映画やテレビ番組を同時視聴する仲間とチャットを通して一緒に盛り上がることができる。また、ネットフリックスではお馴染みだった複数プロフィールの設定機能が、プライム・ビデオにも導入された。1つのアカウントにつき最大6つの視聴者プロフィール（家族など）を設定できるため、アマゾンからのおすすめなども、（父親向け、子供向けのように）各視聴者のプロフィールごとに違った内容となる。

そしてアマゾンも、メディアとショッピングの融合に乗り出した。その例が、2020年に配信を開始したファッションリアリティ番組『メイキング・ザ・カット』である。司会はモデルでタレントのハイジ・クラムとファッションコンサルタントのティム・ガンだ。毎週更新の同番組は、12人のファッションデザイナーが腕を競い合い、優勝者はグローバルなアパレルブランドを立ち上げ、賞金100万ドルを獲得できる内容だ。1話放映された直後に、その回に登場したデザインの商品がアマゾンで購入可能になっている。

このメディア戦争から取り残されまいと、2020年8月にはウォルマートも、中国のアプリ開発会社バイトダンス（字節跳動）が開発したショートムービー投稿アプリ「ティックトック」の米事業買収に名乗りを上げた。月間アクティブユーザー数が8億人以上というティックトックは、ユーザー制作のコンテンツが続々と投稿されて、いかに病みつきになるかがわかる。それだけに、ショッピングとの親和性も高い。さらに、ティックトックの利用者属性の内訳では、34歳未満の若い世代が約90％を占める。マーケティング的には宝の山なのだ。

さて、買収が仮に承認されれば、ウォルマートはティックトック・グローバルの株式7・5％を獲得するだけでなく、オンライン販売、受注管理・配送、決済、その他オムニチャネルサービスを、新規に設立するティックトック・グローバル（同社海外サービス会社）に提供する商業契約を結ぶことになる。

ティックトックがウォルマートの計算どおりの利益をもたらしてくれるかどうかは、事態の推移を見守るしかない。ソーシャルメディアは、一時の流行で終わる可能性もあるからだ。だが、この場合、行間を読まねばならない。頂点を極めた勝ち組と手を組むなら、エンターテインメントやメディアのチャネルが不可欠であることは、ウォルマートも十分承知しているということだ。

意外な盲点があった

パンデミックが深刻化していた2020年9月、高級ブランドのバーバリーは、参加者4万人のユニークなファッションショーを開催した。マスクも手指の消毒液もソーシャルディスタンスも不要だった。どのように開催したのか。

実は「ツイッチ」を利用したのだ。現在、アマゾンが所有するソーシャルゲーム（SNS上で提供されるオンラインゲーム）のプラットフォームであり、ゲームをスポーツ競技として扱うeスポーツの一大拠点でもある。実はバーバリーは、2010年に高級ブランドとして初めてバーチャルファッションショーを配信している。またツイッチでファッションショーを配信した最初のブランドでもある。バーバリーは、ツイッチ独自の「グループ配信」（画面を分割して最大4人のゲームの様子を同時配信する機能）を応用して、世界の観客に向けて複数の視点からライブショーを配信してみせたのである。

これには意表を突かれたが、もっと驚くのは、ゲームプラットフォームがEC事業に有効なチャネルだとはこれほど長い間、どのブランドも気づかなかったことである。

2017年にアマゾンはゲームプラットフォームをECチャネルとして利用するテストに乗り出した。ゲームプラットフォームでビデオゲームを購入可能にし、アマゾンプライムのような特典をツイッチユーザーに提供したのである。現在、同プラットフォームは、月間ユニークユーザー数（同一ユーザーの重複訪問を除いた訪問者数）約1億4000万人を誇り、アクセス元の国は200以上の国・地域に及ぶ。全体としては、ビデオゲームプレイヤーは、世界で30億人ほどいると見られ、2019年第2四半期だけでも同プラットフォームのライブ配信コンテンツを実に27億2000万人が視聴している。[25]

現在、ゲームプラットフォームで売買されるものは、大半がゲームで使われるパワーアップアイテムや武器、キャラクター用のアクセサリーなど、バーチャルなアイテムだ。だが、これが現実の商品に広がるのは、時間の問題だろう。要するにゲームには、世界に非常に熱心な視聴者がいて、プラットフォームには交流や社会的な人間関係があり、圧倒的なコンピュータ処理能力も備えていて、ユーザーは高速回線で接続している。さらに、ツイッチでは、何かあるたびにユーザー間でコメントを書き込める機能があり、クチコミがあっという間に広がりやすい。見事に条件が揃っているのだ。

スクーティなどの企業がめざしているのは、こうした未来だ。マッシブ（ゲーム内広告プラットフォーム企業で、2006年にマイクロソフト傘下に）の創業者で、長らくマーケティングに携わってきたニコラス・ロンガーノのアイデアで誕生したスクーティは、ゲームメーカーがオンラインショップをゲームに組み込む機能を提供している。「Gコマース（ゲーミングコマース）」

ともいうべき新たな収益源になる。ゲームプレイヤーは、自分の興味・関心分野を説明するショッパープロフィールを作成するよう促される。すると、自分の条件に合った商品が提示される仕組みだ。

ゼロクリックエコノミー

人はそれぞれにこだわりがあり、ショッピングの対象も人それぞれだ。衣料品やジュエリー、エレクトロニクスに目がない人もいるし、家具やアート、自動車に情熱を傾ける人もいる。

一方、このような喜びや興味の対象ではなくても、買わねばならない必需品も存在する。統計的には、私たちが購入している食品や家庭用品の50％程度は、思い入れがあって買っているものではなく、単に使い切ったら補充するだけの商品である。近所のスーパーでおむつや食卓塩、ゴミ袋を買うのに、どれにしようかと延々と悩むようなことはしない。よくあるのは、前回買ったものを再購入することだろう。多くの場合、毎週あるいは毎月、同じタイミングで買っている。もちろん、スーパーで自分好みの商品を品定めする楽しみはあるのだが、いくらなんでも10キロ入りドッグフードでそんな気にはならない。毎日暮らしていれば、この手の面倒な買い物が数千とは言わないまでも何百点かはある。

こうした決まりきった日常の消費のうちの半分を獲得しようと狙っているのが、アマゾンなど食物連鎖の頂点に立つ巨大小売業者だ。どうやって実現するのか。実はすでに手段は整いつつある。

小売業界がようやくオムニチャネルを理解しはじめたころ、アマゾンは消費者の生活のなかで「オムニプレゼンス」（空気のようにどこにでもあること）を確立することに注力している。同社のアレクサという音声認識技術を利用したスマートスピーカー（音声アシスタント）「アマゾン・エコー」の累計販売台数がすでに1億台[26]を突破している。

ニュースサイト『ザ・ヴァージ』によれば、「150以上の製品にアレクサが搭載され、アレクサと連携して動作するスマート家電は4500社を超えるメーカーから2万8000点以上が発売されていて、アレクサの『スキル』（アレクサで実行できる機能、一種のアプリに相当）は7万種以上[27]」というプラットフォームになっている。

消費者にこうした習慣が広がっているため、2014年にアマゾンが出願した特許の後押しにもなりそうだ。それが「予測出荷」なる物流システムである。将来のどこかの時点で顧客が注文するであろう商品を、注文が発生する前の時点で出荷を開始してしまうというのが、アマゾンの説明だった。どのくらい前倒しで発送するかというと、客がその商品を必要と意識さえしないうちに発送するというのだ。

この特許によれば、高度なデータ分析プラットフォームを駆使して、習慣的な購買行動を予測し、受注確率の高い商品を、その顧客宅に近い地点まで輸送しておくもので、前出の京東商城が実施している需要予測と似ている。このようなシステムがあれば、アマゾンは、商品や配送先にもよるが、所要時間を数日単位から数時間単位にまで劇的に短縮できる。

これに、アマゾンの「定期おトク便」（頻繁に使用する商品を割引価格で自動的に定期配送する仕組み）と組み合わせればどうだろう。消費者が普段から検討などせずに買っている生活必需品の半分を囲い込もうとしていることは明らかだ。

かたやウォルマートは、顧客の暮らしや住居にもっと深く入り込む計画を練っているようだ。同社は2017年に完全自動化店舗の設計に関する特許を出願した。自動化もさることながら、この出願が特に目を引いたのは、自動化店舗の設置先だ。なんと、顧客の自宅に直接設置するというのだ。

出願内容を見ると、この店舗は、ウォークインクローゼットくらいのスペースの食品貯蔵庫風の構造で、客が好きなものを取り出すと、アカウントに請求があり、商品はウォルマートの配送チームが定期的に在庫を補充するという。しかも、システムには人工知能が搭載され、顧客の好みに合わせて商品を推奨する機能もある。

小売業界のトップ企業にとっては、定期配送や自動補充で商品が購入されるたびに、重要なメリットが2つ発生する。まず物流・配送コストの削減。もう1つが顧客の囲い込みである。

怪物企業が狙う新たな市場

もっとも、こういったチャンスを首尾よく物にできたとしても、パンデミックが続くなかで、食物連鎖の頂点に立つ怪物企業が驚異的な利益を上げ続けていくためには、栄養が足りない。怪物企業が今後も成長を続けるための燃料を確保するには、まったく新しい高カロリーの栄養源を探し出さなければならない。単にランニングシューズや電子機器、家庭用品を売っているだけでは間に合わないのである。

そうなると、「次はうちの業界か？」と、どの企業も不安になるのだが、特に新規参入が閉め出されたまま寡占状態が続いている業界の既存企業にとって、厄介なことになる。具体的には、銀行、保険、輸送、ヘルスケア、教育といった分野である。こうした業界は昔から自己刷新に消極的なうえ、新型コロナウイルスで各業界の弱点が白日の下にさらされている。そんな弱みを抱える企業があれば、食物連鎖のトップにいる怪物企業が新鮮な獲物を狙うように近づいてきて、飛びかかるタイミングを見計らっていてもおかしくない［図8］。

〔図8〕
怪物企業の飛躍的な成長に燃料を投下しそうな業界

銀行・決済系

２０１８年、私はアメリカの銀行業界関係者向けに講演を依頼された。聴衆の大部分は、中規模の地方銀行の関係者だったが、業界大手の関係者の姿もちらほらと見られた。主催者からは「ちょっとしたショック療法」がほしいとのリクエストがあった。変革のメッセージをしっかり伝えたいのだという。なかなか難しい使命を仰せつかった。正直なところ、生まれてこの方、銀行にはずいぶんいじめられたから、仕返しの好機でもあった。

講演当日になって、自分で用意したプレゼンテーションとはいえ、その内容に「まずいことにならないだろうか」と少々神経質になっていた。今さら内容を変えるわけにもいかないので、意を決して壇上に向かった。もはや引き返すことはできない。果たしてうまくいくのか、大失敗か。運を天に任せた。ステージに上がり、いつもどおりに挨拶をして本題に入った。

「巡り合わせというのは不思議なもので……。今朝の新聞でご覧になった方も多いのではないでしょうか。ヨーロッパに住む友人からこんなものが送られてきました」

そう言いながら、最初のスライドを映し出した。ＣＮＮの臨時ニュースの見出しだ。実は私が仕込んだフェイクニュースである。

「アップル、銀行業参入を発表」

さらに、「こんなのも送られてきました」と言いながら次のスライドを見せた。『ニューヨークタイムズ』の紙面を写真に撮ったもので、こちらも「アップル、銀行開業」の見出しが躍っている。記事には「現金保有高600億ドル以上の同社は、銀行のあり方や使い勝手そのものを根本からつくり変えようとしている」といった説明が見える。

その瞬間、会場は静まり返った。ひきつった笑いを浮かべる人、一大事とばかりに必死の形相で会社にメールを打っている人もいる。ただ押し黙って、やや血の気のない表情の人も見える。会場全体が緊張感に包まれているのが、ひしひしと伝わってくる。

そのまま5秒ほど様子をうかがった後、タネ明かしをした。

「もちろん、全部フェイクニュースです」

一拍おいて、何人かが思わず吹き出した。はっと我に返って安堵しているような表情だ。「な、俺の言ったとおりだろ？」と訳知り顔で隣の人に話しかけている姿も見える。なかには、まだ青白い表情のままの人もいる。だが、一杯食わされただけと知って、誰もが胸を撫で下ろしていることは一目瞭然だった。

「ニュースを信じてしまった方はどのくらいいますか？」

「アップルが銀行業に乗り出すと信じた方はどのくらいいますか？」

そう問いかけると、会場の大多数が手を挙げた。

「仮にそうなったら、正直なところ、あっという間に自分の銀行が波に呑み込まれると思う方は？」

やはり会場の大部分が挙手した。嘘偽りのない思いだろう。

銀行業界が何十年にもわたって低レベルの顧客体験でお茶を濁してきたことは確かだ。法外な手数料、人員削減、高飛車な貸付業務など、銀行は、客から二言めには悪口を言われる業界になっている。これでは、食物連鎖の頂点にいる怪物たちに、餌のありかを教えているようなものだ。実際、怪物たちはすでに匂いを嗅ぎつけている。

アリババグループ傘下の金融会社、アント・フィナンシャル（螞蟻《マーイー》金服、訳註：２０２０年にアントグループ、螞蟻集団に改称）は6年前まで影も形もなかった。それが現在では企業価値１５００億ドルとされ、ゴールドマン・サックスグループの時価総額を上回ってしまった。アントがアリババとは完全に別会社だったら、世界の銀行上位15行に名を連ねるほどの実力なのだ。また、アントはクレジットカード、クレジットスコアリング、融資、資産管理も手がけている。それでピンとこなければ、こんな事実もある。アントのファンドである余額宝《ユエバオ》は、２５００億ドル以上の運用資産を抱え、世界最大のＭＭＦ（マネーマーケットファンド）だ。

この分野に触手を伸ばしている怪物企業はアリババだけではない。２０１９年にはアマゾンが少なくとも16以上のフィンテック系の商品やプラットフォームの設立、購入、借り入れを実施し、これを組み合わせることで同社の金融エコシステムを成長させる原動力とした。また、アマゾンに出店するパートナー各社への融資も積極的に実施しており、2018年だけで外部出店業者に対する小規模企業ローンは10億ドルを超える。[28] 顧客には各種支払い条件も用意している。それもこれも、自社のエコシステムを拡大するための取り組みだった。販売業者が増えて、顧客も増えれば、支払う金額も増え、支払い先の販売業者も増える。その繰り返しだ。

金融専門誌『The Financial Brand』が先ごろ次のように書いている。

> 昔ながらの銀行幹部のほとんどが頭を抱えているのは、そのうちアマゾンが「世界中の販売業者と顧客」の利便性を向上しようと、一種の当座預金口座サービスに準ずる商品提供に踏み切りかねないことだ。というのも、アメリカのアマゾンプライム会員は、全成人人口のざっと半分に相当する驚異的な数に膨れ上がっているからだ。アマゾンがその気になったら、どのような金融サービスであれ、とてつもない顧客基盤を持つことになる。[29]

ウォルマートも決済分野にじわりじわりと手を広げている。同社の「マネーカード」プログラムは、口座維持費や信用履歴の問題で銀行口座を持たない層・持てない層を対象としたプリペイド式のデビットカードで、この種のものとしてはアメリカ最大の流通系会員制プログラムである。さらにウォルマートは先ごろ、フィンテック専門アクセラレーターのテイルフィン・ラボの経営支配権を獲得したと発表した。テイルフィン・ラボは、ＥＣサービスと金融サービスにまたがった領域で先見性のある技術に重点投資をしている。

保険

ニューヨークかニュージャージーに住んでいたら、センチュリー21という大型ディスカウントストアの名前に見覚えがあるだろう。いや、ショッピングもしたことがあるのではないか。高級ブランド品の値引き販売で知られる同族経営のディスカウントストアで、オープンは１９６１年の老舗。創業者は、アル・ギンディとソニー・ギンディの兄弟だ。センチュリー21という名称は、当時、地元開催を控えていた万国博覧会のイメージからつけたという。

後に経営がそれぞれの息子に引き継がれ、ニューヨーク、ニュージャージー、ペンシルベニアの隣接３州とフロリダ州に13店舗を構えるまでに成長した。本店はニューヨークシティのコートランドストリート22、ちょうどワールド・トレード・センターのツインタワーがあった場所の真向かいにあり、９・11同時多発テロの大惨事にも耐え抜いた老舗だ。

センチュリー21でショッピングを楽しんだことのある人は世界中にいくらでもいるはずだ。ニューヨークシティ観光では外せないスポットとして親しまれていた。

ところが、その後の数年でアメリカの小売市場が高級品と格安品に二極化した結果、ブランドの余剰在庫を安く仕入れて高い値引率で売るオフプライス市場は爆発的に拡大し、新規参入が相次いだ。メイシーズやノードストロームからサックス・フィフス・アベニューまで、百貨店が軒並みオフプライスの横断幕を掲げ、オフプライス系大手のTJXが積極的に出店攻勢を仕掛けた。アウトレットモールが雨後の筍のように乱立し、ファストファッションが新しい世代の消費者から絶大な支持を集めた。

その陰でセンチュリー21は、かつて自らが代表格とされていた市場で存在感が薄れていった。店名も同名の不動産会社と間違えられることが多かったうえに、昔は明るい未来のシンボルでもあった21世紀という名前が文字どおり時代遅れになってしまった。

2018年、私は同社のブランドの見直し、刷新、再ポジショニングを支援するアドバイザリーボードの一員として招かれることになった。同ブランドやそのポジショニングのありとあらゆる面が徹底的に精査された。2019年にはアドバイザリーボードは解散したが、私は請われて引き続きアドバイザーとしてとどまることになり、新しいスローガン、新しいマーケティング方針はもちろん、同チェーンの新たな船出に資すると思われることは何でも取り組んだ。

同年下期に新計画を展開しはじめ、早くも手応えを感じ取っていた。

ところが、60年に及ぶ浮き沈みや景気後退、好景気、テロ攻撃の大惨事を乗り越えてきた末の2020年9月10日、経営破綻となってしまった。共同CEOのレイモンド・ギンディは声明で次のように語っている。

9・11同時多発テロの際は壊滅的な影響に苦しみましたが、保険金のおかげもあって立ち直ることができました。しかし、今日のような不測の事態に備えて毎年多額の保険料を払ってきたにもかかわらず、この最も重要な時期に保険会社に背を向けられ、ついに私たちの愛する家業を閉鎖する以外、現実的な道が閉ざされてしまいました。[30]

センチュリー21は、1億7500万ドルの利益保険(店舗などを閉じて生じた損失を補う企業保険)を契約していたにもかかわらず、保険会社が支払いに応じず、結果的におよそ60年の歴史に幕を閉じることになった。

センチュリー21だけではない。アメリカとイギリスでは、1000社以上の小売り事業者が同じような運命をたどっている。保険会社が揃いも揃ってパンデミックによる利益保険の保険金請求を拒絶しているからだ。一部の小売業者は長期にわたる訴訟も辞さない考えだ。センチュリー21の場合、あれほど経営陣が情熱を傾けて経営してきた家業だけに、八方塞がりの悲しい結末となった。

このような補償不足に、保険料の高騰が拍車をかけ、状況は悪化するばかりだ。最近のCNBCの報道によれば、高騰する保険料がついにインフレや所得の伸びを上回りつつあるという。さらに記事は、家族補償型の保険料平均額は過去5年間に22％上昇し、過去10年間では54％増になったと伝えている。[31]

とりわけ大規模な混乱の真っ只中でこうしたゴタゴタが相次ぎ、値上がり傾向が続くと、保険などの業界は、利便性や充実度の高い選択肢を求める顧客の混乱や離反につながりかねない。ただでさえ、頂点を極めた怪物企業らが新たな獲物を探し回っているのに、保険業界の動きは、わざわざ強い匂いを放って捕食者を招き寄せているようなもので、見ているこちらがハラハラしてしまう。実はすでにある捕食動物が触手を伸ばしているのだ。

アマゾンでは、一部の国で電子機器から家電まで幅広い製品を対象に「アマゾンプロテクト」なる製品保証延長サービスを提供している。アマゾンが取扱商品を住宅や高級品、自動車など大型商品にまで手を広げるなか、それに付随する保険事業には手を出さないと言い切れるだろうか。

実はインドなどの地域で、アマゾンはすでに保険市場への積極的な参入を進めているのだ。

2018年、アマゾンは独自の保険商品の販売を定款に含め、インドの会社登記局（ROC）に届け出ている。企業情報サービスを手がけるCBインサイツは、「2019年3月、アマゾンがインド保険規制開発庁（IRDAI）から法人代理店免許を取得し、保険事業拡大の準備を整えた」と報じた。[32]

保険に着目している怪物企業は、アマゾンだけではない。2018年、京東は独保険大手アリアンツの中国法人である安聯財産保険（アリアンツ・チャイナ）への30％の資本参加が承認され、第2位の大株主に躍り出た。その1年前には京東に出資しているテンセント（騰訊）も同様の動きを見せ、保険会社「微民保険代理」の過半数株式を取得して、テンセントのサイト上で保険商品をオンライン販売する営業免許を取得した。

保険業界にとって憂うべき状況なのか。そのとおりだ。カナダの保険会社であるカナダプロテクションプランで保険販売の最高責任者を務めるマイケル・アジズは、保険専門誌『インシュランスビジネスカナダ』2018年11月号で、次のようにインタビューに応じている。

アマゾンやグーグルが参入するかと言われれば、そのうち、この業界に目を向け始めるでしょうね。ただ、そう簡単に保険販売に乗り出せるのか、という意味では、規制当局はまだそのつもりではなくても、そのうち認めるでしょう。それだけに、分野を問わず保険会社にとっては、インシュアテック（保険×IT）を前面に押し出し、競争の次なるステージに備えて万全の態勢を整えておくことがとにかく重要なんです。[33]

顧客体験に圧倒的な格差があることを考えれば、保険会社は否応なしに、ここで言う「競争の次なるステージ」を迎えることになる。さらに、アマゾンやアリババといった企業は、これまでもさまざまな専門分野に部外者として乗り込み、そこに横たわる大きな問題を探し出しては、テクノロジーを駆使して解決する絶大な力を見せつけてきた。保険会社に残された道は1つ。業界の課題を自力で解決するか、例の怪物たちが解決してくれるのを座して待つか。もちろん後者であれば、問題解決と同時に業界自体が召し上げられることになる。

輸送・宅配

フェデックス会長のフレッド・スミスは『フォーチュン』誌2017年3月号のインタビューで次にように語っている。

まず位置づけをはっきりしておきましょう。アマゾンは小売業者、われわれは物流会社です。つまり、われわれは、輸送の上流部分を担う大量拠点をはじめ、仕分け施設、貨物便、トラック輸送ルートなどを保有しているということです。アマゾンは、みなさんが買い物に行く場であって、自社で荷物の多くを配達できるわけではありません。[34]

言うまでもなく、このインタビューはさほど古いものではない。

それから数年後、スミスに対するあてこすりのように、アマゾンが物流基盤の拡大、自社保有トラックやリース契約の貨物ジェット機の拡充、自社物流「アマゾンフレックス」プログラム（いわばウーバーの荷物配送版だが、日本では有資格者のみの制度）の強化といった施策を次々にぶつけてきた。

あれから2年ほどでアマゾンはもはや顧客ではなく競合であることが明白になるや、フェデックスはアマゾンとの陸上輸送契約を終了すると発表した。当時、あまり騒がれなかったのだが、アマゾンは自社販売の顧客宛て荷物全体のうち、すでに50％を自社配送に切り替えていた。[35]

フェデックスはあの時点で死んだも同然だった。だが、当のフェデックスはその事実に気づいていなかったのだ。

2020年下期にアマゾンは、小規模地区単位の配送拠点を全米に少なくとも1000カ所開設する意向を明らかにした。[36] この発表の1カ月前、同社が百貨店のシアーズとJCペニーの店舗買収を交渉しているとの報道があった。顧客宅までの最後の配送区間となるラストワンマイルの物流拠点にこれを転換するつもりではないかと、ささやかれていた。これは、宅配戦争をさらに激化させる動きとなる。小売業界で翌日配達を常識に変えた同社だが、今度は当日配達や、商品によっては1時間配達にハードルを上げる可能性がある。

アマゾンは物流や宅配の新たな標準を打ち出すだけでなく、この分野が同社の次なるドル箱ビジネスの1つとして、数十億ドル規模の売り上げを叩き出すようになるのではないか。

クラウドサービスのAWSがそうだった。元はアマゾンが自社用途にクラス最高水準のクラウドストレージシステムを構築したものだ。とすれば、アマゾンの物流網もゆくゆくは他の（競合も含む）小売業者向けにも提供される輸送サービスになるはずだ。そうなると、アマゾンは、自社販売商品の配送コストを圧縮できるだけでなく、フェデックスやUPSなど既存の物流企業から市場シェアを奪うことになる。首尾よくいけば、アマゾンは数十億ドル規模の収益の柱を新たに生み出す。

ここでも中国の京東がリードし、アマゾンが後を追う構図だ。2018年、京東は、北京、上海、広州での法人・個人向け荷物宅配サービスを提供するため、自社専用物流・宅配システムを拡大すると発表した。同社によれば、最終的には中国全土でのサービス提供を視野に入れており、この取り組みは第一歩に当たるという。この結果、中国国内の運送会社と直接競合することになる。

かたやアリババは先ごろ、中国のコンテナ輸送会社、中国遠洋海運（コスコシッピング）と提携し、独自のブロックチェーンシステムを活用して、コスコの輸送業務の効率化に取り組んでいる（念のため書き添えておくが、コスコは、米系小売り大手のコストコとは無関係である）。コスコは世界第3位のコンテナ輸送会社だ。

これはとりもなおさず、新たな乱戦が勃発することを意味する。参戦を表明した怪物企業と、輸送業界の既存企業の戦いである。歴史に学ぶべきことがあるとすれば、輸送業界は迫り来る脅威を甘く見ないことだ。

ヘルスケア

新型コロナウイルスの感染拡大で私たちの生活のさまざまな部分が大きく変わりつつあるが、多くの人々にとってデジタルヘルスケアも新たな現実となった。『ニューヨークタイムズ』紙記者のベンジャミン・ミュラーは次のように伝えている。

ヨーロッパやアメリカで家庭医を担う1次診療のクリニックに、ものの数日で遠隔医療革命が到来してしまった。当初は感染に対する安全確保が目的だったバーチャル診療だが、今では日常的な病気はもちろん、早期治療を受けなければ命に関わるような隠れた病気の治療でも、家庭医の診察の大きな柱になっている。[37]

世界のヘルスケア市場の規模はおよそ10兆ドルで、ビジネスニュース配信大手のビジネスワイヤによれば、年平均成長率は約9％と見られている。[38]『ブルームバーグ』によれば、アメリカだけで医療支出は4兆ドル近くに上り、GDPの20％弱を占める。この割合は世界最大だ。[39]食物連鎖の頂点で腹を空かせている怪物企業にとってはご馳走だ。むろん、どの怪物もすでに嗅ぎつけている。

2017年、アマゾンは「1492班」なる極秘チームを立ち上げ、多数のメンバーを集めるべく社内公募を実施した。医療記録からデータを抽出する技術開発に向けた調査活動に関わるチームだ。さらに、アマゾンは、医療系スタートアップ企業グレイルに出資している。最も早期のステージで、治療可能ながんを血流から検出する技術を開発する会社だ。2017年上期に投資ラウンド「シリーズB」の段階で、アマゾンはグレイルに対して9億1400万ドルの出資を決めた。それに加え、競合するクラウドストレージ企業のボックスからヘルスケア・

ライフサイエンス担当ディレクター、ミッシー・クラスナーを引き抜いている。

2019年12月、アマゾンは、医療従事者向けの音声文字変換（音声からの文字起こし）サービスを開始した。医師の口頭による説明や処方指示をカルテに直接記録するサービスだ。[40] 特に決定的と言える動きがあった。アマゾンは米投資・保険会社JPモルガンやバークシャー・ハサウェイと組んで、3社合わせて120万人の従業員を対象とした新たなヘルスケアプログラムを立ち上げたのだ。[41] このサービスを手がける合弁会社（後にヘイブンと命名）は、右肩上がりのコスト、面倒な事務手続き、病気治療より健康増進を優遇する不公平な扱いなど、アメリカの医療制度で長らく指摘されてきた欠陥の多くに切り込む方針だ（訳註：ただし、2021年1月に3社の方針の違いなどから同2月の事業終了が発表された）。

ほかにも、アマゾンは、10億ドルを投じてオンライン薬局、ピルパックを買収している。これでアメリカ50州での調剤薬局ライセンスを手中に収めたことになる。アマゾンが食品分野で大規模投資を継続していることも保健・健康増進の分野と自然なかたちで結びつくし、将来的には食品スーパーのホールフーズのような実店舗が高所得者向けのクリニックを併設する場にもなる。アマゾンは、AIアシスタントのアレクサに改良を加え、ヘルスケア企業間で、セキュリティ対策を講じた患者医療情報の送受信が可能になったと発表している。また、処方指示管理や服薬忘れ防止などにも、アレクサを活用する方針だ。

2020年7月14日、アマゾンは、さらに別の方向からもヘルスケア市場に食い込みはじめた。アメリカの医療サービスグループであるクロスオーバーヘルスと提携を発表したのだ。アメリカでは従業員が雇用主の保険料負担で民間の保険に加入するのが一般的で、クロスオーバーヘルスでは、アマゾン従業員を対象に医療保険適用クリニックのネットワークを構築する。[42] アマゾンによれば、「ネイバーフッドヘルスセンター」という従業員向けクリニックの第1号をテキサス州のダラス・フォートワース地域に開設し、同地域で働く従業員2万人以上に対応する。

アマゾンが何らかの市場に攻め込むときは、テクノロジーで武装することが多い。ヘルスケアも例外ではない。2020年8月、アマゾンは、「ヘイロー」というリストバンド型の活動量計（モニター画面のないFitbitのような製品）とデータ管理用のサブスクリプションサービスの組み合わせでヘルステック市場に参入すると発表した。

専用アプリは、競合アプリで一般的な各種フィットネス機能に加え、3Dボディスキャナーで体脂肪を可視化したり、声の調子から情緒安定度を判定してストレスレベルを測ったりすることも可能だ。

同じ月にアマゾンのインド法人が、ベンガルール（旧バンガロール）でオンライン薬局サービスの試験運用を開始すると発表した。インドのオンライン薬局市場は、2021年に4倍近くに拡大し、45億ドル規模に発展する見通しだ。[43]

それだけではない。2020年11月には、アマゾンがオンライン薬局を設立し、プライム会員には割引や無料の翌々日配達も提供するとあって、アメリカの競合薬局チェーンであるCVSやウォルグリーン、ライトエイドの株価が急落した。わずか3年間に9つの〝駒〟を動かしてヘルスケア分野に攻め込んだアマゾンは、早くも業界の老舗企業を崖っぷちに追い詰めつつある。

アリババもヘルスケア市場に目をつけていた。傘下のアントグループを通じて医療保険の販売に乗り出したのだ。発売と同時に6500万の契約者を獲得した。最終的な目標契約数は、アメリカの総人口をわずかに下回る3億人。それも、たった1つの医療保険プランの契約数である。このままいけば、アントグループは世界最大の保険会社になる。

パンデミックでアリババのヘルスケア進出の追い風となる理想的な状況が生まれた。2020年8月、アリババは先の増資で獲得した13億ドルを投じ、オンライン薬局事業の拡充計画を明らかにした。コロナ禍を背景に、オンライン薬局の利用増の新たな波が押し寄せているからだ。[44] 投資の大部分は、医薬品の販売・宅配の機能拡充に使われる予定で、残る資金は同サービスに参加するヘルスケアパートナー各社向けのデジタルツールの開発に振り向けるという。

この動きに取り残されまいと、ウォルマートも獲物探しに抜かりはない。2020年6月、ウォルマートは、複数の薬剤を服用する患者の投薬管理支援に取り組むスタートアップ企業、ケアゾーンから特定の技術と知財を獲得すると発表した。[45] 同社は、薬局とクリニックの両方に関与する多角的な取り組みを進めており、モルガン・スタンレーは、ヘルスケア分野で「注視しておくべき眠れる巨人」と見ている。[46]

そして、ここでも京東は動いている。同社がヘルスケアに関わるようになったのは、医薬品のオンライン販売を開始した2013年に遡る。2016年、同社はB2Cプラットフォームの京東健康を立ち上げ、効率の高い巨大物流網を活かして医薬品の販売・宅配に乗り出した。わずか3年後、京東は市場シェア15%を獲得し、単一企業としては（オンライン、オフラインを問わず）中国最大の医薬品販売業者に成長した。同社では、中国の国民99%をカバーするという、他の追随を許さない物流網を活かし、ヘルスケアサービスのネットワークを拡大する計画だ。

教育

先に述べたように、世界の教育市場も、食物連鎖の頂点に立つ怪物たちの目には、いいカモに映っている。

2020年の中国の教育市場規模は、4538億元（約7兆2608億円、1元＝16円）と見られている。[47] 中国の有力SNSを手がけ、京東に18％出資しているテンセントは、同社が掲げる「スマートエデュケーション」に進出すべく注力している。これは幼稚園・小中高校・職業学校、生涯学習までカバーする総合的な教育プラットフォームで、「公平性、個性重視、インテリジェント化を強化した教育づくり」を進めるという。[48] 同社は10億以上のアクティブユーザーを抱えているだけに、スマートエデュケーションのようなプログラムが完全に浸透した場合、驚異的な力を持つ。

同様にアリババも教育市場に食い込んでいる。現在、家庭学習支援アプリ「帮帮答《バンバンダー》」（「ちょっと教えて」の意）を提供している。さらに、アリババ傘下の動画投稿サイト「優酷」は先ごろ、動画による家庭学習プラットフォームも立ち上げた。このアプリは、中国版Slackとも言うべき同社のテレワークツール「釘釘《ディンディン》」（英語名ディントーク）とともに、中国で爆発的に成長する教育市場への進出の足がかりとなった。

小売り支配を進めるアマゾンの戦略から推測するに、アマゾンは教育市場でも特に標準化しやすいボリュームゾーンでの支配をめざすだろう。そう考えると、すでに有効な駒を持っていることに気づく。何しろ、世界最大のオンライン書店を抱え、自前の出版事業も整えている。おまけに多くの消費者がアマゾンの書籍閲覧用の機器や音声支援の機器などを保有する巨大エコシステムを確保していて、教材、テクノロジー、対話型カリキュラムで構成される教育パッケージの開発環境は整っている。しかも、アマゾンが教育分野に強い関心があることは、周知の事実だ。アマゾンの通販サイトには「教育」というページがあり、教育市場向けの多彩な製品・サービスが並んでいる。カリキュラムや教材から、教育関係者向けクラウドサービスまで、教える側にも学ぶ側にも必要なものが何でも揃うバーチャル大学をめざしている。書店もその要素の1つだ。

こうした怪物企業の参入を受けて、教育市場は小売市場のような様相を呈するはずだ。一握りの高級ブランド、つまりＭＩＴやスタンフォード、オックスフォードのような世界の一流校が頂点に立って社会の上位10％のエリートの需要に応える一方、大衆寄りの領域は低コストで誰でも歓迎の基礎教育を担う巨大グローバル企業が支配することになる。小売業界と同じで、一流と格安の中間辺りで、名門のブランドでもなく、さりとて利便性に欠け、安上がりでもないような学校は、怪物に料理される運命にある。

言い換えれば、アマゾンなどの怪物企業に担える教育市場が存在するのだ。それも、桁外れに大きな市場である。

独占禁止法違反でアマゾン包囲が進む

「その規定に違反したことがないとは保証できない」

シアトルの本社からリモートで米議会下院に設置されたモニターに現れたジェフ・ベゾスは、そう説明した。ベゾスの言う規定とは、プライベートブランド（PB）の商品開発に外部事業者のデータを利用することを禁じたアマゾンの社内規定のことである。質問したのは、アマゾン本社のあるシアトルも含めたワシントン州選出のプラミラ・ジャヤパル議員だった。

2020年の夏に米議会下院司法委員会はデジタル分野の競争環境について大手テクノロジー企業のグーグル、フェイスブック、アップル、アマゾンの4社を呼んで聴取するマラソン公聴会を開催し、各社に対して、倫理や競争上の問題について、議員から次々に厳しい質問が飛んだ。

ジャヤパル議員の追及は、そのうちのベゾスに対する質問の一コマだ。これに対してベゾスは、アマゾンが開発するPB商品を決定する際、同社通販サイトでの商品カテゴリーごとの「集計データ」以外を従業員が見ることはできない社内規定があると主張した。

本職として30年近くアマゾンの一挙手一投足を見守ってきた私に言わせれば、この回答は馬鹿馬鹿しい。アマゾンのPBで販売する商品を決定する際、同社通販サイトに出店する外部事業者の販売データを略奪的な目的で利用していたかどうかに質問が及んだために、ベゾスがはぐらかそうとしたことは明らかだ。長年に及ぶ事業のなかで、その「社内規定」なるものが何度も破られているかどうか定かでないとジェフ・ベゾスが言うのは、笑止千万である。

しびれを切らした別の議員が、その「集計データのみ」とする社内規定は、特定カテゴリーで少なくとも2つの競合商品があれば、仮にそのうち一方が圧倒的なシェアを確保している商品だとしても、アマゾンはカテゴリーを問わずそのデータを自由に閲覧できると言っているのと同じではないかと、ベゾスに詰め寄る場面もあった。

たとえば、『ウォール・ストリートジャーナル』紙の調査報道によれば、アマゾンは、同社通販サイトに出店する外部事業者2社の販売データを利用して、車のトランク用整理収納ケースの設計に反映したという。問題は、その整理収納ケースの売上高の実に99・95％はフォーテムというブランドが生み出していた。

ここで読者にクイズを出そう。アマゾンのPB商品の整理収納ケースが最終的にどういうデザインになっただろうか。フォーテムの商品と同じと答えた方、お見事、大正解である。

アマゾンが商品検索データを事実上、完全な支配下に置いている以上、アマゾンに出店する販売業者でなくても、カモにされる可能性がある。ジョーイ・ズウィリンジャーの話に耳を傾けてみよう。ズウィリンジャーは、ニュージーランド発のシューズメーカー、オールバーズの共同創業者である。素材にウールを使ったランニングシューズを手がけるユニークなブランドとして大成功を収め、販売は直販体制を採用している。これだけの人気を誇るオールバーズだけに、アマゾンは寸分違わぬほどそっくりのデザインのシューズを開発した。恥の上塗りと言うべきか、アマゾンはその類似品に1足35ドルも下回る価格を設定していた。

ズウィリンジャーはあるインタビューで「アマゾンは消費者のことをよくわかっていて、アマゾンでたくさんのユーザーがオールバーズを検索していることも筒抜けだった」と指摘する。「データからアルゴリズムではじき出したデザインでシューズを作ったからそっくりになったようだ。となれば、当然、オールバーズの需要に乗じて売ることも可能だ」（ズウィリンジャー）[49]

他にも公聴会では、アマゾンのスマートスピーカー「エコー」が原価割れの価格でダンピング販売されていて競合品の販売が阻害されていることや、ユーザーが音声指示で注文しようとすると同スピーカーの頭脳に当たるアレクサがアマゾンのＰＢ商品を推奨する傾向が非常に強いといった指摘もあった。

アマゾンの労働条件や労働組合つぶしといった問題も報告されているが、公聴会では、そこを追及するまっとうな質問は見られなかった。実際、ベゾスが質問に応じた3時間のうち、明確な回答を避ける場面が多く、たびたび「引き続き調査する」と約束するにとどまっている。

ベゾスはアマゾンの影響力を懸念する声の広がりに、「当社が参入している小売市場は非常に規模が大きく、競争が激しい」としたうえで、「小売りには、いくつもの勝者を生み出す余地がある」と締め括った。[50]

このとおり、苦言と生ぬるい警告が続くだけの公聴会は、期待はずれの結果に終わった。この状況に何か手が打たれるにしても、どういう措置が講じられるのか定かでないが、アマゾンなり、他の怪物企業なりが政府の規制で大幅に事業を制限される日が来ると思っている人がいるなら、もうしばらく時間がかかると考えたほうがよさそうだ。

パンデミック前の世界では、企業の独占に反感を持つ社会の空気が醸成されていて、規制当局の調査も活発だった。だが、パンデミックになってからは、アマゾンなどの企業が、消費者にとっても出店業者にとっても、回り回って各国の経済にとっても、なくてはならない頼みの綱となった。通常、政治家が批判するのは、有権者の顔色をうかがいながらのパフォーマンス的性格が強いことを考えると、少なくともパンデミックが収束するまで、巨大テクノロジー企業は腫れ物にさわるように扱われるはずだ。今後、ますます不可欠の存在になるだろう。今、どの国の政府も、新型コロナウイルスの感染拡大がもたらした混乱の最中にあり、他にもっと大切な仕事がある。

しかも、政治家が下心を持ってアマゾンを見れば、そんなに悪者に見えない可能性もある。

アイルランドでは、同社がAWSのクラウドコンピューティング事業に首都ダブリンで1万6000平方メートル弱の用地を確保し、2年間で5000人を雇用する計画を明らかにした。[51]カナダでは、現地事業に新たに5000人の雇用計画を発表している。[52]イギリスでは、同様の計画で1万5000人の新規雇用が明らかになった。[53]この手の話はまだまだ続く。

エンターテインメント業界専門紙『バラエティ』の2020年7月号によると、アマゾンは同年3月以降、新規に17万5000人の雇用を生み出し、このうち12万5000人を正社員に転換するという。その背景には、ユナイテッド航空からメイシーズ百貨店までさまざまな企業が大規模な人員削減に踏み切り、数千万人の失業者が出ている現実がある。欧米諸国の政治家にしてみれば、強力な雇用創出マシンであるアマゾンのご機嫌を取っておいたほうが得策だし、パンデミック中に人々が必需品の入手先として頼れる数少ない補給線であることも証明された。

だとすれば、新型コロナウイルスは、単にきたるべき未来を手前にぐっと引き寄せる役割を担っただけではない。まったく異なる小売りの未来へと続く類いまれな入り口にもなったのではないか。つまり、こうした怪物企業が世界中の消費者の暮らしに有無を言わさず深く入り込んでいくための玄関口である。

停電になって初めて電気に大きく依存していることを痛感するのと同じように、今後こうした小売業者が一種のライフラインのようになっていくはずだ。すると、怪物企業の規模もこれまでとは比べものにならないほど大きくなるだけでなく、もっとうまみのある新たなカテゴリーに触手を伸ばすための確かな足場を築くことになる。

消費者にとっては、購入商品の大部分はもちろん、住宅や自動車の保険も処方薬もリハビリも子供の家庭教師も何から何までアマゾンが供給するような未来像は、以前よりも現実味を増している。オンラインで何かを買うときは決まってアリババになるだけでなく、銀行も近所のショッピングセンターのオーナーもアリババになっている世界は、決してあり得ない話ではなく、むしろ想像しやすい。自宅の冷蔵庫の内部はもちろん、子供たちが毎日何時間も使っているSNSまでウォルマートの管理下に置かれるような世界を荒唐無稽と言い切れるだろうか。

少しでも可能性があるとすれば、多くの小売業者にとどまらず、地球上で人間を相手に何かを売っているすべての関係者にとって脅威だ。こういった国境なき巨大な怪物マーケットが消費者の暮らしの隅々まで入り込んでしまうと、価値と効用という名の有刺鉄線が顧客の周りに張り巡らされる。すると、他の業者がこの顧客にアプローチすることはほぼ不可能になる。

パンデミックで、食物連鎖の頂点に立つ巨大な怪物の遺伝子組成は変異した。こうした企業がすでに桁外れの規模と売り上げに達していることを考えると、今後、この遺伝子変異で、信じられないような成長軌道に乗るだろう。そして、もっともっと巨大化していくはずだ。感染拡大の混乱が続くなか、このような怪物企業は、中間層の小売店やチェーン、百貨店をほぼ壊滅させ、品揃え、利便性、価格競争力を徹底的に向上させて、今日の量販店やコンビニなどの業態の多くは焦土と化すだろう。

むろん、危険性は明らかだ。ひとたびこうした怪物企業がこれまでよりうまみのあるカテゴリーを次々に掌中に収めていけば、ECサイトでの商品利益率はあまり重要でなくなるのだ。極端な話、ECサイトは採算ラインぎりぎりで運営し、純粋に新規顧客の獲得手段として利用することも可能になる。その場合、商品は、新規顧客を招き寄せるための撒き餌に過ぎない。釣られた客は、怪物が用意した巨大エコシステムに生涯にわたって取り込まれることになる。銀行にしても、保険会社にしても、保健医療機関にしても、教育機関にしても、輸送業者にしても、怪物に大事な商売道具をごっそり持っていかれるわけだ。

それでもまだ枕を高くして寝ていられるようなら、怪物は次なる攻撃を仕掛けてくる。怪物たちは、私たちの生涯を呑み込むほど巨大なエコシステムを築き上げていくうちに、小売りの世界に新種の生物が生まれる。それが、ミニマーケットプレイスだ［図9］。

2020年8月、アメリカのスーパーマーケットチェーンのクローガーがEC事業パートナーのミラクルと手を組み、外部販売事業者に出店してもらう形式のサードパーティ向けマーケットプレイス構想を発表した。なお、パートナーのミラクルはB2C（消費者向け）とB2B（企業間）のECサイト構築に特化した企業だ。クローガーによれば、計画されているマーケッ

［図9］
怪物企業とミニマーケット

トプレイス構想では、食品にとどまらず、家庭用品や玩具、銘品・名産品などのカテゴリーを用意するという。

その18カ月前の2019年2月、クローガーの競合スーパーであるターゲットも、同様の計画を発表している。同社では、小規模実験として外部販売業者を取り込んだサードパーティ向けオンラインマーケットプレイス「ターゲットプラス」を開始する。外部業者の出店は完全招待制で、マーケットプレイス内のスペースが提供される。当初は30店を迎えて6万点の品揃えとする。2020年2月には全109店、商品数16万5000点に拡大した。[54]

この2社に限らず、外部業者を巻き込んだECサイト、つまりサードパーティ向けマーケットプレイスの開設を競う小売業者は、続々と増えている。運営元の小売業者にとっては、在庫が不要で、物流の手間もかからない。マーケットプレイスで売り上げがあれば、単に手数料を徴収するだけでいい。

このような環境づくりを急ぐ理由はいくらでもある。アマゾンやウォルマート、京東、アリババといった企業は、伝統的な意味での「品揃え」を単に破壊してきただけである。たとえば、アリババのECサイトでは何百万もの業者がひしめき合っている。アマゾンでは、3億5000万点以上の商品を直接販売するか、外部業者に代わって販売している。そのような方法で、消費者が何かほしければ、とりあえず頼る場になっているのだ。だから、怪物企業以外の大手小売業者は客離れを一番恐れている。

そこで競争が激化していると察知した全国規模の大型チェーンは、サードパーティ向けマーケットプレイス戦略を打ち出し、頂点の怪物企業に対する弱点をカバーしようとするのだ。このモデルなら、在庫に資本を振り向けたり、仕入れ交渉に疲弊したりすることなく、品揃えを拡充できる。

小売り関連のニュース専門サイト『リテールウィーク』の最近の報道によれば、外部事業者が出店するサードパーティ向けマーケットプレイスを「運営中」あるいは「開設を検討中」と回答した小売業者は44％に上った。[55]

前出のミラクルの共同創業者・CEOのエイドリアン・ヌッセンバウムは、サードパーティ向けマーケットプレイスの運営のほうが自社単独のECサイトに勝るメリットがいくつかあると見ている。第1に、ほとんどの小売業者は、商品を消費者の手元に手際よく届けて十分に利益を確保できるほどの体制が整っていない。収益性の面から言えば、ネットで購入して店舗で受け取るクリック＆コレクト方式は優れているが、宅配方式の利便性にはかなわない。

それゆえ、小売業者は、依然として消費者の期待に応える品揃えと配送体制を整えておかねばならない。品揃えと配送体制という2つの柱は、小売業者がマーケットプレイスを構築するうえで欠かせない。ヌッセンバウムによれば、品揃えに対する高いニーズに応えなければならないが、品揃えが良ければ、小売業者単独のＥＣサイト売上高よりも純利益率は大幅に高くなる。

『フォーブス』誌２０２０年4月号に、ヌッセンバウムを取り上げた記事がある。それによると、サードパーティ向けマーケットプレイス運営がもたらす利益が、自ら実店舗で稼ぎ出す利益さえも上回る可能性があるという。ヌッセンバウムは、「(実店舗の) 平均の粗利が45%前後で、営業利益は2〜4%」と説明する。ほとんどのＥＣサイトは、実店舗より利益率が10〜15%も下回っているという。

だが、サードパーティ向けマーケットプレイスの場合、「通常、テイクレート (取引額のうち、運営業者の取り分の割合) は12〜20%を確保でき、運営業者の売上高利益率は6〜8%になる」(ヌッセンバウム)。つまり、サードパーティ向けマーケットプレイスは、実店舗の2〜3倍の収益力を持っていることになる。[56]

このようにマーケットプレイス運営業者は、委託手数料が転がり込むだけでなく、広告収入、取引手数料、サブスクリプション料金を確保する道も開ける。だが、サードパーティ向けマーケットプレイスにはリスクもある。この手のサイトを利用したことのあるユーザーならすぐに思い当たるはずだ。ひどい目に遭うことが多いのだ。サービスの質は出店業者によってムラがあり、配送のスピードも、アマゾンなどの水準と比べると見劣りする。要は、マーケットプレイスは、厳格に管理しなければ、運営元の評判はガタ落ちになり、金銭的メリットなど吹き飛ぶほどのダメージになる。

全国展開をしているような大手小売業者なら、そのリスクを覚悟で取り組む必要がある。ほかに生き残りの道はないからだ。アマゾンが実店舗などの業態のネットワーク強化を図り、ウォルマートがオンライン販売と物流体制の拡充に乗り出す狭間で、クローガーやターゲットといったアメリカの大手小売りチェーンには選択の余地はない。手をこまねいていれば、ただただ怪物の餌食になるだけだ。

究極の選択「怪物たちに追随するか、自主独立路線を進むか」

結局、どういうことになるのか。社会が工業化時代からルビコン川を渡ってしまった以上、小売業界もまったく新しい時代のビジネスに突入したのである。それは、一握りの怪物企業が支配する時代である。つまりは国境なき巨大ECサイトが消費者の日々の暮らしや活動のかなりの部分を支配するのである。こういった怪物企業は、膨大な数の商品を提供するだけにとどまらず、従来では考えられなかった製品・サービスの領域にも次第に手を広げていく。飽くことを知らぬ拡大欲を満たそうと、銀行や保険、ヘルスケア、教育、輸送など無防備な業界に攻め込むはずだ。顧客へのサービスが十分に行き届いていないうえに、とてつもないマージンが期待できる分野である。これまでに築いた巨大な顧客基盤を生かし、それぞれの分野の顧客対応をデジタル化し、時代に合わせて進化させ、徹底的に見直すはずだ。

一方、迎え撃つ側のターゲットやコストコ、カルフール、テスコといった大手ブランドは、攻め来る怪物企業との絶え間ない戦いに突入する。こういった小売業者は、余力のあるうちに、利便性や地域密着をキーワードに差別化を図り、サードパーティマーケットプレイスの導入・拡大を通じ、自社のエコシステムを強化して怪物企業のミニバージョンをめざすはずだ。一部の小売業者は自力で成長を遂げ、頂点に駆け上って怪物の仲間入りを果たす可能性がある。それ以外は消えゆく運命にある。いずれにせよ、パンデミックの余波のなかで、市場競争は近代の小売業界では例のない熾烈な戦いになるだろう。

頂点に立つ一握りの怪物企業と、それに追随した新進の怪物ジュニアが支配する市場では、他のブランドや小売業者が取りうる道は1つだ。いくつかある巨大エコシステムのうちの1つでも複数でも全部でもいいから内部に飛び込むか、それとも独立独歩を貫き、怪物の陰で繁栄とはいかないまでもひっそりと生き残るかのいずれかである。どちらの道にも大きなリスクとメリットがある。

アマゾンやウォルマート、京東、アリババといった怪物に追従した場合の最大のメリットは、言うまでもなく範囲とボリュームとインフラである。アマゾンの市場シェアは驚異的だし、ウォルマートの店舗網が持つカバー範囲は羨望の的である。アリババが誇る技術力とデータハイウェイは、ほとんどの企業に真似のできない水準に達しているし、京東の物流・配送力は、テンセントとの戦略的なパートナーシップも手伝って、実に魅力的な環境ができている。

ただし、こうした怪物と寝るなら、かなりの後ろめたさを抱え込むリスクを覚悟しなければならない。まず何よりもオンラインでの存在感という意味では、我が物顔で振る舞うことはできなくなる。前出のECサイトの開設支援を手がけるショッピファイのCOO（現・社長）ハーレー・フィンケルスタインは「他人のプラットフォームに間借りするようなもの」だと指摘する。

こうした巨大エコシステムのなかには、もう少し多くのデータをくれたり、ある程度の自主性を認めてくれたりするところもあるが、結局は他人の家なのだ。ただのテナントに過ぎないのだから、その家のルールに従わなければならない。ついでに言えば、ルールはいつなんどき変更されるかわからない。

第2に、販売データが、こちらの意に反して、あるいは知らぬ間に利用されることがある。独自商品が模倣されはしないか。顧客との関係を悪用されないか。そもそも、自分の店で購入してくれる客といっても、いったい誰の客になるのか。どの懸念ももっともなことだ。

もっと言えば、出店者は、巨大エコシステムを構成する駒に過ぎず、腐敗に巻き込まれやすい。たとえば、２０２０年９月、ワシントン州で６人の被告が起訴された。アマゾンの従業員に10万ドルの賄賂を渡す見返りに、１億ドル相当の取引上の便宜を図ってもらった疑いだ。起訴状によれば、アマゾン従業員は賄賂をもらって、次の行為に及んだという。

アマゾンマーケットプレイスでの販売がアマゾンによって停止または完全に阻止されていた商品および販売業者のアカウントを復活させる手助けをし、（中略）顧客の安全に関わる苦情があったために販売停止となっていた健康補助食品、発火の恐れありとされた家電製品、知的財産権侵害の消費財、その他製品を不正に復活させた。[57]

さらに、賄賂を受け取ったアマゾンの内部関係者は、被告のライバルに当たる販売業者のアカウントを停止した疑いもある。この件についてアマゾンは、あくまで単発的な事件であって、社内にはそのような不正行為を検出するシステムがあると付け加えている。真実はアマゾンの主張どおりなのか定かでないが、この一件で他人のチャネルに依存すること自体のリスクが浮き彫りになった。

さて、残る選択肢は、自力で強力なブランド力を育む道だ。独自のブランド環境を構築して顧客を取り込み、危険な怪物企業から安全な距離を確保するのだ。これは、言うは易く行うは難《かた》しだ。

私の友人で、『The Experience Economy』（邦題『経験経済―エクスペリエンス・エコノミー』）の著者でもあるジョセフ・パインは、次のように指摘する。消費者が求めているのは、「徹底的な時間の節約」か「有意義に過ごす時間」のどちらかである。[58] 消費者のニーズを見事に言い当てているではないか。せっかくなので、この発想に乗じて、「徹底的なカネの節約」か「有意義に使うカネ」という構図も追加したい。

時間やカネの「節約」の面では、怪物企業や怪物ジュニア（ミニマーケットプレイス）が優っていることはまず間違いない。いずれも過去20年間、圧倒的な品揃え、徹底した利便性、（かけ声だけかもしれないが）毎日最低価格を売りに価値・魅力を訴求してきた。このような怪物企業が得意とする「節約」という土俵で戦おうとしても、まず勝ち目はない。

とすると、勝ち目がありそうな土俵は、消費者に有意義な時間と支出を味わってもらうことだ。顧客1人ひとりに時間もカネも有意義に使ってもらえれば、自主独立路線で永続できる価値あるブランドの座を獲得できる。

問題は、そこにたどり着く方法だ。

第5章

新しい時代を生き残るリテールタイプ

THE ARCHETYPES OF THE NEW ERA

何があろうと再起せねばならぬ。
大きな自信喪失のなかで投げ捨てた鉛筆を拾い上げ、
自分の絵を描き続けるのだ。

――――

フィンセント・ファン・ゴッホ

食物連鎖の頂点に立つ怪物たちと戦ううえで、最も重要な一歩は、これまで背を向けてきた冷酷な現実を積極的に受け入れることだ。そもそも競争自体をゴールにすべきではない。

怪物企業はもちろん、それに触発されて生まれた無数のミニマーケットプレイスも、潤沢な資金と膨大なスタッフに恵まれている。アマゾンは、たった1つの技術上の問題に対処する際も、何かを開発する際も、5000人のエンジニアを投入する余裕がある。アリババがさらっと一筆書いて新しい市場で企業提携を結ぶだけで、数十億ドルの売り上げが転がり込んでくる。ウォルマートの2019年の販管費は1071億ドルで、[1] 実にコストコのパンデミック前の年間売上高を上回っているのだ。怪物の周りに次々に誕生するミニマーケットプレイス(怪物ジュニア)でも、取り扱い商品は数千万点に上る。こんな企業が相手では、とても勝負にならない。

こうした怪物クラスや怪物ジュニアクラスが相手なら、専門知識も技術も予算も勝ち目はないが、その長く伸びた影に隠れて発展を遂げることは可能である。だが、そのためには、今手がけているビジネスそのものを何から何まで抜本的に見直す必要がある。

アマゾンが潤沢な資金にいつでも手が届くというのなら、こちらはそれを上回るほどの潤沢な独創性を用意しようではないか。アリババが想像を絶するほどのテクノロジー予算を抱えているというのなら、こちらは独自のエレガントなデザインを前面に押し出そうではないか。ウォルマートが膨大な構造化データや非構造化データを解析しているというのなら、こちらは自ら現場で顧客と直接ふれあい、顧客をとことん深く知り尽くし、本当の意味での「顧客通」になってやろうではないか。京東がサプライチェーンを駆使してずば抜けた力を発揮しているというのなら、こちらは誰からも愛される魅力的なバリューチェーンを構築し、ビジネスの中心に常に顧客を置いて勝利をつかむしかない。

理屈ではなく、感性で選ばれるブランドをめざせ

頂点にいる怪物企業のビジネスは、顧客からの「依存」をベースに成功をめざしている。つまり、顧客が基本的なニーズの大部分を頼ってくれるような生活システムを築くということだ。実際、すでにそれは現実のものとなっている。

要するに、地球上の残る99％の小売業者にとって、唯一救いの道があるとすれば、顧客からの深い「忠誠」を獲得することに他ならない。顧客から「理屈で選ばれる定番」が怪物企業だとすれば、こちらは「感性で選ばれる定番」になるべきだ。あちらが小売りのサイエンス（理論）に長けているなら、こちらは小売りのアート（わざ）を突き詰めようではないか。

何よりも大切なことは、カテゴリーの垣根を越えた市場の広大な中心部が怪物企業に奪われ

てしまった以上、あらゆるブランドは、取扱商品に関係なく、市場のポジショニングを再考し、立て直しを図らなければならない。一点の曇りもない魅力ある価値を顧客に訴求できない企業は、ただ退場するのみである。

ただし、ここで言うポジショニングとは、従来の意味とは違う。従来型のポジショニングモデルの多くは、ブランド各社もすでに利用している。だが、どうだろう。パンデミック後の世界では、ごくわずかなグローバルブランドだけが世界の消費者の暮らしの中心に居座って、圧倒的な存在感を示すようになるわけだが、残念ながら、従来のポジショニングモデルのほとんどは、こうした極端な市場力学を説明できない。

ほとんどのモデルで想定されている市場では、競合する企業間の微妙な違いが長期にわたる優位性を生み出すという前提に立っているからだ。私に言わせれば、そのような時代は過去の話である。今こそ、新しい枠組みが求められる。ただ、一部のブランドにとっては気が重くなるような内容かもしれない。というのも、この新たな枠組みは、生存能力を判定する試金石として、まったく容赦のない厳格なものになるからだ。

「なぜ自社が必要とされるのか」を徹底的に考えよ

ここで問いたいのだが、あなたの会社の目的は何か。目的と言っても、会社の経営理念とかビジョンとか価値観などとは違う。そもそも会社が存在する理由である。平たく言えば、「なぜ、あなたのブランドが必要とされるのか」だ。顧客の暮らしにどのような明確な価値を与えるのか。どのような目的に応えるブランドなのか。あなたのブランドに何らかの目的と価値があったとしよう。だが、はたして消費者の暮らしのなかで「感性で選ばれる定番」となるのにふさわしい目的と言えるかどうかは、別の問題だ。さて、答えはどこにあるのか。一番いいのは、次の問いかけに、ブランドとしてどう応えられるのかを考えることだ。

あなたのブランドが答えだとしたら、元の問いかけは何か

ブランドとは、本質的には顧客が何かを手っ取り早く表現する手段である。膨大な数の選択肢があふれる海で迷わないように誘導する手段であり、顧客が選択範囲を絞り込めるように支援するものだ。その際、顧客から頻繁に寄せられるような問いかけには、スパッと明確な答え

を出せることが望ましい。

50年前、中流意識を持ち、品揃えと価値を求めていた人々に対して、1つの答えとなったのが、シアーズ百貨店だった。では、シアーズというブランドは、顧客のどのような問いかけに答えを出そうとしているのか。そして、その顧客とは誰か。消費者がタブレットを放り出し、アマゾンに目もくれず、シアーズの店舗やウェブサイトに直行する。そんな状況を作り出すには、どのような力が必要なのか。

シアーズは、あくまでも例に過ぎない。大多数のブランドに当てはまる話である。ほとんどのブランドが売っている商品は、他でも買えるようなものばかりで、ひどいときには店の対応も横並び、魅力的な個性の1つも感じられない。シアーズに限らず、小売業者の大多数は、顧客の問いかけにまったく答えを出せていないのだ。となれば、ブランドは埋もれ、消費者の視界から消えていく。

顧客が迷うことなく「それなら、あのブランド（または店）だよ」と明快にあなたのブランド名を挙げてくれるのは、いったい顧客のどのような問いかけなのか。パンデミック後の時代に生き残りをかけるブランドにとって最初の難関は、何を問えば、そのように答えてくれるのか見極めることなのだ。この問いかけが見えてこなければ、あなたのブランドが存在する根拠もないことになる。

これはあらゆる質問のなかでも基本中の基本。これが明らかにならない限り、顧客のセグメント化やら市場分析やらをいくらがんばったところで何の役にも立たない。パンデミック後の世界で、「手ごろな価格で素早く何でも手に入るのはどこ？」という消費者の問いかけに対する答えは、アマゾンやアリババ、京東、ウォルマートだ。しかも、今後はただの答えではなく大正解になっていく。そうなると、曖昧でつかみどころのない価値しか提示できないブランドには、ほとんど居場所がなくなる。

改めてみなさんに問いたい。あなたのブランドが答えだと言うなら、顧客のどのような問いかけに対する答えなのか。

パンデミック後も消費者が抱いている10の問いかけとは

パンデミック後も、時代を超えて消費者が抱いている問いかけが少なくとも10種類ある。消費者は、この問いかけに対する答えを求めている。しかも、頂点に君臨する怪物企業やミニマーケットプレイスでは答えにならない問いかけがあるのだ。あなたのブランドが、こうした問いかけに対して明快な答えとなれば、特定のカテゴリーでしっかり差別化ができるだけでなく、それなりに抜け目のなさもあれば、規模に似つかわしくないほど大きな売り上げと利幅を確保する収益力も発揮するはずだ。

こうした問いかけについて、あれこれ理屈を並べ立てるよりも、具体的に私が考える10種類のリテールタイプを提示しよう［図10］。消費者が抱く問いかけへの答えとなる小売業者像・ブランド像を一種の人格に見立てて表現したものである。「小売業者」と「ブランド」は入れ替えて読んでいただいて差し支えない。各リテールタイプは、市場でのポジションをわかりやすく表現しているだけでなく、消費者が抱きそうな問いかけに直接答えるものだ。各リテールタイプをめざすに当たって、運用面でどこに重点を置けばいいのか、めざすべき方向性の指針も併せて提示する。

リテールタイプに目を通しながら、あなたのブランドに最も近いのはどれか、チェックしていただきたい。複数あるならそれでも構わない。

〔図10〕
10のリテールタイプ

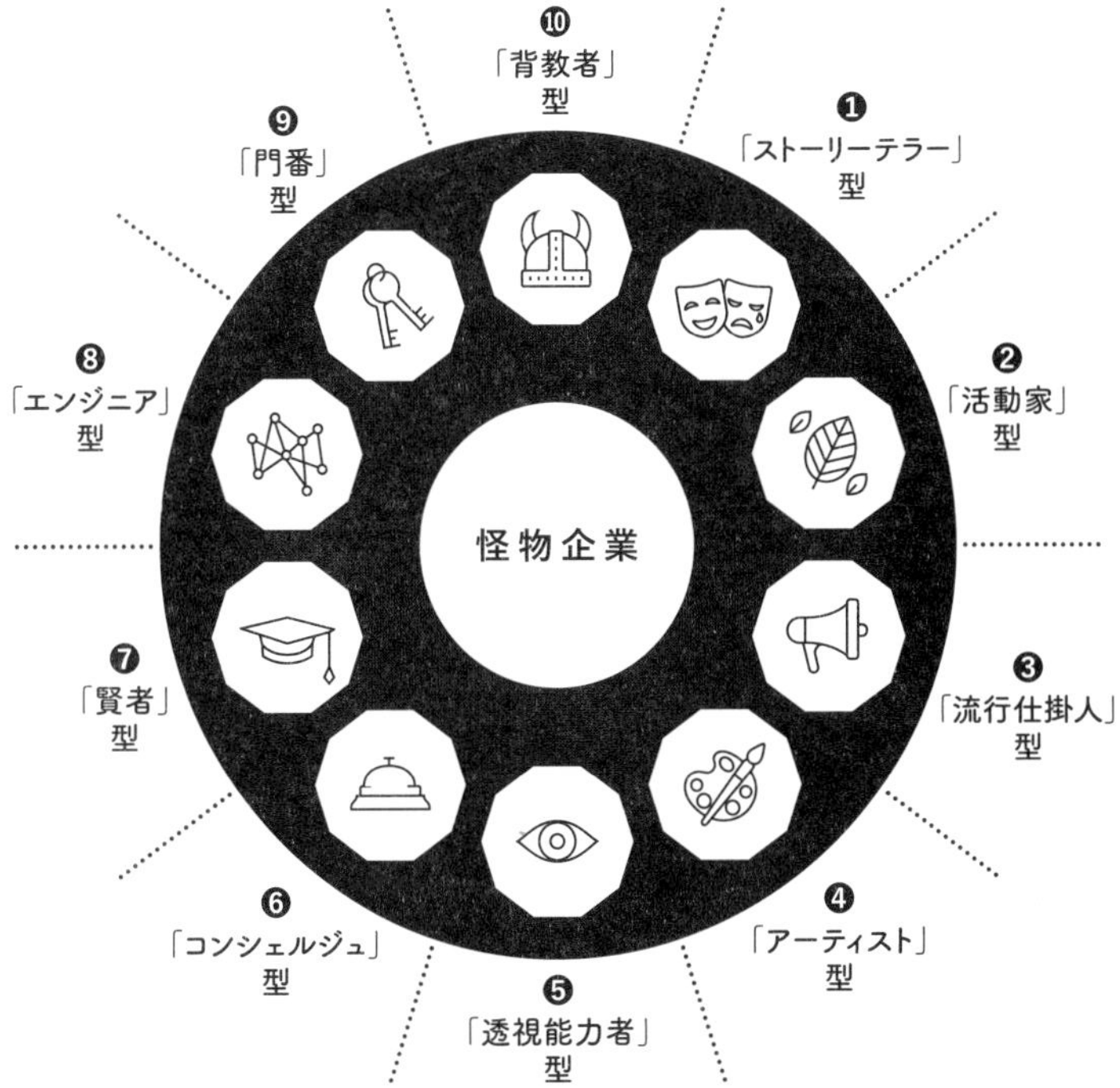

❶ 「ストーリーテラー」型

消費者の問いかけ「自分を奮い立たせてくれるブランドはどれ？」

映像はこんなシーンから始まる。大空を背景に荒地の真ん中に水平線まで続く一本道。聞こえてくるのは夏の虫の声、そして、リズミカルに走るかすかな足音。遠くの景色は路上から立ち上がる陽炎《かげろう》で、ゆらゆらと揺れている。すると、水平線の向こうからゆっくりと、しかし、しっかりとした足取りでこちらに向かって走ってくる人の姿が見えてくる。そこにナレーションが入る。

「偉大であること。それは、私たちが築き上げたもの。いつしか、その偉大さは天賦の才能ではないかと思われている。選ばれし者だけに与えられるもの。天才に、スーパースターに。それ以外の者はただ傍観するのみ。でも、もうそんな考えは捨て去ろう」

ここでようやく映像の全体像がはっきりしてくる。走ってきたのは、少年だ。どう見ても太り過ぎの体型だが、頑なに目標に向かって進み続ける。そう、彼の目標は前に進むことだ。再びナレーションが入る。

「偉大さは、不世出のDNAだけに許されたものではない。貴重なものでもない。偉大さとは、呼吸のようにごく自然なことだ。誰にでもできることなのだ。例外なく」

そして映像の最後にシンプルに「Nｉｋｅ（ナイキ）」と「Find Your Greatness（「誰でも偉大な瞬間がある」の意味）というメッセージが流れる（訳註：日本版CMでは、「Greatness（偉大さ）」を「トクベツな存在」としている）[2]。

最後のメッセージからもわかるように、ナイキの「Find Your Greatness」キャンペーンの第1弾のスポットCMである。少年の名前はネイサン・ソレル。オハイオ州ロンドン出身で、ロンドン五輪開催中の2012年7月27日生まれだ。

あなたに少しでも人間らしさが残っていれば、このCMを見て熱くこみ上げてくるものがあるはずだ。この少年のつらさに思いを馳せ、目標に挑む彼にどれほどの強さと決意が必要だったか、感じ取ることができる。勇気を奮い起こして挑戦しなければならない瞬間は、誰もが経験している。生半可ではない決断力と不屈の精神で勝利を収めた瞬間である。

ほとんどのブランドは、商品を動かすためにマーケティング活動に取り組んでいる。だが、私たちの心まで動かすストーリーを紡ぎ出せるブランドはまれだ。私たちはそのストーリーに触発され、奮い立つ。しかも、語りが持つ力強さを生かせるブランドである。

「ストーリーテラー」（物語の語り手）型の小売業者は、そのカテゴリーの申し子にして、カテゴリーの顔。もっと言えば、この業者自体がカテゴリーのような存在になっている。「ストーリーテラー」型は、理想やムーブメントや人々の夢と密接に結びついている。いずれも顧客と深いつながりがあり、チャネルを問わず、豊かで多様なコンテンツや体験を生む創造の源となる。

ナイキはまさにそういうブランドである。「Just Do It」はただのキャッチフレーズではない。人間の能力を描いたストーリーは、一貫性のある姿勢で語ることができるという思想なのだ。鬨《とき》の声である。

アメリカンフットボールのスター選手で、サンフランシスコ・フォーティナイナーズの元クォーターバック、コリン・キャパニック選手は、2016年に黒人に対する警察の暴力に抗議して、国歌斉唱中に膝をつき、起立を拒否したことで知られる。そのキャパニック選手をナイキが広告キャンペーンに起用したところ、新たな批判を浴び、物議を醸し、論争や討論に火をつけた。最終的にはナイキというブランドに対するファンの忠誠が一層高まることになった。

このようにナイキは、ブランドによる語りの好例とされている。

ナイキが語るストーリーを解剖してみると、ギリシャ神話のつくりを思わせる非常に古典的な筋立てを踏襲する傾向が浮かび上がる。第1に、常に主人公がいて、ゴールの達成や克服・征服に乗り出す。ところが、克服できそうにない障害が行く手を阻む。あきらめて敗北を受け入れるほうが簡単と思われても、主人公は前へ前へと突き進み、信じられないような勇気と力

上海にあるナイキの店舗。ストーリーを語り、顧客を獲得する場づくりに長けたブランドだ

を発揮して障害を乗り越えていく。

主人公がスター選手であるか、みなさんや私のような普通の人であるかは関係ない。ストーリーは、逆境の克服、強い精神力、嘘偽りのない人間の意志を描き出し、比喩としてあるいは文字どおりのゴールのテープを切る。それぞれのストーリーに込められた教えは、たとえば、すっかり伝説となった「Just Do It」や、最近の「Believe in something. Even if it means sacrificing everything（何かを信じるんだ。何もかもが犠牲になったとしても）」があるが、いずれも普遍的に共感できる考えだ。そのすべてが古典的なギリシャ神話に由来している。現代でも通用する。

ナイキは、一貫して深みのある感動的な筋立てを創り出し、顧客の心をがっちりつかんで放さない。同社では、ストーリーができあがると、これに命を吹き込む演じ手・役者を集めてくる。たとえば、人々のやる気をぐいぐいと引き出すマイケル・ジョーダンの名作CM「Failure」では、試合中に犯した自らのミスや欠点を次々に列挙し、これを克服したからこそ成功したという流れになっている。そして、オンライン、オフラインを問わず、顧客とのあらゆるタッチポイント（接点）で、このストーリーを語り、顧客が自分自身を主人公に重ね合わせるように演出している。

ポイントは、ブランドであり小売業者でもあるナイキが、シューズを売り込もうとしていない点だ。はるかに大きなことをしようとしている。人間の能力、忍耐力、偉業を売り込もうとしているのだ。これは極めて独自の発想だ。競合他社にしてみれば、ランニングシューズなら分解すれば秘密を探ることもできるが、これははるかに解析が難しい。

「ストーリーテラー」型のブランドの商品が持つ品質や性能は重要でないと言っているわけではない。どちらも間違いなく大切だ。「ストーリーテラー」型のブランドの場合、商品は1つの要素に過ぎない。最大の関心事ではないのである。一番大事なのは、このブランドが人々に語りかけるストーリーを常に刷新し、書き直し、作り変えることにより、顧客とのつながりを維持することにある。顧客に買ってもらうのは、ストーリーなのである。商品は、物質的な産物に過ぎない。

「ストーリーテラー」型のブランドにとって、実店舗は、魅力あふれるストーリーを語るための舞台やスタジオである。店舗は、オンラインかオフラインかを問わず、顧客をストーリーに引き込み、長期にわたって色褪せない関係を盛り上げていくことで、あらゆるチャネルや業態に展開できるようにする役割を果たすのだ。

❷ 「活動家」型

消費者の問いかけ「自分の価値観と一致するブランドはどれ？」

2011年のアメリカの小売市場は、グレートリセッション（2008年のリーマン・ショックに端を発した深刻な景気後退）のとばっちりで、依然としてぐらついていた。小売りの売上高は、着実に回復していたとはいえ、メルトダウン前の水準には戻っておらず、ほとんどの小売業者が、余波から抜けきれていなかった。小売業界にとって、クリスマス商戦への重要なスタート時期となる11月第4金曜日のブラックフライデーには、あらゆるカテゴリーの小売業者が、あの手この手で顧客の注意を引いて、少しでも自社製品を買ってもらおうと、メディアチャネルの垣根を越えて競い合っていた。

市場の喧騒と不安に包まれたブラックフライデー当日、ある企業が『ニューヨークタイムズ』紙に全面広告を打った。レイアウトは、中央に写真を配しただけの無駄を削ぎ落としたシンプルでわかりやすいものだった。写真にはジャケットが写っている。その上に太字で「このジャケットを買わないで」とある。それだけでも度肝を抜かれたのだが、広告の下のほうには2段組みの文章があり、このブランドが販売する商品の環境への影響が詳しく書かれ、消費者の購入欲を削ぐ内容となっていた。おまけに、自社で開設した同ブランドの中古品を販売するリセールマーケットプレイスの存在にも触れていて、商品を新規購入しなくても中古で買えると説得しているかのようなものだった。

今や小売業界の伝説にもなっているこの広告を打ったのは、アウトドアウェアブランドのパタゴニア。同社では、「共通テーマ」という意味を持つ「コモン・スレッド」プログラムに取り組んでいて、広告はその呼びかけとしての意味もあった。このプログラムは、人間の消費活動が引き起こす環境への影響について、社会を啓蒙する狙いがある。また、パタゴニアが、素材や生産の環境負荷を抑えるために高い基準を設定しているとはいえ、依然として同社製品が廃棄物を生み出し、CO_2を排出し、最終的に埋め立て処分になると訴えている。気候変動の影響を、本当の意味で逆転させるには、消費を減らすこと以外にないと広告は主張している。

購入自体を減らし、もっと補修や修繕をして、長く着続けようという呼びかけだ。とどめに、eベイにあるパタゴニアのオンラインショップを案内していた。こちらは、中古のパタゴニア製品の再販サイトなのだ。

明確な信念を掲げ、ありていに言うなら腹をくくって、こういう行動に踏み切ったことで、「活動家」や「行動派」としてのパタゴニアのポジションが揺るぎないものとなった。

1973年にロッククライミングのガイドだったイヴォン・シュイナードが創業したパタゴニアは、2018年に約10億ドルを売り上げるグローバル企業に成長し、行動にしても対応にしても、社会的責任を常に貫いてきたことが評価され、グローバルなアウトドアウェアブランドの頂点に立っている。

1985年以来、同社は（儲かっているかどうかにかかわらず）年間売上高の1％を環境団体に直接寄付している。この取り組みを通じた寄付額は、

パタゴニアが仕掛けた伝説の広告。環境保護を訴えるブランドとしての筋を通している

現在までに2億5000万ドル以上に達している。

2017年には、北アメリカに暮らすホピ族、ナバホ族、ユト族（ユテ族）、ユト山ユト族、ズニ・プエブロ族といった先住民と連携して、トランプ政権を訴える行動に出た。ナショナル・モニュメント（国定記念物）指定保護地域として有名な「ベアーズイヤーズ」と「グランドステアケースエスカランテ」の2カ所について、トランプ政権が大幅縮小を発表したからだ。石炭、石油、天然ガス、ウランの掘削業者の求めに応じるがままの決定であり、それ以外の根拠がないというのが訴訟の理由だ。[3]

2019年、パンデミック前にパタゴニアは、コロラド州ボールダーにパタゴニア製品の再販を柱とするポップアップストア「ウォーンウェア」を開店させた。

同年、ロンドン中心部に「アクションワークスカフェ」をオープンした。これは、顧客と地域の環境保護活動団体をつなぐオンラインコミュニティ「アクションワークス」の延長線上にあり、気候変動問題に関する意識啓発を目的としたコミュニティのトレーニング拠点やイベントスペースと位置づけられている。

だが、バスケットボール界の名将として鳴らした故ジョン・ウッデン風に言うなら、自分の性格を正しく判断するには、誰からも見られていないときの自分の行動を見ればいい。そのため、パタゴニアは、世間の目にさらされている面だけでなく、見えない部分でも自ら掲げた主義を貫いている。同社は、2025年までにカーボンニュートラルを達成すべく取り組んでいる。同社サプライチェーンから排出されるCO_2の回収、抑制、除去のいずれかの方法で実質ゼロにすることを意味する。また、同じ期限で、衣料品製造にサステナブル原料かリサイクル原料だけを使う体制に移行するという。同社が取り組んでいる施策は多数あり、ここに挙げたのはそのごく一部に過ぎない。

特に素晴らしいと感じるのは、パタゴニアが活動家を従業員として採用してブランドの理念や自然愛を広めてもらうだけでなく、仮にこうした活動家従業員が平和的な抗議行動で逮捕されるようなことがあれば、保釈金を払って従業員（や行動をともにしたパートナー）の保釈に力を尽くすことだ。さらに、こうした従業員の弁護士費用や裁判中の賃金も保障するという。

パタゴニアのような「活動家」型の小売業者は、大義を大切にするだけでなく、商品、サプライチェーン、バリューチェーン、利益モデルにも大義を織り込んでいる。コミュニケーションや体験を軸とした消費者とのタッチポイントも、会社の大義をいわば北極星のように掲げ、そこからぶれないようにしている。だからこそ、そのカテゴリーのリーダーであるだけでなく、社会運動、環境運動のリーダーとしても、顧客に訴えかけているのだ。顧客も従業員も、この大義に対する道義的な連帯感に駆られて「活動家」型の小売業者を選ぶ。

パタゴニアが「活動家」型の小売業者と聞いても、驚きはない。だが、そのような企業の社会的責任がどれほどの収益性につながっているのかを知ったら、驚くはずだ。2018年、コンサルティング会社IOサステナビリティとバブソン大学は、企業の社会的責任（CSR）に関する200件以上の研究論文を考察した結果、CSRに総合的に取り組む企業は、そうでない企業に比べて、財務成績が大きく上回っていることを突き止めた。

優位性としては、売上高の伸びは市場平均より20％も上回り、従業員離職率は劇的に低く（パタゴニアはわずか4％）、株価上昇率は最大6％、さらにはブランド資産価値の配当率は時価総額の最大11％に達する。[4]

ただし、ひとくちにCSRと言っても、違いがある。CSRに対する姿勢は大きく分けて「外因性」と「内因性」の2つがある。外因性とは、営利目的かブランド認知獲得のためか、はたまた後ろ指を差されたくないからといった外部からの理由でCSRに手を出すことをいう。一方、内因性とは、大義や使命にひたむきに取り組む姿勢が、その企業の存在の核になっていて、好ましい変化につなげたいという純粋な欲求から生まれたものであり、事業の隅々に組み込まれていることをいう。パタゴニアや同類の企業は、後者を体現している。

正統派の「活動家」型のブランドには、動物虐待反対の立場を鮮明に掲げるザ・ボディショップ（自然派化粧品ブランド）、人種間の不公平に対して勇気ある立場を示すベン＆ジェリーズ（アイスクリームブランド）、銃暴力や気候変動などの問題について定見を示すリーバイス（ジーンズ）

などがある。実際、パンデミック前に非常に好調な業績を上げていたリーバイスでは、経営が好調である主な要因として、積極的な行動主義に重点を置いてきた取り組みを挙げている。

❸ 「流行仕掛人」型

消費者の問いかけ「新しくてクールなものは、どこにいけば手に入る？」

「未来の百貨店」を謳い、斬新な小売りのコンセプトを引っ提げて市場へ参入したネイバーフッドグッズの1号店は、テキサス州で産声を上げた。そのテキサス州は、老舗百貨店ＪＣペニーの本社所在地というのも皮肉な話だ。

ＪＣペニーは、アメリカ最大級の百貨店チェーンとして、最盛期には２０００店を超える国内店舗数を誇っていた。多彩な商品を取り扱い、中産階級の消費者の暮らしのなかで揺るぎない地位を築いていた。こうした消費者は、テイストやファッションセンスの指南役として百貨店を頼った。ところが、今日のように、およそ思いつく限りのものが自由自在に手に入る時代になると、そのような優位性はもはや通用しない。２０２０年5月15日にＪＣペニーの経営が行き詰まり、破綻に追い込まれたことが何よりの証拠である。

　それでもネイバーフッドグッズの創業者マット・アレキサンダーは、2017年に、まさにJCペニーのお膝元のテキサス中心部で、かつてJCペニーなどが確立したチャネルを新たに定義し直そうと乗り出したのである。

　私が初めてアレキサンダーと言葉を交わしたのは2018年のこと。テキサス州のダラス市街地から車で25分ほどのところにある都市プレイノで、1号店のオープンを間近に控えていたころだ。今風のあご髭を生やし、普段着を着こなすアレキサンダーは、小売りの役員室よりも、レコーディングスタジオのほうが似合いそうな風貌だ。だが、いざ話してみると、次々に会社を起こしてきたイギリス生まれの若き起業家が、ビジネスの申し子であることはすぐにわかる。

　実店舗型の小売りの終焉やら、アマゾンやアリババなどの支配やらのニュースが毎日のように伝えられるなか、若き起業家が、あえて実店舗で勝負する大きな賭けに出ようと思ったきっかけに、私は興味を惹かれた。


　デジタルネイティブを顧客に持つブランドが、実店舗中心の小売りの世界に飛び込むには何が必要か、参入のハードルを下げるにはどうすればいいのか、どうすればまった

く新しいタイプの小売り体験を構築できるのか。そんな話をしているうちに集まった会社なんです。その中心テーマは、表向きは新しい百貨店を創り出すことでしたが、商品棚や季節商品という代わり映えのしない風景ではなく、さまざまなブランドやブランドアクティベーション（メディアプラットフォームとチャネルの融合など、広告以外の方法でブランドの認知度を高めて顧客に訴求する手法）を柱に、絶えず変化する場を創り出すことでした。しかも、Ｄ２Ｃ（製造者による自社ＥＣサイト経由での消費者との直接取引）系の企業にとどまらず、あらゆる種類の企業を対象にしようと考えました。[5]

アレキサンダーは、実店舗のスペースに対する考え方が変化していることに気づいていた。ブランド各社、とりわけデジタルネイティブのブランドやＤ２Ｃ系のブランドは、実店舗を販売コストと考えず、むしろ効果的なマーケティング費用と捉え始めていた。アレキサンダーは「見方を変えて、実店舗というスペースの可能性について、新たな捉え方をする人が増えている」と指摘する。

アレキサンダーが説明するように、ネイバーフッドグッズはこの10年で新たに出現した多彩なコンセプトを見事にまとめ上げた空間になっていると感じられる。たとえば、ストアフロントのようなスタートアップ企業は、すでに２０１３年から新興ブランドとポップアップストア設置スペースのマッチングサービスに乗り出し、商業スペース賃貸業界に新風を吹き込んだ。

レイチェル・シェヒトマンが創業した「ストーリー」という企業は、ニューヨークシティで店舗をまるごとブランドの世界観に染め抜く体験型店舗を運営している。シェヒトマンは、小売りが「売り場面積当たり売上高」の時代から、「ブランドのためのメディアチャネル」の時代に軸足を移しつつあると早い時期に提唱した人物でもある。

他にも、小売りとは貴重な顧客データを収集できる場であり、消費者と商品のふれあいを収益化に結びつける場であるという考え方のスタートアップ企業が次々に現れている。そしてこうした考えを補完するのが、プラットフォームとしての実店舗なのだ。この実店舗を使って、ブランド各社は店舗運営に伴う心配ごとや費用を気にすることなく、各社ならではのストーリーを語ることができるのである。ネイバーフッドグッズは、まさにそれぞれのコンセプトを見事に融合している。

ネイバーフッドグッズは、1300平方メートルに満たない店舗面積ながら、一歩足を踏み入れると、常にカテゴリーの垣根を越えて40ほどのブランドのアクティベーションやインスタレーションが目に飛び込んでくる。また、日中は軽食やコーヒー、夜はカクテルを出すレストランもある。レストランの食器類から厨房の調理道具に至るまで、スペース内にあるものならすべて購入可能だ。

ニューヨークシティにあるネイバーフッドグッズの店舗。新興ブランドやD2C系ブランドの魅力を消費者に訴求

しかも、アレキサンダーによると、ネイバーフッドグッズは、交流の場としての店舗利用も想定していて、人々がのんびりくつろげる空間にもなっている。これは、店舗のデザインセンスだけでなく、従業員とも深い関係がある。

「全スタッフを自前で揃えていて、美的感覚に関して徹底したガイドラインと制約事項を定めています。ですから、スタッフ間の一貫性やまとまりが感じられます。スタッフはおもてなしに関しても、高度なトレーニングと指導を受けていて、担当するブランドの知識や話題が豊富です」

収益モデルについて、アレキサンダーは、ブランドパートナーごとにある程度柔軟に対応していると説明する。その1つが、ブランドが月額固定料金を支払う方式だ。スタッフ、データ利用、その他売り場づくりに必要な費用は、この料金にすべて含まれる。技術面や取引はすべてネイバーフッドグッズが担当する。ブランド側は、30日以上、12カ月までの範囲でスペースを確保する。

これとは別に、試験的にネイバーフッドグッズにブランド紹介を任せる方式もあり、こちらは新興ブランドに人気があるという。体験空間づくりの支援内容は標準方式と同じだが、月額料金が抑えられていて、これに販売歩合が加わる。この歩合について、「普通の百貨店に短期で出店する場合は卸売価格で出すので、それ以上の儲けは百貨店の取り分になりますが、それに比べたら、当社の取り分ははるかに小さい額。それでもうちとしては意味のある収益源」（アレキサンダー）だという。[6] さらに、同社はECサイトやレストランでの飲食による収入もある。「非常に信頼できるモデルであることがわかりました。従来のように小売り事業用不動産という視点で見たら、絶好の投資回収期間であり、売り場面積当たり売上高といった重要指標もいい成績が期待できるとあって、収益性の高いモデルです」

アレキサンダーと最初に出会ってからほぼ2年後、ニューヨークシティで知らない者はいないシェルシーマーケット内に、2号店がオープンした。ところが1カ月ほどでニューヨークはロックダウンに突入した。２０２０年6月にようやくアレキサンダーと連絡がついた。感染拡大で多くの小売業者のように壊滅的な影響を受けているのではないかと心配していたが、オンラインの売上高が予想を上回る状況だという。不安に揺れているはずの小売業界で、このような楽観論は異例中の異例だ。

ネイバーフッドグッズのビジネスモデルは、経済的なメリットにとどまらず、本質的に「流行仕掛人」型の小売業者と言える。この「流行仕掛人」型の小売業者は、新興ブランド、異色ブランド、新進ブランドの世界の目利き役として、厳選した成果を提示することで、顧客が何かに出会える場を創り出す。

ベンチャーキャピタルのアンドリーセン・ホロウィッツのパートナー、ベネディクト・エバンスは次のように説明する。

「インターネットのおかげで、ニューヨークにあるものを何でも買えるようになった。けれど、ニューヨークで買い物をするような体験は、ネットには望めない」[7]

優れた目利き力と見事な売り場づくりの品揃えのなかで何かに出会える喜びは、目の肥えた消費者にとって大きな魅力だ。

「流行仕掛人」型のビジネスモデルは、ウィリアムズ・ソノマなど従来の卸売りモデルや小売りモデルもあれば、ネイバーフッドグッズのように、もっと小資本のＲａａＳ（小売りのノウハウやデータをＩＴと連携させて業者向けに提供するサービス）モデルや小売りをメディア化したモデルまで、その形態も多種多様だ。

平たく言えば、「流行仕掛人」型の仕事は、膨大な選択肢を徹底的に厳選し、顧客が信頼を寄せる視点を提示することにある。

❹

「アーティスト」型

消費者の問いかけ「一番充実した体験が味わえるのはどこ？」

「玩具だって、そんなにたくさん売っているわけではないんですよ」

そう言うのは、ニューヨークシティきっての異色の玩具店「キャンプ」の創業者であるベン・カウフマンだ。[8] 実際、カウフマンによれば、同社の売上高のうち、玩具販売分は4分の1程度に過ぎない。カウフマン自身は、玩具店のレッテルを貼られるのが好きではないようだが、明らかに「キャンプ」は玩具店と言わざるを得ない。それも本来ならトイザらスあたりがこういう役割を担うべきだったし、担えたはずだったのだが、カウフマンがあっという間に具現化してみせた。

彼に言わせれば、「トイザらスは、『どこに行けば玩具が買えるの？』という問いかけには答えを出していきます。一方、キャンプが答えてみせた問いかけは、『今日は何をしようかな』なんです。そういう問いかけになると、答えはいくらでも考えられるはずです」とカウフマン。

２０１８年の夏のことだった。カウフマン（バズフィードの元マーケティング責任者）は妻と1歳半の息子とともに、ニューヨークシティに暮らしていた。そのほんの2カ月前にトイザらスが、経営破綻に追い込まれたことが追い風となって、カウフマンの思いに火がついた。「街に玩具が買える場所がなくなっちゃったんですよ」。しかも、親子連れで何度行っても楽しめるような場所もないことに気づいた。

「子連れファミリーが家族単位で定期的に通いたくなるような、わくわくする体験はどうすれば生み出せるのか」と考えを巡らせているうちに「キャンプ」をひらめいたという。「子供だけでなく、あくまでも家族一緒に楽しめる体験の場という視点で考えたんです」。スターバックスの遊び版とでも言えよう。

そこで、カウフマンはニューヨークの5番街に「キャンプ」をオープンすべく動き出したのである。

店に一歩足を踏み入れると、カウフマンが断言するように、巷で言われる玩具店とは明らかに違う雰囲気に包まれている。確かに従来の意味での物販に割かれている面積は、店舗全体の2割程度に過ぎない。残る8割は、同社に言わせると、子供と家族が体験できるブラックボッ

「キャンプ」ニューヨーク5番街店の店内の様子。玩具スペース112平方メートルに対して、800平方メートル弱のシアタースペースで親子連れを虜にする

クス的シアターだ。

「『マジックドア』という空間があるのですが、ここは定期的に変わるテーマに沿った体験ができる場で、テーマは約3カ月ごとに変わり、多くの場合、何らかのブランドがスポンサーになってくれます」

同店では、玩具に加え、衣料、ギフト、食品の他、両親や祖父母をターゲットにした商品も並ぶ。「子供たちが持ち歩けるような玩具は、私たちが重点を置いているもののごく一部に過ぎないんです」とカウフマンは言う。

「キャンプ」の収入源は、物販の他に2つの柱がある。まず店内で開催するイベントのチケット販売収入、そして前述のとおり、かなり手の込んだテーマ型体験空間もあり、こちらは特定ブランドがスポンサーになる。

「キャンプ」で特に興味をそそられるのは、この特定テーマに即した体験を実現するチームの面々だ。いずれもカウフマン自ら集めた顔ぶれである。「メンバーは舞台経験者ばかりなんですよ」とカウフマン。テーマに即した体験を演出する体験デザイナーは、ブロードウェイ経験者を採用しており、大ヒットミュージカル『ハミルトン』などの作品のセットづくりを担当したメンバーもいるという。なるほど、そういうクオリティだ。2020年1月に店を視察したときには、秘密の扉を開けて素敵な内部を拝見させてもらった。カウフマンの言葉を借りれば、「舞台」である。私のような子供心を失いかけた者でさえ、まだ帰りたくないと思えるほどの内容だった。

実は私自身、長年、舞台で仕事をした経験があるのだが、カウフマンの話を聞いて、舞台作品の制作陣とほとんど変わらない制作手順で取り組んでいることがわかった。

まずストーリーを書きます。いつも体験をデザインするときはそうです。店内には1つの動線があります。マジックドアを開けたところに舞台があります。食をテーマにしたクッキングキャンプの場合、いくつもの冷蔵庫の間を抜けると、農場にたどり着き、そこで畑から食品がどのように生まれてくるのかを追っていくんです。

ストーリーが書き上がってから、「キャンプ」のチームは動線上のポイントごとに配置できそうな商品などを考え始める。カウフマンによれば、どのストーリーでも、展開に合わせて子供たちがさまざまな商品で夢中になって遊ぶ時間も考慮されている。

カウフマン本人が意図したかどうかはわからないが、「キャンプ」は、結果的に「アーティスト」型のブランドを創り上げたことになる。

「アーティスト」型の小売業者は、他の小売業者が扱っている商品と似ているもの、あるいはまったく同じ商品を販売することも少なくない。だが、デザインや演出で卓越した独創性と手腕を発揮して、同じ商品であっても、多彩な体験の機会を生み出す。この体験が独自性や魅力、楽しさにあふれているため、消費者のなかで個性的な存在として認知されるのだ。オンラインでもオフラインでも、顧客が味わった体験にほぼ全面的に頼って差別化を図る小売業者なのである。

多くの場合、「キャンプ」をはじめとする「アーティスト」型の小売業者は、物販だけでなく、体験そのものも入場料やブランドのスポンサー料といったかたちで収益化につなげている。「アーティスト」型小売業者の考え方は、原点が商品販売ではなく体験づくりにあるため、根本的に異質である。いや、むしろ体験こそが商品なのだ。そして商品は、この体験の思い出となる一種の記念品なのだ。

カウフマンが言う。

最大の資産は、定期的に来店して私たちのメッセージに耳を傾けてくれるオーディエンスがいることなんです。（以前の職場の）バズフィード時代を振り返ると、（サイトを）定期的に訪れては、私たちが提供する記事を読んでくれるオーディエンスがいました。その意味でメディアビジネスなんですね。

物販が無意味と言っているのではない。重要であることは間違いないのだが、第1の仕事ではないのだ。カウフマンが説明する。

「もちろん、取引もあるし、とても大切です。でも、『私たちが何らかのブランドの後ろ盾になって活動する』ということと、『商品名はよく覚えてないけど、原価率は確か55％だ』という態度とでは、前者のほうが価値があるんです」

私が「キャンプ」の店舗を視察してから約1カ月後、ニューヨーク市はロックダウンに突入した。人とのふれあいを大事にする体験型ストアで、しかも開店まもない同店にとって悪夢のような展開だった。だが、カウフマンは、「キャンプ」の持ち味を即座にデジタル化して提示する方向に動き出した。

「メンバーから『バーチャル誕生会なんてどう？』というアイデアが出てきたんです。顧客のデータベースを見ると、誕生日の子供が毎日60〜70人いることがわかりました。そこでデジタル誕生会をオンラインで開催する場を提供することにしたんです。この3カ月間に数千人の子供たちの誕生日をお祝いしましたよ。その後、子供たちのデジタル誕生会を応援してくれるスポンサーを募ることにしました。オーディエンスを用意したら、ブランドのパートナーシップを獲得するという、まさに『キャンプ』流のやり方なんですよ」

その動きに関心を寄せたのが、ウォルマートだった。２０２０年7月には「キャンプ・バイ・ウォルマート」が始動する。

「今年はオンライン版のサマーキャンプが多く開催されましたが、どれも似たような内容でした。家族でできることをまとめたＰＤＦをダウンロードといった具合で。でも『キャンプ』というブランドを掲げる私たちには、そんなやり方ではおもしろみが感じられませんでした。そこでウォルマートと、インタラクティブな映像制作を手がけるエコーという会社の3社で手を組み、インタラクティブ動画を生かしたバーチャルサマーキャンプの開発に乗り出したんです。サマーキャンプを構成する1つひとつの活動には、ベースとなる商品があって、クリックひとつで購入できます」

ここでも、物販ではなく、まず体験づくりに注力することにより、「キャンプ」の持ち味を何らかのかたちで表現し、それをオンラインで伝えて収益化につなげている。

従来の小売業者も体験型の小売りに移行できると思うかと、カウフマンに疑問をぶつけてみた。彼は、しばらく考えた後、従来の小売業者の場合は基本的に成功のための施策が時代遅れのため、デザインに関する考え方を変革するのは難しいと指摘した。

過去に何度もこういうことはありました。小売業者が革新に向けた極秘プロジェクトチームをつくったり、未来型ストアやイノベーション研究所の設置に乗り出したりしていますが、こうした取り組みの成果を測定するのは、本業の測定に使ってきた指標なんです。そんなことをやっている限り、まともに評価できるわけがありません。従来の指標では魅力的なものとか素敵なものは定量化できないので、結果的にそういうものがいつまでたっても定着しないんです。

小売りの未来をどう見ているのかと尋ねたところ、悲惨であると同時に期待が持てるとして、次のように説明してくれた。

「既存企業がいくつも生き残っているとは思えません。例外は、世界のウォルマートとか必要不可欠なサービスを提供する店くらいでしょう。大量の空き店舗が生まれ、競合が少なくなれば、チャンスですね」

その流れで楽観的な方向に転換すると何が始まるのか。

「小売りのトップレベルでは、実用本位の場からエンターテインメント性を追求したもの、取引よりも発見に重きを置いた場に移行していきます。そうなるのが待ち遠しいですね」

消費者にとって商品を入手することはもはや最大の課題ではないというのが、カウフマンなど一握りの真の「アーティスト」型ブランドの現状認識なのである。見事に作り込まれ、印象的でわくわくするような体験を味わうことこそ、消費者が切に求めているものなのだ。そういう体験を用意してくれる独創性やスキルのある企業には、消費者が喜んで対価を払う。しかも、かなり気前よく払うようになる。

❺「透視能力者」型

消費者の問いかけ「自分のことを一番理解してくれているのは誰？」

「『スティッチフィックス』から送られてきた箱を開けてジーンズを取り出したとき、いかにも今風のアルゴリズムにしてやられたなぁと思える高揚感と不安感が入り交じっていた。（音楽配信の）スポティファイから自分の好みにぴったりのブルース曲がおすすめプレイリストに送り込まれていたような、そんな感覚である」[9]

ビジネス誌『ファストカンパニー』の記者、ローレン・スマイリーは、オンライン衣料販売「スティッチフィックス」からおすすめアイテムを詰め合わせた「フィックスボックス」が初めて届いたときの体験をこのように記している。

2011年にハーバードビジネススクール卒業生のカトリーナ・レイクが創業したスティッチフィックスは、世界トップクラスの収益性と知名度を誇るネット生まれの企業だ。実際、同社は、2014年に黒字に転換し、2019年の純利益は3690万ドルに達する。[10]

コンセプトはシンプルだ。客は最初にかなり細かいアンケートに答えなければならない。これを基に、スティッチフィックスは、客のサイズや好みのスタイルを特定する。スティッチフィックスでは、データサイエンス、機械学習、人間のスタイリスト3900人を総動員して、個々の客におすすめの衣料を詰め合わせたボックスを送る。このボックスを、同社では「フィックス」と呼んでいる。客は、気に入ったアイテムを受け取り、気に入らないアイテムは返却できる。同社はこの受け取りと返却の実績データを基に、次に発送するアイテムの予測精度を向上させる。「フィックス」ボックスのオーダーを重ねるたびに、自分好みのスタイルにますま

スティッチフィックスのような「透視能力者」型ブランドは、消費者ニーズを浮かび上がらせる努力を欠かさない

す近づいてくる。

現在、同社は、３００万人を超える常連客を抱え、取り扱いブランドは７００を超える。[11]

だが、スティッチフィックスの根底にあるのは、少なくとも従来の意味での小売業者ではない。データ会社なのである。スティッチフィックスでは、各アイテムの説明や製品特性・サイズから、顧客ごとのおすすめ内容に至るまで、データがすべてなのだ。同社内部のＯＴＢ（在庫量に応じた仕入れ量の調整）プロセスや再仕入れのタイミングでさえ、アルゴリズムで指示が飛ぶため、スティッチフィックスでは、業界平均をはるかに上回る在庫回転率を一貫して達成できている。レイクが言う。

「社風にデータサイエンスが織り込まれてい

るのではなく、データサイエンスこそが社風なんです。当社事業はそこから始まったのであって、普通の組織構造に後づけで加えたわけではありません。そして顧客と顧客ニーズを中心に据えて、当社のアルゴリズムを開発しました」[12]

すべてがアルゴリズムに基づいていて、毎日、このアルゴリズムに新たなデータが供給されればされるほど、時間とともに精度も上がっていくというわけだ。同社のアプリには、「スタイルシャッフル」というミニアンケート機能がある。毎日、衣料品数点の画像が表示され、これに簡単に良しあしの評価ができるものだ。このようにして顧客の声を常にすくい上げる仕組みを整えることで、顧客の嗜好を予測する膨大な知見が蓄積されていく。

データサイエンティスト1人を採用するかどうかでさえ、依然として多くの小売業者が考えあぐねているなか、スティッチフィックスは、80人のデータサイエンティストを確保していて、その多くは神経科学や数学、統計学、天体物理学などの分野の博士号を取得している。そもそも会社の構造上、事業の中核でデータ利用が大前提になっているスティッチフィックスは、「透視能力者」型の小売業の守護神と言える。

「透視能力者」型の小売業者は、テクノロジーや人間の直感を駆使して顧客のニーズや嗜好、欲求を予測する。顧客の購入履歴だけを材料に、あまり顕在化していないおすすめを一方的に提示するブランドと異なり、「透視能力者」型は、データ共有を前提に顧客との開かれた関係を築くから、顧客ニーズを正確に予知できる。顧客からの情報が多いほど、おすすめの精度も高くなる。すると、さらに顧客から情報が上がってくるようになるのだ。その結果、顧客にとっては価値が高まり、ブランドにとっては売り上げと顧客の忠誠度が高まるという好循環に入る。

❻ 「コンシェルジュ」型

消費者の問いかけ「最高水準のサービスはどこで受けられるの?」

伝説的な真のサービスは、高級ブランドか、少なくとも高価格帯寄りのブランドの領域に限られるという認識が小売業界にはある。並外れたサービス体験を実現するには、スタッフに対するそれなりの給与とトレーニングが不可欠であり、その原資となるのが、高級品販売ならではの大きな利幅だというのが、アナリストの一般的な説明である。しかも、卓越した顧客サービスの話題になると、決まってノードストロームやグッチ、リッツカールトンといったブランドが象徴のように語られているのも事実である。

きめ細かなサービスの代名詞となったノードストローム

優れた顧客サービスとは、本質的にふれあいを重視したきめ細かな応対というのも常識化している。これもまた真実である。たとえば、アップルストアは、来店客5人に対してスタッフ1人を配置する水準を維持していて、顧客のそばに常に誰かがいることで、親近感を覚える接客が可能になっている。

グッチも、販売員が倉庫に在庫を探しに行くために売り場を離れることのないよう、スタッフの役割分担を徹底している。在庫確認などの仕事は「ストアランナー」と呼ばれるスタッフに一任されている。倉庫から商品を探し出して販売員に渡すことだけに専念するスタッフだ。

このため、優れたサービスと言われて、まず頭に浮かぶのは、こうしたブランドなのだ。

今挙げた典型例のどちらにも当てはまらない優れた顧客サービスというのは、なかなか思いつかない。実は、あまり目につかない形態の顧客サービスというものもあって、これを売り物にして今日の揺るぎない地位を築いているのが、コストコである。

コストコで買い物をしたことがあれば、「ちょっと待ってくれ、コストコは倉庫型店舗で、顧客サービスらしいサービスなんてあるわけがない」と違和感を覚える方もいるかもしれない。まさにそこがポイントなのだ。コストコの顧客サービスがうまく機能しているため、その存在に顧客が気づきさえしないのである。手厚いサービスとは、人間的な温かみが感じられるか、大きな利幅を原資にした至れり尽くせりのものかのいずれかだという常識を頭から否定するのが、コストコである。

ノードストローム百貨店などの小売業者と異なり、コストコは商品販売であまり儲けていない。諸説あるのだが、ほとんどのアナリストがコストコの粗利益率は8〜12％の間のどこかと見ていて[13]、一般的な小売業者の30〜50％と比べて圧倒的に低い。同社の収益のほとんどを占めているのが、商品の売り上げと会員の更新料だ。世界全体で少なくとも9700万人の会員数を誇るだけに、後者のほうが重要なのである[14]。

これは、圧倒的な顧客サービスを求めるニーズに見事に応えるモデルである。なぜか。第1に、利益を出すためには、店舗内のあらゆる処理を最大限に効率化しなければならない。顧客の流れを妨げるものは一切排除し、常に最適化を図らなければならない。したがって、店内で顧客がフォークリフトやパレットトラックやら品出し・陳列中のスタッフやらの障害物を回避して歩くようなことがあってはならないのだ。実際、コストコでは皆無である。その日の品出し・陳列は開店前にすべて完了しているからだ。

商品の価格を店員に尋ねる必要もない。すべての商品に明確に価格が表示されていて、納得して購入判断を下すのに必要十分な情報が添えられているが、複雑な情報や混乱するような情報はない。実演や試食・試飲が必要な商品の場合、コストコでは、仕入れ先に店頭での実演、商品担当者派遣、試食・試飲を要請することも多い。

一貫性のある店内レイアウトとシステムを採用しているため、世界中のどのコストコ店舗に足を運んでも買いまわりが容易だ。私は旅先でも妻と一緒にコストコに買い物に出かけることがあるが、どの商品がどの辺りにあるのか簡単に予想がつくので、まごついたことがない。店舗の入り口で出迎えを受け、そこで有効な会員証を提示して入店する。たいていの場合、入って最初に家電・エレクトロニクス売り場があり、続いて新商品・目玉品などがある。生鮮食品は店の奥で、包装食品などは店舗の片側に並んでいる。医薬品はレジの近くで、衣料品は中央に集められている。コストコなら、目隠しされても店内を歩き回れるほどだ。

大量に買い込んでも、レジは何ら問題なくスムーズに処理されている。各レジは2人体制で整然と処理していて、時間をとられずに効率よく買い物を済ませることができる。会員証の更新時期が近づいていると、レジで声をかけられ、買い物と一緒に更新料も支払える。

だが、あっと驚くのはここからだ。コストコで購入して満足できなかった商品があれば、購入1年以内に限り、ここで返品して全額返金を受けることも可能なのだ。なんと購入1年以内である。そのときのレシートを忘れても焦ることはない。コストコではワンタッチで購入履歴をすべて呼び出せる。

コストコでは、面倒だとか、ややこしいとか、パッと見てわからないと感じるものが皆無なのである。不必要な売り場やディスプレイ、テクノロジーは店頭に置かない。タブレット片手に売り場の通路をうろうろしている無駄な従業員もいない。本当にいないのだ。コストコは、当たり前のことを熟練の技で実践しているだけなのである。滅多にないと思うが、どうしても従業員の助けが必要な場合、懇切丁寧に親身になって助けてくれる。それは、コストコの平均的な店舗従業員の賃金が、ウォルマートなどの競合店で働く従業員に比べてかなり高いこととも関係があるはずだ。

充実したブランド体験があることから、北アメリカ地区のコストコの顧客はその90%以上が毎年会員を更新している。また、ヨーロッパ地区では90%弱となっている。[15] これは驚異的な更新率である。

私がコストコについて語るとき、よくこんな説明をする。私は普段、いろいろな小売店を利用しているが、ポークチョップを買いに出かけただけなのに、なぜかポークチョップとカヤックを抱えて出てくるような店はここだけだ。コストコは、それと気づかないように巧みに顧客サービスを取り込むことで、ときおり理性を忘れたような買い物をするよう仕掛けてくるのだ。

このような理由で、私としては、ノードストローム百貨店も、コストコも「コンシェルジュ型」の小売業者と位置づけている。それぞれやり方はまるで違うが、行き着く先は同じだからだ。卓越したサービスである。単に身につけた手順どおりの対応ではなく、体系に沿った実践方法や卓越した体験のデザインが生み出すサービスなのである。

❼ 「賢者」型

消費者の問いかけ「一番いい助言がもらえるのはどこ?」

数年前、カリフォルニアに旅行する際、妻がデジタル一眼レフカメラをプレゼントしてくれた。実は、私にとって人生初の本格的なカメラだった。私は、新しい物を手に入れると、使い方を身につけようと半ば取り憑《つ》かれたようにのめり込む癖がある。案の定、そのときも、写真撮影の底なし沼にはまって、抜け出せなくなってしまった。写真好きならわかってくれると思うが、カメラの沼は、とんでもなく深くて、カネ食い虫なのだ。最初は記事やブログを読んだり、動画を見たりしていたが、地元の写真講座にも通うようになった。写真に関する知識を貪欲に吸収していった。

そうこうしているうちに、ネットで読む記事やディスカッションに、ある店の名前が頻繁に登場することに気づいた。「B&Hフォトビデオ」という店だ。1973年、ブライミー・シュライバーと夫のハーマンが、夫婦でニューヨークシティのウォーレン通り17番地に小さなカメラ店を開いた。現在は9番街に移転し、ビルの3フロアを使って40万台以上のカメラを販売している。[16]プロ写真家の御用達として称賛を集める同店は、ニューヨークシティ界隈の有名店であるだけでなく、オンラインショップを通じて世界中に顧客がいる。

店内に足を踏み入れると、すぐに気づくのが、頭上に設置されたベルトコンベアの作動音だ。映画『夢のチョコレート工場』（あるいは同じ原作に基づく『チャーリーとチョコレート工場』）に出てくる工場を彷彿とさせるつくりだが、こちらのコンベアでは、売り場裏の巨大な注文処理エリアから表のレジまで客の注文した商品が運ばれていく。普段の店内は、物珍しさに立ち寄った観光客からプロの写真家まで大勢の客で賑わっていて、私のように鼻息の荒い初心者らしき姿も多数見られる。

要するに、写真好きの楽園なのである。だが、B&Hで最も注目すべきは、おそらくこの店内の棚に並んでいるものではない。同店の取扱商品の大部分は、自宅にいながらにしてネットで注文できるのだが、唯一の例外がある。それはB&Hならではのノウハウだ。

注意していただきたいのは、私があえて「商品知識」という言葉を使っていない点だ。B&Hのウェブサイトに行けば、なぜノウハウという言葉を使ったのか一目瞭然である。多くの小売業者は従業員を漠然とした「集合体」のように捉えていて、まるでストック写真か何かのように、いつでも使えるように確保してあるだけのイメージだが、B&Hでは、エキスパート1人ひとりの顔写真と略歴を公開している。この略歴にさっと目を通せば、大変なことに気づく。従業員が揃いも揃って正真正銘のエキスパートなのである。

その辺の家電チェーンと異なり、B&Hは販売の仕事が好きな人材や写真を勉強したい人材は求めていない。お断りなのだ。実は、「販売店で働いてもいい」というプロ写真家を雇っているのである。一般的な家電店の従業員なら、何らかのコースを受講して商品知識を増やそうとする。B&Hの従業員には、プロとしての長年の経験で培ったノウハウ、情熱、思い入れがある。この違いが、根本的な競争優位を生み出している。前者は単に小売店である。後者は、私に言わせると、「賢者」型の小売店である。

単店舗で膨大な販売量を誇るB&Hの倉庫

「賢者」型は、単に商品知識が豊富なだけでなく、得意分野での真のノウハウがほしいときの駆け込み寺になっている。その差は決定的だ。知識は、経験がなくても獲得できる。ギリシャの島々を訪れたことがなくても、その知識は身につけられる。一方、ノウハウは、身をもって経験したことがなければ、磨きようがない。歴史を振り返れば、今ほど、この違いがものを言う時代はない。なぜか。ポストデジタル世界では、知識といえども、他の多くのものと同様に、差別化できないありふれたものになっているからだ。2017年の消費者調査によれば、商品を買うときに、「店頭の販売員よりも自分のほうが知識があると感じる」との回答は83％に上った。

ところが、ノウハウとなると話は別で、実

体験なしには身につけられない。「賢者」型のブランドが授けてくれるのは、まさにこうした深いレベルのノウハウなのである。

懐疑的な人々は、B&Hが単店舗経営という点に引っ掛かりを覚えるかもしれない。「そんなやり方が通用するのは、B&Hだから。大規模チェーンでやろうと思っても不可能」との声が聞こえてきそうだ。

確かに、「賢者」型の場合、規模は敵と言える。あまたの人材のなかでもごく一部の特別な面々を確保しないことには、この型を維持できないからだ。とはいえ、アウトドア用品のレクリエーショナルイクイップメント（REI）や化粧品のセフォラといった全国規模で事業を展開する小売業者は、その分野の熱心なファンや愛好家を採用・育成していて、大規模チェーンでも可能であることを証明している。

アマゾンでカメラを買うことくらいは、誰でもできる。だが、そこでは手に入らないのが、B&Hならではのノウハウやアドバイスなのである。

❽ 「エンジニア」型

消費者の問いかけ「最高に作り込まれた商品はどこで手に入るの？」

１９８３年、５１２７個もの試作を重ねた末に、ついにジェームズ・ダイソンは成功をつかんだ。ようやく完成に漕ぎ着けた、その製品は、やがて消費財の世界全体に革命をもたらすことになる。

その5年前、設計技術者で発明家でもあったダイソンは、自宅の掃除機が時間の経過とともに吸引力が低下し、ゴミで目詰まりしてしまうことに不満を抱いていた。そこで、自負心を持つ技術者なら誰でもそうであるように、ダイソンは解決に向けて動き出した。まず問題の掃除機を分解してみた。分解していて、設計上の根本的な欠点が明らかになった。１９０１年に掃除機が発明されて以来、どの掃除機も紙パック・布バッグ方式を採用していて、ダイソンが分解した製品も同様だった。この方式は、ゴミで目詰まりする問題を抱えていた。このため、時間がたつにつれて吸引力がどんどん下がるのだ。だが、ゴミが回収されるパックをなくすことなどできるのだろうか。それがダイソンの悩みどころだった。

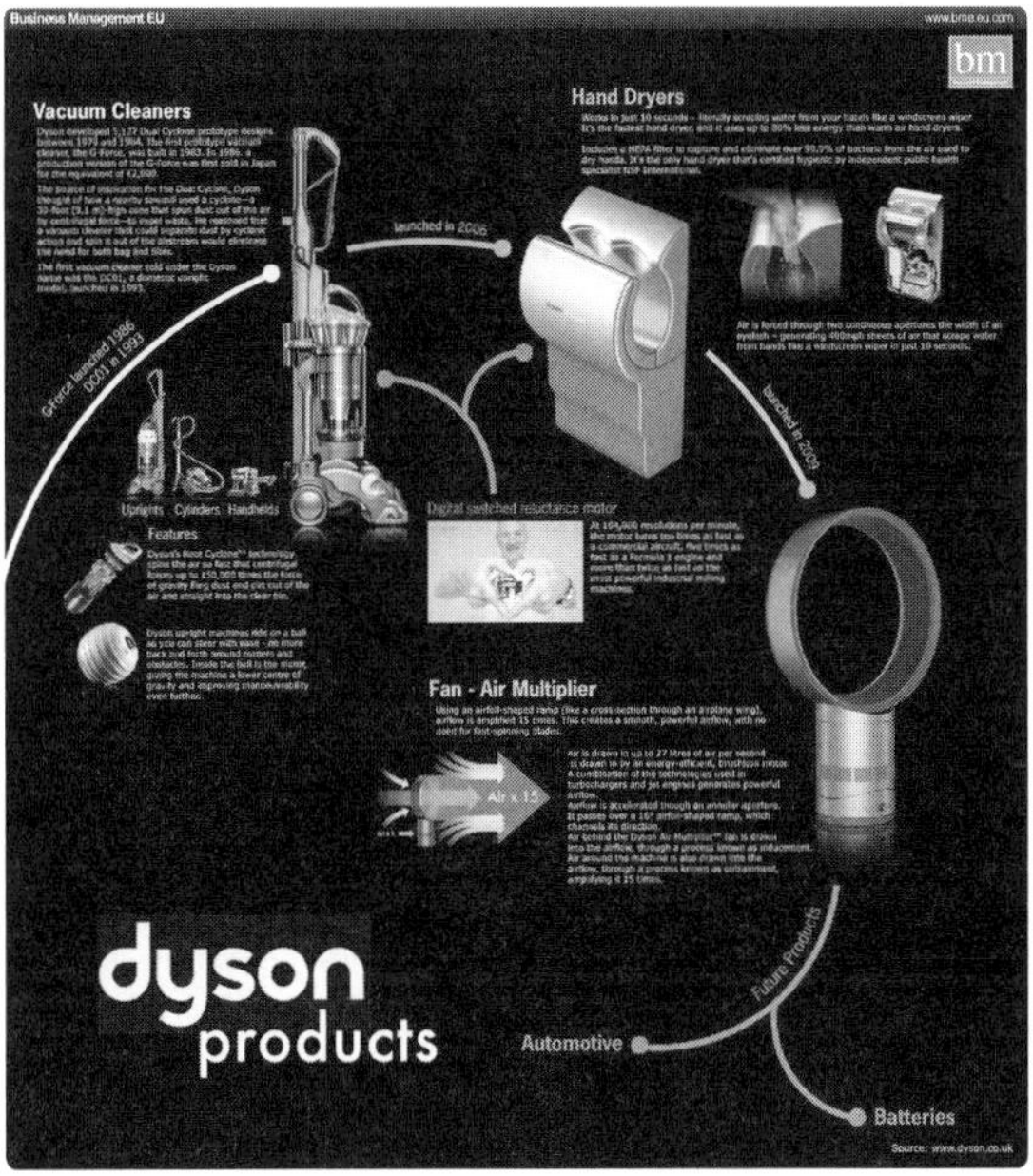

製品技術を徹底的に前面に押し出すダイソンの広告

ちょうど当時、ダイソンは自身が所有する工場に、空気中を舞う塗料の粒子を分離回収するためのサイクロン（遠心分離）方式の設備を設置したところだった。これを見て、サイクロン方式なら掃除機の仕組みを根本から変えられるのではないかと思いついたのである。

2002年、ダイソンは同社初の商品である「ダイソンDC07」を引っ提げてアメリカ市場に参入した。目を見張るような独特な外観の掃除機で、市場では類のないものだった。ダイソンをアメリカ市場で売り込むという賭けに出た初の小売業者が、家電量販店のベストバイだった。当初、競合各社は大して気に留めていなかった。ダイソンの掃除機はフーバーなど競合ブランドの製品に比べて、価格が最大3倍も高かったからだ。しかも、多くの競合ブランドは、家電製品のなかでも掃除機は日の当たらない格下製品と見ていた。ほとんどの時間を埃にまみれた状態で、クローゼットに押し込まれて一生を終える製品だからだ。ダイソンの売り文句も突拍子《とっぴょうし》もないものと映っていた。

だが、当時、あまり知られていなかったことだが、フーバーがダイソンの「トリプルボルテックス」設計の特許を侵害したとしてイギリス最高裁まで争った訴訟で、ダイソンが勝訴していたのである。そして2年後にダイソンがアメリカ市場に攻め込んだ際、法廷闘争に敗れたフーバーは、ダイソンに約400万ポンド（約5億6800万円）を支払わざるを得なかった。[17]

同年10月には、ベストバイによるDC07の販売台数が当初の想定を10倍も上回り、すかさず量販店のターゲットもDC07の取り扱いを開始した。[18] ダイソンは、掃除機業界が手をつけていない「あること」に気づいていたのだ。消費者が家電製品に対して高機能であることに加え、佇《たたず》まいの美しさも求めていたことをダイソンは見抜いていたのである。実際、消費者は、そのような製品を手に入れるためなら、高めの価格、いや、普通よりはるかに高い価格でもいいとわなかった。

現在、ダイソンは、さまざまな分野を対象に全世界で約6000人のエンジニアを雇っていて[19]、毎年65カ国で家電製品を60億ドルも売り上げている。掃除機や扇風機からヘアドライヤー、業務用ハンドドライヤーに至るまで、ダイソンの技術力主導の経営は、収益性の高い新たな市場空間を生み出している。頼もしささえ覚えるプレミアム価格の製品を次々に投入するダイソンの市場でのポジション自体、収益性の高さを示す証拠でもある。

ダイソンが街中で展開しているスペースを「店舗」と考えたら、痛い目に遭う。もう少し正確に表現するなら「ギャラリー」だ。ダイソン製品がまるでアート作品のようにディスプレイされているからだ。こうしたスペースを同社では「デモストア」と呼んでいて、まさしく名は体を表している。ここに行けば、ダイソン製品を実際に試用し、そのデザインや性能の違いをじかに体感できるのだ。デモストアは、いわば体験型の遊び場であって、同ブランドの技術力とデザイン力に舌を巻くことになる場でもある。

ダイソンのような「エンジニア」型ブランドは、何かを掘り起こす力がある。卓越した技術思考とデザイン思考を駆使し、顧客の問題を解決する。しかも、その問題とは、競合ブランドが気づけないばかりか、多くの場合、消費者さえも気づいていない。そのような問題をあぶり出して、解決に導くのである。かつては紙パック不要の掃除機を誰も求めなかったように、iPhoneも誰かの求めに応じた製品ではなかった。初めて使ってみるまで、その優れた技術やデザインのメリットに気づけなかったのである。だが、ほどなくして、あわよくばiPhone購入一番乗りを果たそうと、世界各地の都市で徹夜でテントを張ってまで、発売を待つ人々が出現した。しかも、当時の人気携帯電話だったブラックベリーより50％も割高の価格だったにもかかわらずだ。

「エンジニア」型の小売業者は、その独自の発想を商品だけでなく、売り方にも応用していて、多くの場合、デザイン主導の革新的な手法でチャネルを超えて顧客に独特の体験を用意している。また、自社製品の技術力やデザイン性が持つ独特のメリットの啓蒙・誇示・普及に全社を挙げて重点的に注力する。

❾ 「門番」型

消費者の問いかけ「必要な商品はどこで手に入るの？」

ショッピングモールにいるとしよう。今日はメガネの新しいフレームがほしくてやってきた。エントランスで店舗ガイドを見たところ、レンズやフレームを扱っている店は3つあることがわかった。せっかくなら上手に買い物をしたいと思い、3店すべて眺めてみることにした。と

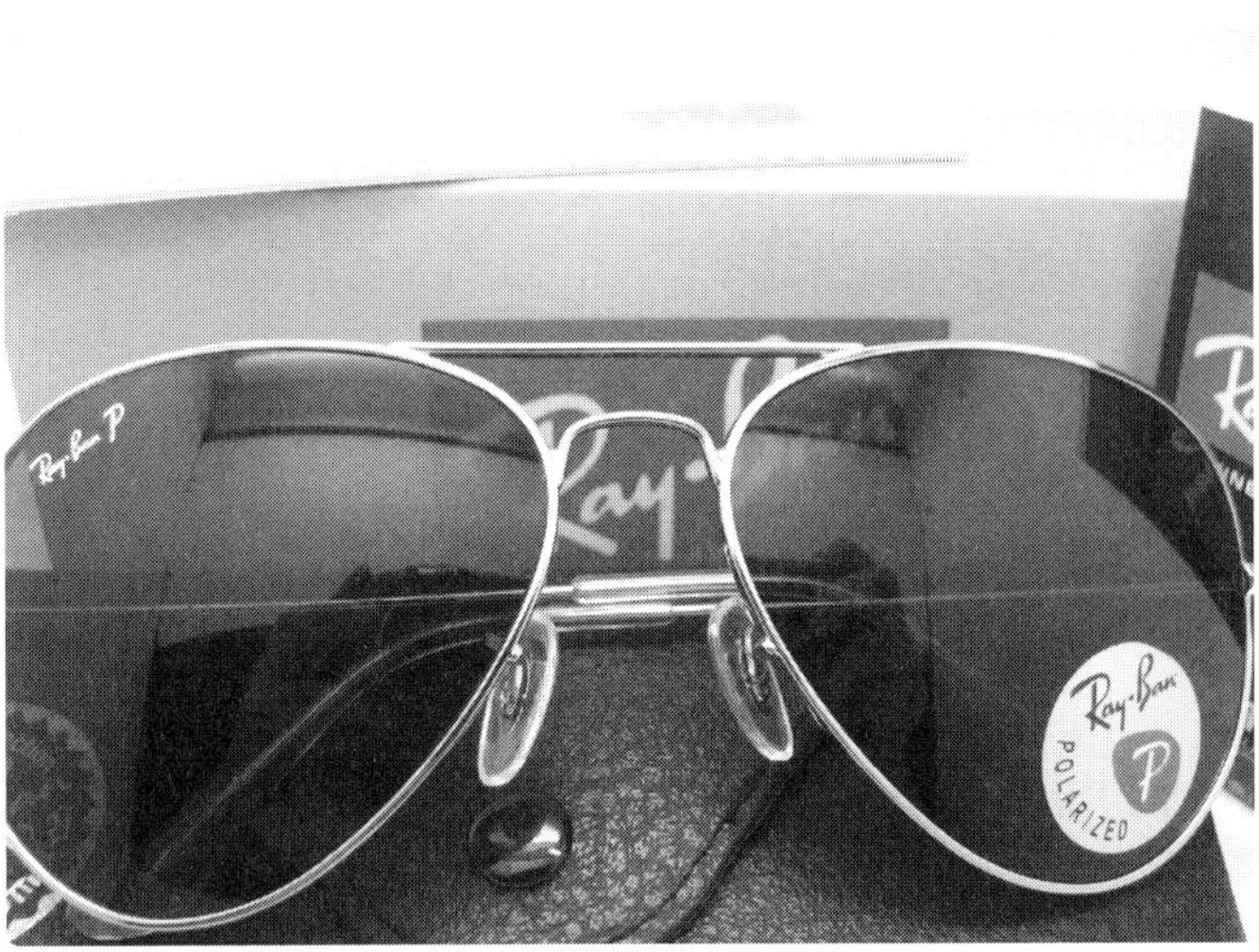

2019年までに店舗数が3429店に達したサングラスハット

ころが3店目まで訪れたところで、あることに気づく。3店揃いも揃って、品揃えも商品も価格設定も似たり寄ったりなのだ。結局、こんな偶然もあるんだなと思いつつ、購入することになる。

だが、偶然の一致どころではない可能性が高いのである。何しろ世界のメガネ市場規模は１０００億ドルと言われ、そのかなりの部分を2社が支配しているからだ。フランスのレンズメーカーであるエシロールが市場シェア45%、イタリアのフレームメーカーであるルックスオティカが同25%を押さえていて、この2社だけで世界に14億人以上のユーザーを抱える。[20]

２０１８年3月にアメリカとヨーロッパで、この2社の経営統合が承認されて合併が成立し、厳密な意味での独占とはみなされないものの、業界に衝撃が走った。もっとも、関係者が青ざめたのはこれが最初ではない。

合併に先立つ2014年、私はカナダの検眼士（視機能の専門家、訳註：日本には同等の国家資格がなく、眼科医のみ）団体の会合での講演に招かれていた。当時、業界トップ企業の1つであるエシロールが、オンライン専業のコンタクトレンズ販売を手がけるカナダ企業のクリアリーコンタクツ（現クリアリー）を買収したというニュースが流れたばかりで、関係者は動揺を隠せないでいた。クリアリーは、検眼士らアイケアの専門家にとって、直接の競合相手だった。クリアリーのオンラインショップでは、顧客が直接、処方箋情報を入力できるため、検眼の手間をまるごと省くことができる。それだけに検眼士の間では、自分たちがバリューチェーンから閉め出しを食いかねないとの不安が広がっていた。

くだんの検眼士団体では、刻々と変わる小売りの環境、分野を問わずネット販売がもたらす脅威、検眼士が顧客対応に関して変革すべきこと、競合への反撃に必要な変革について、会員に正しく状況を判断してもらいたいとの思いから指南役を探していたのである。まさに今、目の前で進行している戦いである。

もっと新しいところでは、合併後のエシロールルックスオティカが、業界第2位のグランドビジョンを83億ドルで買収する方向で交渉に入った。買収が承認されれば、エシロールルックスオティィカ帝国の流通網に、最大7000店が新たに加わる可能性がある。

メガネ業界に、エシロールルックスオティィカという巨獣と戦える企業はあるのか。ないわけではない。簡単に戦えるのか。そんなことは絶対にない。

エシロールルックスオティィカのような「門番」型のブランドは、規制面や金融面の参入障壁を含め、あの手この手で地位を守り抜こうとする。独占あるいは企業数社による寡占のかたちで市場を支配することも少なくない。「門番」型は、ブランドの競争力を守り抜くため、周囲に濠《ほり》を巡らせることに一心不乱にエネルギーを傾け、努力を怠らない。そのためには、政府へのロビー活動は言うに及ばず、手当たり次第の合併・買収やライセンスの買い占めなど、ありとあらゆる手段に打って出る。とてつもない市場シェアからもわかるように、「門番」型は、トップオブマインド（誰もが最初に思い浮かべる認知度）と、流通面でのアクセスの利便性という強力な組み合わせに大きく依存している。

だが、どのカテゴリーにせよ、「門番」型になれば陰口を叩かれるのは宿命である。ひとたび天下を取ると慢心を生みやすい。だから「門番」型は、やんわりと言えば顧客サービスが可もなく不可もない印象しか残らない事態に陥りやすい。さらに、身内の業界で競争がなくなれば、常識はずれの法外な小売価格やとんでもない利ざやを設定することも増えてきて、価格と価値のバランスが崩れがちだ。したがって、競争を阻害する障壁を築くと、短期的には自社の保身に役立つかもしれないが、次の節で紹介する「背教者」型ブランドによる攻撃にまったくもって無防備である。

⑩ 「背教者」型

消費者の問いかけ「この商品がほしいけれど、もっと買いやすくしてくれるのは誰？」

2012年、アリゾナ州フェニックスの中古車卸市場のオークションに参加していたアーニー・ガルシア3世に、あるアイデアがひらめいた。実に単純なアイデアだったのだが、これが後に業界全体をひっくり返すほどの力を持つことになる。ガルシアは、自動車業界とつながりの深い自動車一家に育った。とりわけ、父親のアーネスト・ガルシア2世は、中古車・金融関係の事業で生計を立てていた。

さて、運命の日、息子のほうのガルシアが、中古車オークション会場で様子を見ていると、どのディーラーも車の状態を記した総合的なスペックシートにほんの数秒目を通すだけで、買うかどうかを判断していることに気づいた。そして何の迷いもなく現金をポンと出して、車のキーを手にしていたのである。

一方、消費者は、いい中古車を見つけるために、何日も、いや何週間も費やし、ときには何度もディーラーに足を運んだ末にお目当ての車を手に入れている。両者の大きな違いと言えば、オークション会場で見たディーラーには、保証制度があることだった。車に隠れた問題があれば、購入後7日間は返品して全額返金を受けられる仕組みだったのだ。たったそれだけとはいえ、十分に大きな違いだからこそ、試乗さえせずに安心して仕入れることができるのだ。

"中古車販売機"というユニークな体験が味わえ、納車費用も節約できるカーバナの車両受け取りタワー

「だったら、消費者向けの自動車販売でも同じ条件をつければいいじゃないか」

ガルシアはそう思った。中古車購入者が写真や車両状態のレポートを見て購入を決めたら、7日間乗ってみて問題ないかどうか最終的に判断してはどうか。それに、この一連の購入の流れが単に便利なだけでなく、ワクワクするようなものにしたら、自動車購入のあり方が革命的に変わるかもしれないとガルシアは考えた。そして誕生したのが、カーバナだ。

それからわずか5年後の2017年4月、カーバナはIPO（新規株式公開）を果たした。同年の12月には株価が46％も急騰した。現在、カーバナの時価総額は300億ドルを突破し、年間売上高は前年比で2倍以上の39億4000万ドルに達した。

カーバナは、この業界のしきたりを破り、いわば〝背教者〟として自動車販売のあり方を永遠に変えてみせたのである。

「背教者」型のブランドは、常識を覆すようなイノベーションを見つけ出し、市場に昔からいる既存企業に挑戦状を叩きつける。場合によっては、産業界全体を敵に回すこともある。そのようなイノベーションは、業界の価格と価値のバランスや顧客の体験をがらりと変えるほどの威力がある。

こうしたブランドは、テクノロジー、人材、サプライチェーンの効率化や、システム思考を生かし、狙いをつけたカテゴリーでの顧客の体験をまったく違うものに変えてしまう。そうやって、業界の現状を根本から変えることも少なくない。また、既存企業の商品に近いか同等の商品を提供しつつ、顧客がはるかに充実した体験を味わえるようにしようと考える傾向も見られる。

「背教者」型ブランドは、エネルギー、リソース、ITを余すところなく投入して現状打破の戦いに挑み、カテゴリー内での現行の顧客体験につきものの欠点をクローズアップし、もっと充実した独自の代替案を大々的に提示する。「背教者」型のブランドは、商品や体験を軸に差別化を図り、あらゆるタッチポイント（顧客との接点）で、独自の効率的な方法や内容を強化した方法を生かして補完する。

勝つためのリテールタイプを見つけ出して、優位性を築け

自社の事業と相通ずるところがあるリテールタイプや「これならめざせる」と思えるリテールタイプがあっただろうか。見つかったという企業には「おめでとう」と伝えたい。残念ながら共鳴できるリテールタイプがなかったとしたら、一刻も早く事業の見直しが必要だ。

ここに挙げたリテールタイプには、必ずしも優劣の差や持続性の差があるわけではない。そこがポイントで、互いにまったく相容れない関係であり、それぞれ顧客にとっては独特の価値があるのだ。また、どのリテールタイプも、消費者が抱く問いかけに対する答えとなっている。どのリテールタイプも、市場でしっかりと持続性のあるポジションを確保し、これがブランド

の軸となる。

大切なのは、企業がめざすリテールタイプを1つに明確に絞り込み、カテゴリー内でそのリテールタイプとしての優位な地位をめざすことだ。マーケティング・業務計画を練るときは、リテールタイプとしてのポジションの強化に資するものでなくてはならない。

新しい時代の価値を生み出す4つの領域

このリテールタイプに基づくモデルは、4つの領域に分解できる〔図11〕。

1 カルチャー

一部の小売業者にとっては、独自の魅力的な「カルチャー」を顧客に訴求し、その良さを啓蒙していく能力が、優位性を生む最大の源泉となる。カルチャーとは、すでに組織に定着している信念や慣習、成果物で構成される体系である。どういう信念を持っているのか。どのような慣習・作法を守っているのか。どのような事柄やシンボルを使って信念・慣習を表現しているのか。こういったことがカルチャー、つまりそのブランドの文化の根幹となる。

〔図11〕
価値を生み出す4つの領域

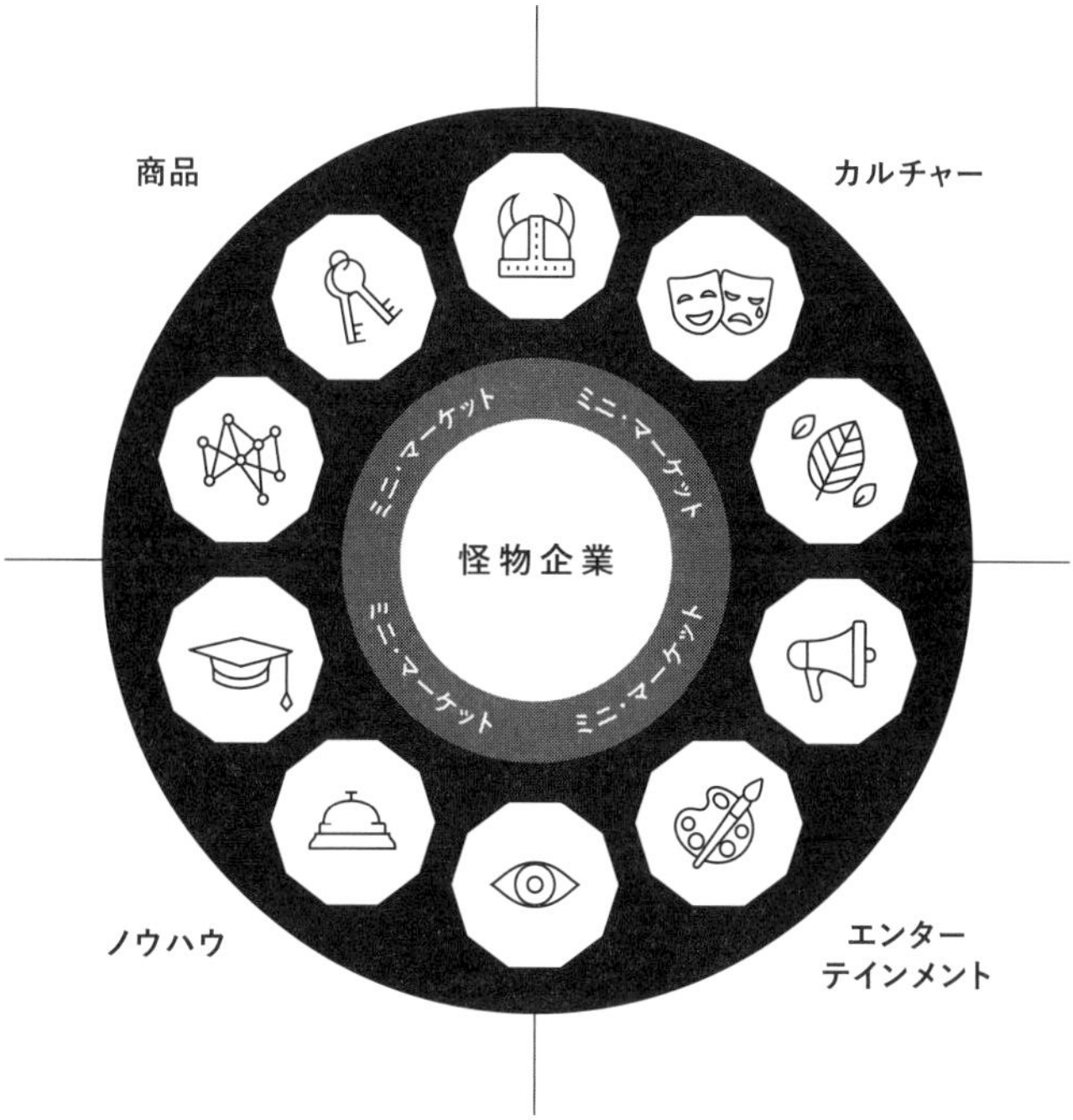

カルチャー領域で強い小売業者は、カルチャーとそれに基づく価値観を抽出してブランドのあらゆるタッチポイントに埋め込んでいく必要がある。カルチャーを売りにしたブランドが獲得するのは、単なる顧客ではない。熱烈なファン、信奉者、門弟もついてくるのだ。

2　エンターテインメント

エンターテインメント性に強いブランドもある。オンライン、オフラインを問わず、五感に訴える要素を活用し、ショッピング中に物心両面で消費者を虜《とりこ》にする。エンターテインメント性に秀でた小売業者は、顧客が購入に至るプロセスのごく微妙な部分に日夜徹底的にこだわりながら、機会あるごとに真に独自性のある魅力的な体験を生み出している。

エンターテインメント性を主軸にしたブランドは、独創性やデザインに関わるリソースに重点的に投資し、顧客の体験を継続的に構築し直している。このようなブランドにとって、商品自体は二次的なものである。商品を取り巻くように提示される体験型の作品こそが、主たる商品なのだ。

3　ノウハウ

特定カテゴリーでのノウハウの強みを標榜するブランドもある。このように専門性に強みのある小売業者は、そのカテゴリーで最高水準のノウハウ、コンシェルジュ顔負けのサービスで顧客をもてなす玄関口として、体験やコミュニケーションのあらゆるタッチポイントを強化する。ベンチマークトレーニングプログラムや資格認定制度、セミナー、講座、ワークショップなどの要素を通じて、ノウハウに飢えた顧客に絶えず情報を提供できる。

ノウハウを主軸とするブランドは、スタッフ確保、人材トレーニング、さらには優れたノウハウを消費者に提供するためのツールに重点的に投資する必要がある。テクノロジーは、人間のスタッフを服従させるためにあるのではなく、スタッフのスキルや知識、能力を拡充・強化するために活用すべきだ。

4　商品

美的にも機能的にも優れた商品の開発・販売にピンポイントで取り組み、独創性のあるデザインを反映した顧客体験も組み合わせ、優位性を確立する小売業者もある。

商品性を売りにするブランドが重点投資をするのは、斬新で卓越した商品プラットフォームの研究・開発やテストである。また、この商品という領域では、買収や独占を通じて、消費者が特定商品に向かうように圧倒的な影響力を行使するのも、商品性重視のブランドだ。また、市場での強大な力を背景に、消費者が最初に思い浮かべるブランドになろうとする。

4つの領域の中から2つを選んで支配者となれ

まずは、自社のＤＮＡと相通ずると思われるリテールタイプが見つかれば、最初の難関はクリアしたことになる。カテゴリーで支配的なリテールタイプをめざすには、消費者の目に留まる明るい灯台のような存在になるだけでなく、経営幹部が方向性を見失わないように明確な方位を示す羅針盤でなければならない。とはいえ、支配的なリテールタイプの座を確保するのは、決して生易しいことではない。ここで言う「支配的」とは、模範であり、象徴であり、卓越した存在になることである。だからこそ、特定のカテゴリーなり市場なりで、消費者が最初に思い浮かべる定番の座を獲得できるのだ。

むろん、リテールタイプを選ぶだけでは、長期的にブランドを維持していくことは難しい。特にパンデミック後にますます熾烈になる競争環境ではなおさらだ。リテールタイプが決まれば、組織として戦略上有益なポイントがはっきりするが、それはブランドを支える１つの脚に過ぎない。私たちがめざすべきは、がっしりとした3本脚構造である。

そこで、リテールタイプという原動力に加え、先ほどの4領域のうち、２つの領域で強みを発揮する3本脚として差別化を図り、ポジションを強化することだ。支配と差別化を混同してはならない。差別化は、単に独自性あるいは違いを際立たせる要素を持つことに過ぎない。

たとえば、先に紹介したようにパタゴニアは、環境保護という大義をビジネスモデルの随所に直接織り込み、「活動家」型のブランドとして他を圧倒する支配的地位を確立している。その結果、パタゴニアは、同一カテゴリーの競合各社と比較して、「カルチャー」領域では「支配的」である。

一方、「商品」領域では、高品質で持続性に優れた独自の品揃えで差別化を進め、ポジションを強化している。第2にパタゴニアは、店舗で提供する「ノウハウ」領域でも、差別化を図ることに力を入れている。同社ウェブサイトは次のように説明する。

> また、私たちが求める（中略）パタゴニア商品の中心的ユーザーは、山や大自然のなかでできるだけ多くの時間を過ごすことが大好きな人々です。私たちはアウトドア企業なのです。見本市の当社ブースに、ワイシャツにネクタイ、サスペンダーといったいでたちの不健康そうなスタッフを何人も配置するようなことはしません。病院が受付スタッフに仕事中の喫煙を認めないのと同じことです。[21]

つまりパタゴニアは、「活動家」型としてカルチャー領域で支配的地位を追求する一方、「商品」と「ノウハウ」の2領域では差別化を図ることで、複雑な競争優位を築き上げているため、これに対抗するのは非常に難しいのである。「カルチャー」「商品」「ノウハウ」の領域を、いわば独自のレシピで融合させているため、競合他社が解析して模倣することは容易ではない。パタゴニアの取扱品目のなかには、アマゾンなど怪物企業のエコシステム内で売られているものもあるが、アマゾンがそのカテゴリーをとことん極めて本格的に勝負を仕掛けてくるとは思えない。

特定のリテールタイプで優位なポジションを築き上げる力があることに加え、強力な差別化につながる2つの領域に支えられたブランドなら、パンデミック後の世界でも生き残り、辺りを怪物企業がうろついていても安心して活動できるのである。

第6章

小売りの技を極める

THE ART OF RETAIL

美しい身体は朽ち果てるとも、
芸術作品は死なず。

レオナルド・ダ・ヴィンチ

ブランドのリテールタイプが決まったのはいいが、ここからどのように命を吹き込むだろうか。説得力にあふれ、有意義で価値があると思えるような魅力を消費者に訴求できれば、怪物企業がドームのように囲い込んでいるエコシステムに風穴を開けて、消費者が自由に出てこれるようになり、あなたのブランドが持つ掛け値なしの素晴らしさを知ってもらえる。では、どうすればいいのか。

そこで、いくつか重要な現状認識から始めよう。1つめは次の点だ。

すべての企業は「体験企業」である

ビジネス書やビジネスセミナーなどでは、情熱たっぷりにいろいろな煽り文句が飛び出す。たとえば、「将来、すべての企業がデータ企業になる」といった具合だ。あるいは、「どの会社もメディア企業の意識を持て」だとか「すべての企業はテクノロジー企業たれ」といったものもある。

この手の煽りは、なんとなくおもしろそうで悪い気はしないし、会議のスローガンには据わりがいいのだが、現実的にはたわごとに過ぎない。そんな言葉に惑わされたり気を取られたりしてはならない。真に受ける必要はない。そもそも、あなたの会社がアマゾンのようなデータ企業とか、アリババのようなメディア企業とか、京東やウォルマートのようなロジスティクス企業になる可能性は、限りなく小さいのだから。まずあり得ないと思っていい。

だが、どの企業にも当てはまるフレーズが1つある。ご存じかどうか、自覚があるかどうかはともかく、好むと好まざるとにかかわらず、すべての企業は「体験企業」なのである。取扱商品や対象顧客の違いも関係ない。ただ、顧客がいて、顧客が何らかの体験をする以上、偶然か計画的かに関係なく、それはもうすでに「体験ビジネス」なのである。

体験は、単なるおまじないではない。経験則に照らして顧客の体験内容を充実させていくことに長けた企業は、収益の面でも平均的な企業に比べて多いときは4～8％も上回っているのだ。充実した体験を提供できる企業は、やる気あふれる従業員が非常に多い傾向が見られる。[1]

まだピンとこないだろうか。セールスフォースが作成した2018年のレポートによれば、「企業が顧客に提供する体験は、製品・サービスと同じくらい重要」と回答した消費者は80％、「以前よりも簡単に取引先を変えられるようになった」との回答は76％に達している。[2]

これでは、やる気を出さないわけにはいかないだろう。

何よりもまず認識しておかなければならないのは、「どの小売業者も、最初から体験ビジネス」という事実である。唯一、議論の余地があるのは、小売業者として提供できる体験のあり方だ。

体験内容を明確化せよ

そもそも体験とは何なのか。くだらない質問に聞こえるかもしれないが、市場を見ればわかるように「体験型の小売り」の解釈が多岐にわたる以上、何らかの共通認識を持っておくべきだ。体験はサービスと同義と見る意見もある。店舗の美しさだという解釈もあれば、エンターテインメント性や遊びの要素に近いという見方もある。私ならもっと簡単な定義を披露できる。

体験とはコンテンツである

小売りに関して味わう体験とは、突き詰めて言えば、特定の状況で私たちが受ける肉体的刺激、感情的刺激、知的刺激の総和である。視覚、触覚、味覚、聴覚、臭覚で受け取るものや、こうした要素が醸し出す気分が渾然一体となって、「体験」を生み出す。刺激の1つひとつは、実世界かデジタルかを問わず、コンテンツを構成する要素に過ぎない。

コンテンツに限らず何でもそうだが、買い物客としてこういったコンテンツに触れると、何らかの印象が残る。コンテンツが妥当で用意周到、説得力があり、感覚的に人を惹きつけ、うまく作り込まれていればいるほど、体験が長期記憶に深く刻み込まれ、その体験やその提供元であるブランドを思い出しやすくなる。コンテンツが感動的で飽きさせず、独自性があるほど、誰かに教えたくなる。

つまり、素晴らしい体験とは、平たく言えば、素晴らしいコンテンツなのである。

先にすべての企業は「体験企業」であり「体験ビジネス」であると書いたが、これは言い換えれば、すべての企業は「コンテンツ企業」なのだ。現時点であなたの会社がそうでないなら、それをめざすべきであり、グズグズしている隙《ひま》はない。パンデミック後の世界では、目的はポジショニングであり、コンテンツはそこに命を吹き込む最も有効な手段である。

消費者に「S・U・P・E・R」な体験をさせよう

コンテンツの重要性については、こんなふうに考えてみてはどうだろう。あなたのブランドがテレビCMを制作することになった。しかも、アメリカンフットボールのチャンピオンを決める「スーパーボウル」という1年で最高の視聴率が稼げるイベントで放映するCMだ。ただ、気がかりなことが1つだけあった。CMがどのような内容なのか、完全に把握している者は社内にひとりもいない。なぜなら誰ひとりとして台本づくりに関わろうとしなかったからだ。しかも、出演者も急いで決めたため、ブランドの顔として適切かどうかの検討作業にも時間を十分にかけられなかった。おまけに、撮影セットは無計画にも急ごしらえで間に合わせ、制作スタッフによる事前打ち合わせもまともにしていない。それでも、全米の視聴者が見守るなか、試合のハーフタイムにCMが放映される予定だ。あなたは気が気ではないだろう。

むろん、読者のみなさんが、こんな大失敗を犯すはずはないと思う。何しろ、ブランドの命運がかかっているのだ。全米が見守る大舞台で、ブランドの印象を左右するほどの重要な撮影セットをやっつけ仕事で造ってよしとしてしまう者がいるだろうか。

ところが、毎日世界中でブランド各社が店を開け、そこで来店客がどんな体験をするのかは、すべて成り行き任せになっている。どの店も、今からいったいどのような〝ショー〟を客に見せるつもりなのか、おぼろげな理解だけで扉を開けているのだ。言ってみれば、店というのは、その気があろうがなかろうが、自社のブランドを見てもらうために、毎日何時間も生のCMを放映し続けているようなものである。最終的にはブランド認知や売り上げ、収益力を大きく左右するCMであるにもかかわらず、だ。しかも、そのCMの内容は誰も知らないときている。

どのようなコンテンツもそうだが、消費者にブランドの何たるかを味わってもらう体験は、それなりの意図があり、入念な計画の下で、しっかりと企画に沿って制作されるのが常識である。シェイクスピアの『ハムレット』が単に言葉を適当に書き連ねて本に仕立て上げられたわけではないように、優れた体験も単なる素材や動きを適当に切り貼りして生み出されるわけではない。あなたのブランドが生み出す体験は、丁寧に作り込まれた舞台芸術と同じように扱わなければならない。

アジアから北米、オーストラリア、アイスランドまで、顧客体験の調査・開発を数十年にわたって手がけてきた私は、優れた顧客体験づくりの匠の技を目の当たりにしてきた。そんな技のなかから、エッセンスを取り出していくつかの鉄則にまとめてみた。

第1にして最も重要な鉄則は、優れた顧客体験は例外なく計画に沿ってつくられる。成り行き任せや解釈の余地は一切ない。第2に、優れた体験は、細部にとことんこだわった成果である。いわゆるカスタマージャーニー（顧客のブランド認知から購入に至るまでの行動プロセス）のどの瞬間も、細部に至るまでこと細かくマップに落とし込まれているのだ。体験のあらゆる面が明確な定義と設計に基づいている。優れた体験を生み出すブランドは、スタッフのトレーニングで、ゲスト対応に必要な手順を詳しく教え込むだけではない。ステップごとに練習やリハーサルを重ねながら、達人の域に達するまで、出来栄えに磨きをかけていくのだ。

とりわけ注目したいのは、これから紹介する優れた体験に必ず見られる5つの重要な特徴だ。ホテルだろうが、靴屋だろうが、銀行だろうが、業種は関係ない。真に心に残る体験は、以下に挙げる要素のほとんど、あるいは全部を備えているのである。

さて、その卓越した体験につきものの要素とは……。

①サプライズ

優れた体験には、どこかでサプライズがある。つまり、思いがけない楽しさを感じさせてくれる要素がある。

たとえば、アリババが運営する食品スーパーの盒馬鮮生（Freshippo）の店舗では、一般的なスーパーではお目にかかれないような商品がたくさんある。店内のどの商品もQRコードがついていて、買い物客が携帯電話でスキャンすると、鮮度や生産者・流通履歴、原材料などの情報が見られる。また、その場でスキャンしてオンラインで注文しておけば、宅配もしてくれる。店内で買い物中でも、オンラインで注文した商品は、インストアショッパーと呼ばれる専任スタッフが、店内の売り場で次々にピッキングしていく。そして、ピッキング後のカゴは店内の天井に張り巡らされたコンベアで、店舗バックヤードに運ばれて配送されていく。また、店内で生鮮品を選んで調理してもらい、同じ店内にあるカフェで食べることも可能だ。しかも、このカフェではロボットが働いている。これだけでも十分にサプライズが詰まっていると思うが、まだ続きがある。買い物を終えた後の荷物を気にする必要はない。30分ほどで購入品はまるごと自宅に届けられるからだ。顧客に心地よいサプライズを与え、思いがけずうれしくなるような付加価値を提供する力は、優れた体験を生み出す鍵である。

②独自性

カテゴリーにありがちな筋書きに変化を加えることで、独自性のある体験を生み出すことができる。ここで言う「筋書き」とは、同じカテゴリーの競合が提供していそうな典型的な体験を意味する。同じ業界にいる競合各社は、同じ見本市を訪れたり、同じ業界専門紙誌を読んだりしているだろうし、ひょっとしたらコンサルタントまで同じかもしれない。その結果はご想像のとおり。ほとんどの靴屋の売り方は似通ってくる。ほとんどの銀行は同じ営業スタイルになる。ほとんどの食品スーパーは、標準的な買い物体験をこぞって採用するだけなのだ。

だが、ある企業が勇気を出してその手の筋書きを破ると、あっと驚くことが起こる可能性がある。たとえば、書店の淘汰が進み、街では見かけることも珍しくなりつつある今、東京のある書店があらゆるルールを破る決断を下した。それが「文喫《ぶんきつ》」という書店である。クリエイティブエージェンシー1社と書店2社の協業で、いわゆる書店であるとともに、ギャラリーとしての体験も味わえる。まず入場料がある。そう、書店なのに入場料を払うのだ。店に入るだけで

1500円を払う必要がある。だが、入場料にはコーヒーと緑茶の飲み放題が含まれ、店内にある3万冊以上の書籍が1日中楽しめる。

独自性はこれだけでない。一般的な書店では、ジャンルやタイトルに沿って売り場づくりをする。だが、文喫は、すべてとは言わないまでも、基本的にそういう売り場づくりをしない。たとえば、赤い色の本を1カ所にまとめたコーナーがあったりする。かと思えば、一部の本がわざと隠されていて、客が店内で宝探しを楽しめる仕掛けもある。さらに、終日滞在できる入場料を払った客だけが利用できる店内併設の小さなカフェもある。

文喫が他の書店と一線を画するポイントは、このように他店では味わえない独特の要素を含めた体験があるからだ。

③個別対応

素晴らしい体験を味わうと、その日の体験がまるで自分のために用意されたかのような気分になる。これは、ブランドとの関わりのなかで、さまざまなかたちで実現可能だ。調査によれば、ショッピングの体験中に「自分のためだけに用意されている」という個別対応（パーソナライゼーション）を強く実感すると、予定外の商品をついつい買ってしまう客は2・1倍に増え、買い物の支払額が予定よりも多くなる客は1・4培になり、顧客の継続利用意向を測るネットプロモータースコア（NPS）という指標も1・2倍になることがわかっている。[3] さらに、各種調査によると、同一クラスで最高水準とされる企業は、個別対応に多く投資しているだけでなく、将来的にも投資を大幅に拡大する意向も見せている。

個別対応は、カスタマイズ型商品のようなシンプルなものから、リアルタイムのきめ細かい顧客データを取得・解析するような複雑なものまで、さまざまだ。たとえば、化粧品販売チェーンのセフォラでは、個々の顧客の購入履歴に基づいて商品提案のメールを送っている。ノードストローム百貨店では、顧客の各種サイズを記録している。ナイキは、スニーカーを自分でデザインできるし、高級ファッション通販サイトのネッタポルテは、過去の購入履歴に応じて優良顧客にギフトを贈っている。

④親密度

脳には、海馬《かいば》と呼ばれる領域がある。海馬は、短期記憶にある情報を長期記憶に移す仕事を主に担っている。本当に印象的な物事に遭遇すると、この仕組みが発動される。小売業者の仕事とは、顧客の頭のなかでこの仕組みが発動されるように後押しすることと言ってもいい。だからこそ、顧客の脳が店での体験を情報として受け取る際に、できる限り力強く印象的なものにすることが大切なのだ。したがって、できるだけさまざまな感覚を刺激しながら、親密度を高める道筋を確立しなければならない。

たとえば、アウトドアウェアブランドのカナダグースは、カナダのトロントに「ジャーニー」という店をオープンさせた。店に入ると、同ブランドのトレードマークでもあるパーカ（高級ダウンジャケット）や帽子などのアクセサリーが迎えてくれるが、実はそれだけではない。店内に入ってすぐに細長い通路があり、足下を見るとフロアが氷原に似せて作ってあり、歩いていると自分の体重で今にも氷が割れそうなリアリティがある。その通路の先には360度の円形シアターが広がる。ここでジャーニーテラー（「旅の語り部」の意）と呼ばれるスタッフが出迎えてくれて、このスペースのガイド役を担う。マルチメディア体験が始まり、極限環境向けの用品を手がける衣料品メーカーとして始まった同ブランドの伝統が紹介される。

私が見たときは、映像のナレーションをアイディタロッド（世界最長の犬ぞりレース）のチャンピオン、ランス・マッケイが担当していた。現在、マッケイは同社のブランドアンバサダーを務めている。シアターの次に向かうのは、店内に設置された低温室だ。内部のフロアには厚さ10センチほどの雪が積もっていて、カナダグース自慢のパーカを試着して、この低温条件下での着心地を確かめることができる。ウェアの試着がてら、低温室内でもう1つのメディア体験験に案内される。それが終わると、必要に応じて担当のジャーニーテラーがパーカの採寸やオーダーを手伝ってくれる。オーダーした場合は、2〜3時間後には発送処理が完了する。

カナダグースが築き上げた環境の随所に、顧客との親密度を高め、関係性を深める仕掛けが用意されている。見るもの、聞くもの、感じるものがすべて感覚を刺激し、長期記憶への移行を促すのだ。

「顧客との親密度を高める」という考え方は、デジタルの体験でも同じである。最近のウェブサイトは、デザインの要素を格子状に配置するいわゆるグリッドレイアウトがあふれている。アプリにしても、ブランド間で外観も機能も区別のつかないようなものばかり。こんなことをしていると、例の怪物企業やミニマーケット企業がいつ襲いかかってきても不思議ではない。デジタルの体験でも、印象や感銘を与えるクオリティを競い合う必要がある。オンラインで顧客が味わう体験に五感に訴える要素が多いほど、顧客の長期記憶という〝ファイルキャビネット〟に保管してもらえる可能性も高まる。音楽、サウンド、動画、画像、人間の顔や声などの要素はいずれも記憶に残り、思い出しやすくなる。

⑤再現性

最後に、優れた体験は、デザイン面でも実用面でも再現性がある。本当に優秀な小売業者は、従業員のトレーニングだけでなく、リハーサルにも手を抜かない。そんないかにも作為的な、わざとらしい真似ができるかという声が聞こえてきそうだ。そういう方々にうかがいたいのだが、チケット完売の人気ブロードウェイミュージカル『ハミルトン』以上に作為的なものがあるだろうか。ミシュランの星つきレストランで味わう料理以上に作為的なものがあるだろうか。高級車以上に作為的なものがあるだろうか。その意味で「作為的」とは、「徹底的に作り込まれたもの」と私は理解している。用意周到に仕組まれたものということだ。どんな企業でも、できることならそうしたいのではないか。

優れた体験に共通する5つの特徴であるサプライズ（Surprising）、独自性（Unique）、個別対応（Personalized）、親密度（Engaging）、再現性（Repeatable）の英語の頭文字を取って「S・U・P・E・R」と覚えてもいい。S・U・P・E・Rのある体験には突破力がある。S・U・P・E・Rのある体験は、注目を浴びる。最終的にS・U・P・E・Rのある体験は、勝利をつかむのだ。

自社の専門性を追求せよ

もう1つ心得ておきたいことがある。頂点に立つ怪物企業や台頭するミニマーケットプレイス企業に比べれば、しょせんはどの店も、どのブランドも専門店・専門企業である。売っているものが食料品であれ、化粧品であれ、スノータイヤであれ、同じことだ。怪物企業のような巨大な小売業者は、想像を絶するほどの規模や広がりがある。それ以外の大多数の小売業者は、いくら「総合○○」などと謳ってみせたところで、少なくとも消費者の目には、品揃えの限られた専門ブランドと映る。そこで、得意とするカテゴリーをもっと極めていく覚悟が必要になる。

考えてもみてほしい。自社より大きなライバルと専門性のレベルが同じなら、負けは確実である。あるいは、今は自社に一日の長があっても、そのうち専門性の面で大きなライバルに追いつかれたら、同じように負けてしまう。

専門性を高めることは、必ずしも取扱商品数を増やすことではない。むしろ、もっと深く掘り下げ、思い入れが感じられる説得力あるストーリーを顧客に語りかける必要があるのだ。ライバルが機械的で、客に理屈で選ばせているのなら、こちらは客が心と体で衝撃を受けるような体験でもてなすべきだ。

ニューリテールで勝てなければ、〝ニューメディア〟で戦え

とはいえ、頂点に君臨する怪物企業たちの「ニューリテール」戦略を相手に、どう戦えばいいのか。怪物企業は、エンターテインメント、購入形態、決済方式、物流システムをカバーする巨大エコシステムで顧客を囲い込もうと、体系的な手法を展開している。それがニューリテール戦略だ。怪物企業は、銀行、教育、金融から輸送、ヘルスケアに至るまで、あらゆるカテゴリーを手当たり次第に手中に収めており、結果的に消費者にとって生活に必要不可欠な存在になっている。

もちろん、大多数のブランドや企業にとっては、そのようなポジションに到達することなどないはずだ。その意味で、ニューリテール路線の戦いでは、怪物企業に対して勝ち目がない。だが、あきらめるのはまだ早い。ニューリテールがダメなら、私が言う「ニューメディア」に戦いの場を移してはどうか。こちらなら優位を築くことも不可能ではない。「ニューメディア」の意味を説明する前に、まず市場の地殻変動について押さえておこう。

メディア自体が「店舗」になっている

小売り関係者なら、逆三角形のいわゆる「マーケティングファネル」（購買ファネル）の図はご存じだろう。一番上の「認知」から一番下の「購買」へと消費者を引き込む際、実店舗かオンライン店舗かを問わず、購買まで導くツールとして、私たちは長いことCMなどのメディアを活用してきた。ブランド各社は、少しでも早い段階で顧客を横取りし、自社のマーケティングファネルへ素早く送り込むために、有効なツールを開発したいと思うものの、なかなかうまくいかずに苦心している。

ところが、パンデミック後の世界では、少なくとも消費者目線で言えば、オンライン店舗か実店舗かを問わず、「メディアを駆使して客を店に連れてくる」という発想がもはや機能しなくなっている。CMを大量に流しても客が来ないのは、そのためだ。メディア自体が店舗になっているからだ。

ティックトックにしても、インスタグラムにしても、テキストメッセージにしても、フェイスブックの投稿にしても、すでにそこが「店」になっているのだ。勘違いしないでいただきたいのだが、広告をもっと打てと言っているわけではない。そういうことではないのだ。そもそも広告はこれ以上いらないのである。消費者が気になるようなコンテンツづくりに乗り出そう

［図12］

広告は一方通行の一人芝居

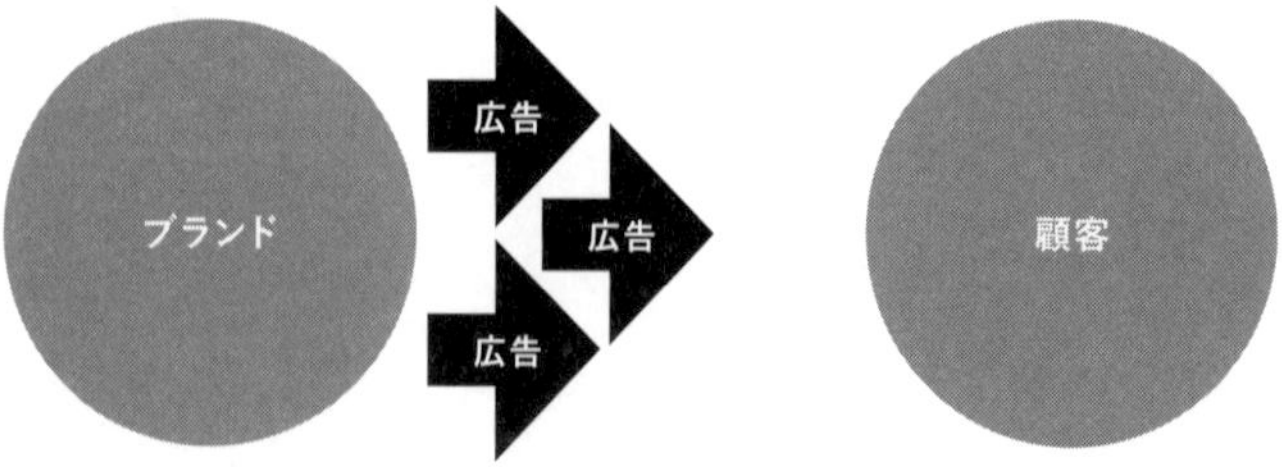

ということなのだ。人々が望むコンテンツ、楽しみたいと思えるコンテンツである。思わず友達に教えたくなるコンテンツだ。

雑誌業界の収益モデルは広告に依存しているが、この点に光を当ててアンドリュー・エセックスは著書『The End of Advertising: Why It Had to Die, and the Creative Resurrection to Come』のなかで、次のように指摘する。

「私はカネを出すに値する内容のメディアとか、熱烈なオーディエンスに恵まれて、これがなくなったら困るとまで愛されているメディアについては、先行きを楽観視している」[4]［図12］

なるほど、小売りも同じ視点で考えるべきだ。小売業者は、自社のわがままなニーズを満たすための広告づくりから脱却し、顧客のための独創的なコンテンツ、とりわけ熱烈なファンに応える独創的なコンテンツづくりに乗り出さなければならない。もしなくなったら顧客が心底残念がるようなコンテンツである。いよいよとなれば、有料でもほしいと思えるコンテンツである。

つまり、売り込みのメッセージを顧客に突きつけるという発想ではなく、しっかりと価値があって、顧客との距離を縮めるようなコンテンツや体験、イベントをオンラインで生み出すのだ。楽しくて、ためになって、刺激がある。そういうコンテンツでなければならない。

顧客に一方通行でまくしたてているばかりでは、そのうち顧客からそっぽを向かれても仕方ない。また、ユーザーのブラウザーにいくつも「クッキー」（ネット閲覧履歴などを保存するデータ）を残したり、リターゲティング広告やポップアップ広告を表示させたりしても、良好な関係づくりにはつながらない。

むしろ、ブランドは、顧客を中心に置いて、本当に独創的なメディアを生み出し、顧客に喜んでもらえるコンテンツ、何よりもインタラクティブ性のあるコンテンツを惜しみなく提供することが大切だ［図13］。

その際、ブランドのリテールタイプやカテゴリーを意識して、コンテンツを絶え間なく発信することが非常に重要である。1つひとつのメッセージやタッチポイント、顧客とのやり取りは、いずれもあなたが選択したリテールタイプのポジションをはっきり表現し、そこに命を吹き込み、強化するものでなくてはならない。

その結果、継続的なコンテンツの循環が生まれる。この循環のなかで、顧客の声や反応から

〔図13〕
コンテンツは双方向の会話

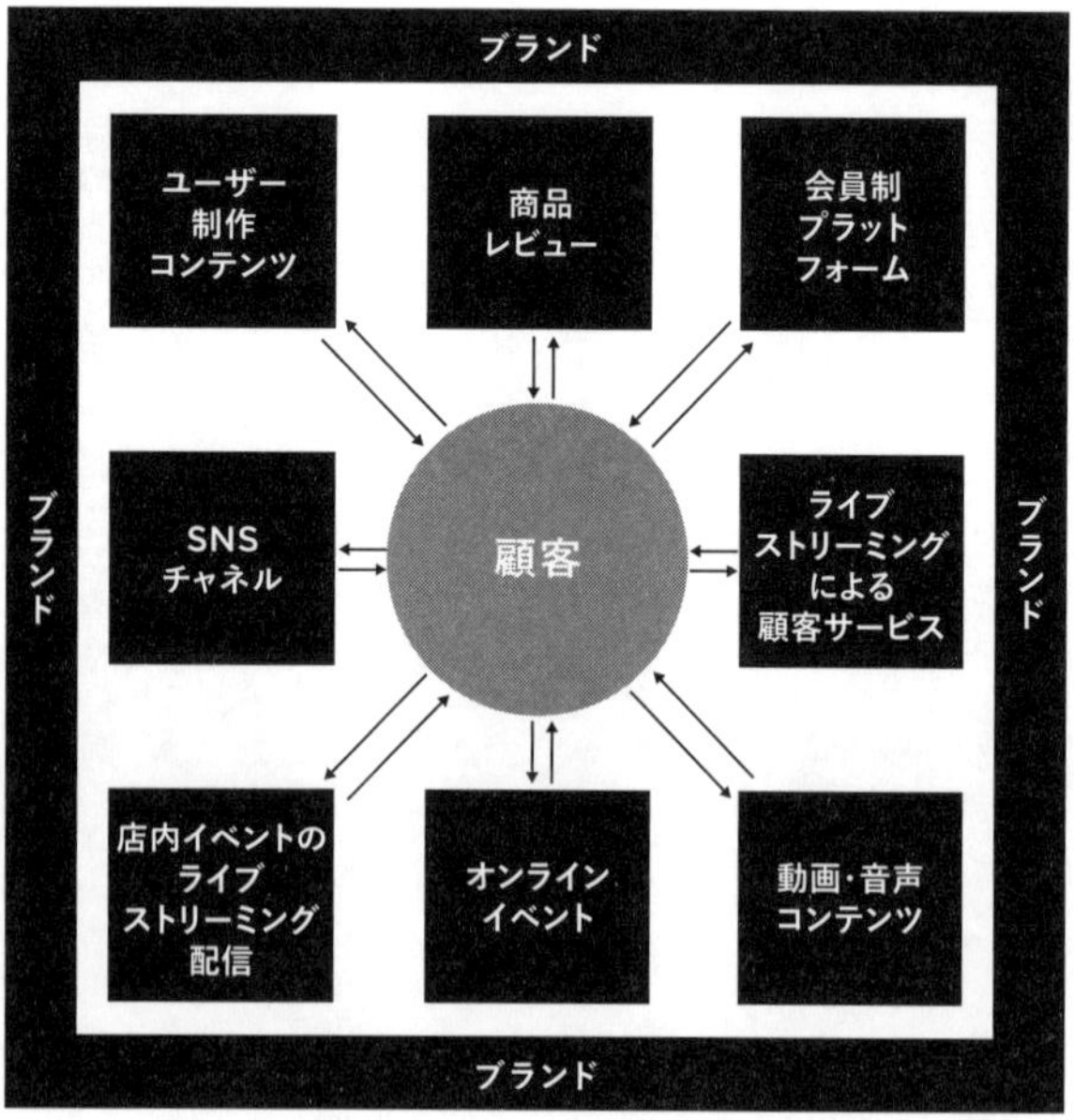

〔図14〕
ブランドが回すべきコンテンツループ

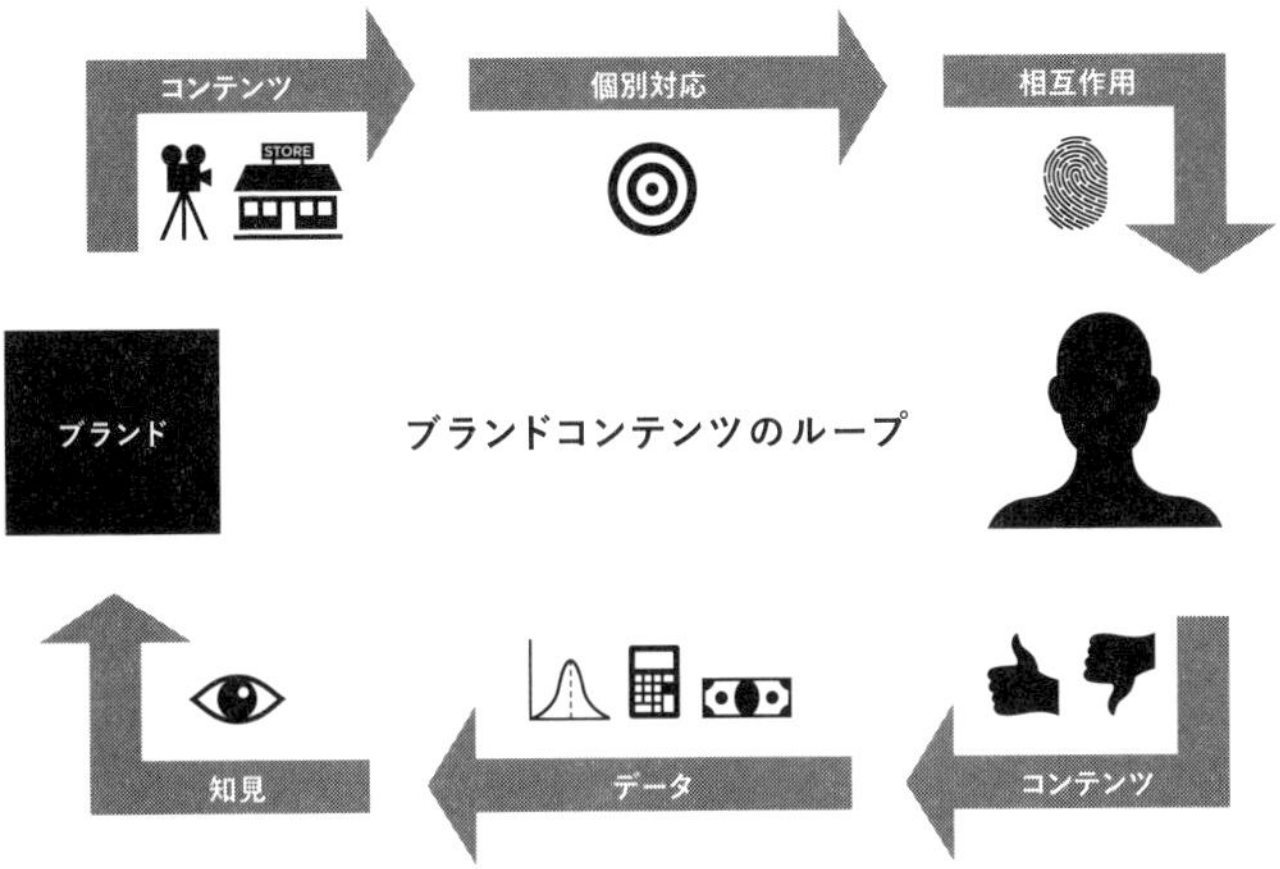

得られた知見やひらめきを再びコンテンツの制作作業に反映し、さらに説得力ある新たなメディアづくりに生かしていくのだ〔図14〕。

だが、本領を発揮するのは、ここからだ。

1つひとつの店に制作スタジオがあったら……と想像してみよう。店内イベントや商品発売、商品デモ、インフルエンサーの出演などをコンテンツに盛り込み、メディアのエコシステムに加えたらどうだろうか。顧客に送りつける広告量を増やすのではなく、独自のおもしろいコンテンツを顧客が心から楽しみたいと思うようになると、とたんにコンテンツの制作、露出、顧客とのやり取りが爆発的に増加する〔図15〕。

そんなのは当たり前だと思うかもしれないが、ではなぜあなたのブランド、あなたの店

〔図15〕

ニューメディアが生み出すエコシステム

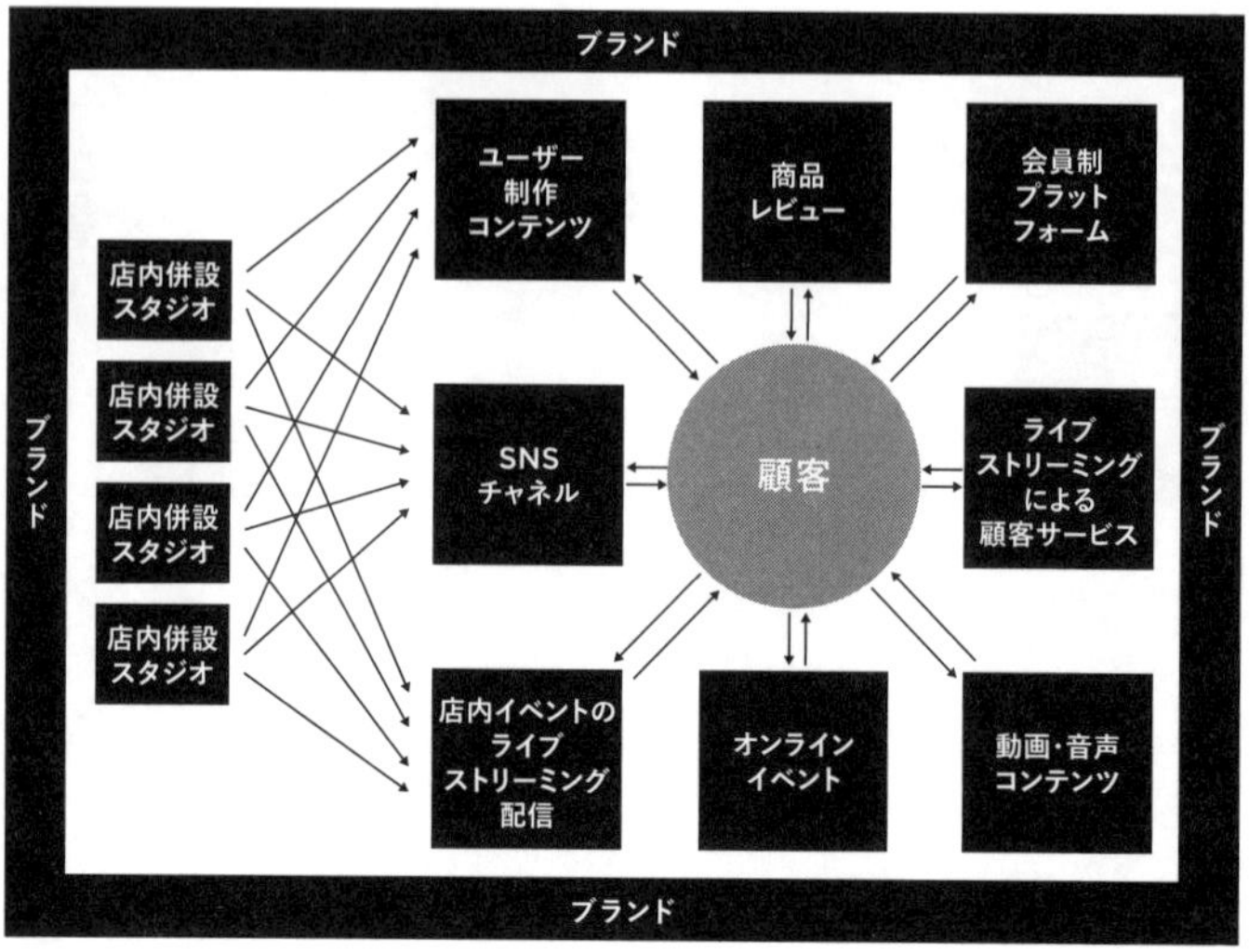

はそういう状況になっていないのか。改めて問い直す必要がある。なぜブランド各社は、手当たり次第に顧客に送りつける鬱陶《うっとう》しい広告に相変わらず頼っているのか。そればかりか、同意もないのに私たちを尾行するようなツールにまで次々に投資しているではないか。私たちがぜひ読みたいとか、体験したいと思わせるような充実したメディアを作ろうとしないのはなぜか。

　こうした一連の疑問は、1行で言い表せる。ほとんどの企業経営者は、何だかよくわからない戦術に手を出すくらいなら、うまくいきそうになくても馴染みのある戦術を採用するほうがましと考えているのだ。なんと荒っぽい判断かとあきれるが、現実に行われていることである。小売業界全体が揃いも揃って長年、インターネットの誘惑に必死に抵抗してきたのは、ネット販売が眉唾ものだったからではなく、小売業界のほとんどの経営陣がインターネットやその可能性を理解できなかったからである。そこで不安になるのは、私たちがいったいどんなことを理解できていないのかだ。

また、まったく独自の新しいものを生み出すリスクを背負い込むよりも、クリックしてくれそうな新しいトラップや目先を変えたトラップを地雷のようにメディアに仕込み、刷新したと上司に説明するほうが簡単なのである。

一方、インタラクティブ性の高い優れたコンテンツの制作には、独創性が不可欠だが、それを担うクリエイティブな作業やスタッフに対して、不快感を抱く経営者が驚くほど多いのだ。にわかに信じられないかもしれないが、各種調査によれば、「独創性を認めてくれとか受け入れてくれと言われても、まったくなす術がない」と感じている経営幹部は50%以上に達することがわかっている。[5] 多くのリーダーにとって、独創性とは、不快感、半信半疑、リスクの元にしか見えないのである。ほとんどの企業は、口では独創性が財産だと持ち上げているが、意味のあるかたちで報いている例はほとんどないのが、その証拠だ。

もっと言えば、自社のマーケティング活動にとりたてて独創性が見られないとしても、あながち広告代理店のせいとは限らないわけだ。代理店が独創性あふれる素晴らしいアイデアを持ってきたとしても、社内で握りつぶされている可能性があるからだ。とにかく、顧客に魅力あるインタラクティブなコンテンツを提供せず、リターゲティング広告やバナーからの購入にこだわっていれば、勝ち目のない戦いに挑んでいるのと同じだ。

幸いにも、これまでのやり方を帳消しにできるパンデミックという絶好の機会が訪れた。

新手の広告とは違うショッパブルメディア

広告を控えて、もっと魅力あるコンテンツ制作に乗り出すと決断すれば、次のステップは100%ショッピング可能なコンテンツ、いわゆる「ショッパブルコンテンツ」にすることだ。すでに消費者の間では、あらゆるメディアを使ったメッセージ自体が、直接購入の入り口として期待されるようになっている。

各種調査によれば、インスタグラムユーザーの3分の1が、インスタグラムの「プロモートポスト」(投稿自体に購入機能を追加した宣伝投稿)と呼ばれる投稿から(ECサイトに移動することなく)商品を直接購入していることがわかった。[6] さらに、ユーザーの60%がインスタグラム上で新商品を知ったという。実際、2019年3月、インスタグラムは「チェックアウト」

（決済）という機能を追加し、1億3000万人以上のユーザーがブランド各社からの投稿を見て、インスタグラムから外部に出ることなく、そのまま商品を購入して決済まで完了できるようになった。

また、「新しい製品やサービスについて知りたいときには動画を見る」との回答は72％に上った。[7] ドロップTV（droppTV）などの企業は、動画に商品購入可能な仕組みを組み込む機能を用意していて、動画視聴という体験内での直接のショッピングを可能にしている。動画中に登場する商品のうち購入可能なものには「dropp」というボタンも表示されている。視聴者は、動画を見ていて気になる商品があれば、このボタンをクリックするだけで、動画を楽しみながらその商品の購入までできてしまうのである。

同様に、ティックトックも最近、Z世代のための通販サイトとの異名をとるNTWRKというスタートアップ企業と提携し、アーティストのジョシュア・ヴィーダスが手がけるアパレルの限定品販売に乗り出した。ストリーミングのライブ配信を視聴しながら、ティックトックのアプリから外に出ることなく、商品を直接購入できるのだ。

つまり、一部の消費者が持つ明確な欲求に、広告で訴求すべきではないのである。エンターテインメントの価値、情報、インスピレーション、直接購入経路を盛り込んだメディアで訴求すべきなのだ。その方法はさまざまだ。

・ショッパブル（購入可能）動画
・ビジュアルストーリー
・画像
・商品レビュー
・ユーザー投稿コンテンツ

メディアは新たな店である。店である以上、購入可能でなければならない。

だが、このことは、従来の実店舗にとって何を意味するのだろうか。つまり、メディアが店だとすれば、実店舗はもう不要なのだろうか。

そんなことはあり得ない。むしろ、実店舗は、かつてないほどに重要になる。ただし、商品流通のためではない。

あなたの店をメディアに変えろ

私と面識のある方ならご存じだろうが、少なくとも2015年以降、私は満月に向かって遠吠えをやめない狂犬のごとく、小売業界にやがて訪れる変化を唱え続けてきた。どうやら遠吠えをやめてもよさそうだ。ついにその変化が訪れたからだ。どういうことか。

新型コロナウイルスの感染拡大を受け、小売業界は、実店舗が混乱に弱い現実を突きつけられた。実店舗が商品流通の信頼できる手段として使い物にならないことを思い知ったのだ。パンデミックはもとより、社会不安や気候変動、悪天候など、今後、実店舗にいかなる困難が降りかかっても不思議ではない。また、実店舗はどうしても営業時間や交通の面で制約があり、デジタル社会になってますます不便な存在になりつつある。

だが、正直なところ、実店舗というものは、全盛期でさえ、顧客の手に商品を届ける手段として何かと問題を抱えていたのである。営業時間がどうしても限られているし、運転資金や人件費も必要とあって、その分、収益性が割を食う。最低限の売り場づくりに取り組むことを考えると、ラックや棚を埋めるために過剰な在庫を運び込む必要もあった。すると値下げや利益減少につながり、しかも破損品や減価償却、万引き・盗難などで余計に悪化する。

だが、こういうことがあっても、実店舗というスペースの圧倒的な価値が否定されるものではない。もう1回言おう。こんなことで、実店舗スペースの価値は否定されないのである。それどころか、こういう状況だからこそ、実店舗の変容・パワーアップにつながるのである。

店舗は、商品流通チャネルからメディアチャネルへと変容し、パンデミック後の世界では、メディアチャネルとしての役割がますます重要になる。

今、デジタルメディアのコストは、多くのブランドにとって顧客獲得の手段として非現実的な水準にまでつり上がっている。たとえば、2019年にアウトドアウェア販売のアウトドアヴォイシズは、デジタルメディアチャネルによる顧客1人当たりの獲得コストが上昇していて、新規顧客が商品を購入してくれる売り上げ機会が吹き飛ぶほどになっていると指摘している。

2018年にアメリカで実施された調査によれば、デジタル広告支出は前年比21％増で、その影響で1クリック当たりの平均コストも前年比17％増となった。しかも、悲しいかな、実際のクリック数は7％増にとどまっている。クリック数7％増のために広告支出を21％増やすようなことを平気で続けられるCFOがどこにいるだろうか。フェイスブックの広告料金は、2017年から2018年にかけて、なんと2倍以上に上昇している。[8] すでに2018年の段階で、小売業界はデジタル広告の支出増に対して、それに見合った収益が確保できなくなっている。それもそのはずで、消費者は終わりのないデジタル広告の大河を泳がされ続けている現実に気づいてしまったからだ。

パンデミックの影響で広告費用の上昇ペースは多少緩やかになったとはいえ、ひとたびトンネルの出口の光が見え始めたら、ブランド各社は再び広告支出を強化して市場に攻勢を仕掛けるのではないか。長期的には、新規顧客の獲得手段としてのデジタル広告は目玉が飛び出るほどに跳ね上がり、そのくせ、効果は大して期待できないツールになっていくことは確実である。

パンデミック前のニューヨークでは、グロッシアー（Glossier）やシュプリーム（Supreme）、キス（Kith）といった新進の人気ブランド店舗で行列を見かけることは珍しくなかった。オーストラリアのメルボルンでも、ストリートファッションブランドのカルチャーキングス（Culture Kings）の商品を買おうと、何百人もの買い物客が開店前から何時間も並ぶ光景が見られた。2019年に東京を訪れた際も、原宿や渋谷のシックなショップの前にはたくさんの若者らが根気よく行列に並んでいる姿を目にした。

実店舗は、単に強力なメディアチャネルになるだけではない。極言すれば、これほどまでに管理しやすく、実際に手にとって触れることができ、しかも効果の測定が可能なメディアチャネルがほかにあるだろうか。デジタルメディアの場合、消費者が本当に関心を持っているとか熱中していると判断するには疑問の余地がある。一方、実店舗は消費者による実際の来店や体験参加というかたちで具体的に確認できる。直接、親密につながり合うことができる。

ただし、新型コロナウイルスに絡む不透明感があるので、実店舗のメリットが短期的には影響を受ける可能性はある。だが、長期的に見れば、ほぼ確実にこの実店舗のメリットが発揮される。パンデミックによって、実店舗での体験の価値が葬り去られることはない。恐らく私たちはかつてないほどに、身体的・社会的相互作用、つまり身体的に手応えを感じたり、対人関係や交流を味わったりすることを切望するようになるが、そのニーズを満たす手助けができる場こそ、小売店舗なのである。ただし、パンデミックを機に、こうした体験の質が大きく問われるようになる。消費者が並々ならぬ期待を寄せるからだ。EC化は、これから2年以上にわたって加速していく。消費者がそれに慣れていけば、実店舗で味わう体験の良しあしに関して、はるかに目が肥えていくことは間違いない。

言い換えれば、小売業者にとっては、これまで「店」と呼ばれてきたスペースの新たな活用方法を見つける必要があるのだ。

ステージとしての店舗

パンデミック前、私は仕事の関係でオーストラリアのメルボルンにいた。初日は早起きして現地の小売りシーンの視察に出かけた。朝8時ごろ、若者たちの行列に出くわした。店の前からブロックを半分ほど行ったところまで続いている。なかにはキャンプ用の椅子に座ってブランケットにくるまっている人もいたから、ずいぶん長時間待っていたに違いない。実は、前出のカルチャーキングスの開店を待ちわびる行列だったのだ。カルチャーキングスは、国内に8

店舗を抱えるオーストラリア発のストリートファッション販売チェーンだ。私は開店後の状況を見届けたくて、数時間後に戻って来ることにした。

カルチャーキングスの店内に足を踏み入れると、「どうせどこにでもありそうな店」という思い込みは吹き飛ぶ。まず、音響システムからの重低音がまるで足元から体を伝って胸を直撃するような衝動に包まれる。続いて、複数階ぶち抜きの巨大な空間に圧倒される。小売店というよりも、さながらリオデジャネイロ辺りのクラブといった雰囲気だ。店内にはバスケットボールのハーフコートもあり、スタッフがフリースローコンテストを開催して客を楽しませている。ゴールの上に目をやると、高さ6メートルのところにＤＪブースがあることに気づく。2階では、軽食が用意されているほか、ヘアサロンでヘアカットまでできる。大手スポーツ用品チェーン、フットロッカー（Foot Locker）などと比べると、小規模ビジネスに違いないのだが、世界的に有名なミュージシャンや俳優、スポーツ選手などの姿を店内で目撃することも珍しくない。

しかも、独特のステージ演出を体感できる。空間、サウンド、照明、スタッフの情熱や気迫といったものが融合し、「ただならぬ店にさまよい込んだ」という思いが強くなる。まさしくそこは別世界なのである。カルチャーキングスの巨大空間には、実際のステージがあり、そこで熱狂的な観客を前にブランド色を前面に押し出したショーなどが繰り広げられることもある。

その日、私はこの店で何かを購入したわけではない。そもそも私はカルチャーキングスの想定する客でもない。だが、店を出るとき、極めて重要なおみやげを持ち帰ることができた。それは、「前向きで力強いブランド」という印象である。想定客でもない私が、こうして読者にぜひ伝えたいと思うほど、素晴らしい印象だったのだ。

ブランド各社が、このような見事なコンテンツを店舗で展開できたとして、これを店内に居合わせた人々しか体験できないのはあまりにもったいない。ならば、全世界に体験してもらってはどうか。

スタジオとしての店舗

ニーマ・コージーは、うまみのある商売をしている。商売もだが、商品も〝うまい〟のだ。その商売というのが、カリフォルニア州サンディエゴにある家族経営の菓子店「キャンディーミーアップ」である。お祝いなど特別な機会用に小売店向けに菓子を卸している。

パンデミック直前、コージーは、物流部門を担当する弟のジョニーとともに、受注量がわずかに減少していることに気づいた。そこに新型コロナウイルスの感染拡大も重なって状況は悪化するばかりだった。「店を閉めることになるんだろうなって、99%確信していました」とニーマは振り返る。[9]

苦し紛れに、ティックトックのアカウントを開設、ジョニーと2人で店内を舞台に動画制作を開始した。所狭しとキャンディーが並ぶカラフルで明るい店内は、2人のおかしなやり取りの背景にベストマッチングだった。オンラインで馬鹿げた遊びが流行れば、すぐに飛びついた。たとえば、「ゼリーフルーツチャレンジ」（ピンポン球程度の風船状の容器に詰まったゼリーを歯だけで開けて食べるゲーム）は、失敗すれば、撮影するカメラや自分の服、周りの友達の顔にゼリーが飛び散る他愛ない遊びだが、2人は次々にこうした遊びに動画でチャレンジした。

やがて2人のおもしろさにファンがつき、ティックトックでフォロワーが一気に増え始めた。ユーチューブの有名人から紹介されたこともあって、2人のティックトックはあっという間に4万人のフォロワーを獲得することに。

やがて、フォロワーのなかから菓子の注文が来るようになったのを機に、ニーマ・コージーは即座に同店初のオンラインショップを開設した。たちまちニーマは周囲が羨《うらや》むような贅沢な悩みを抱えることになった。動画で取り上げる商品という商品が飛ぶように売れるようになったからだ。ある商品の場合、想定の10倍も売れたことさえある。

ちなみに、2人の作るコンテンツは、決して作品と呼べるほど価値が高いものではない。単におもしろくて個性的というだけである。店舗経営の舞台裏も垣間見られるし、同店が扱っている珍しいキャンディー類の紹介や試食の様子を通して、あたかも擬似体験をしている気分になってくる。

現在、キャンディーミーアップは、ティックトックで45万近いフォロワーを集め、インスタグラムでもフォロワーを増やしている。2人にとって、目下最大の課題は、旺盛な需要に追いつくことだという。

やがて2人は、自分たちの店が販売促進活動を展開するのに完璧な撮影スタジオであり、ストーリーづくりに自分たち自身がなくてはならないキャラクターであると身をもって知った。コージー姉弟は、このスタジオからのメディア発信を通じて、視聴者だけでなく、まったく新しい大きな市場までも開拓できたのである。

店をメディアに〝化粧直し〟

化粧品ブランドのモーフィー（Morphe）が成長を続けている。かつて化粧品分野でオンライン専業だったモーフィーは、イギリス、アメリカ、カナダで実店舗を展開する計画を２０１９年に打ち出した。だが、その実店舗とは、私たちが一般に思い浮かべる化粧品店とはまるで違うスペースだった。本格的な制作スタジオを店舗内に設置し、顧客のコンテンツ制作に活用してもらって、ブランド認知を高めようという狙いもあったからだ。ビューティ分野で活躍する新進のコンテンツクリエイターなら、時間単位でスタジオを借り、スタッフのサポートを受けたり、各種カメラや照明機材を利用したりすることも可能だ。どのスタジオも、いわゆるイメージチェンジのスペースとしても利用できる。ここで顧客が25分間まで無料でイメチェンのメイクをしてもらったり、新しいメイクのテクニックを習ったりすることができる。

その結果、100本を超えるレッスン動画が誕生し、すべて同ブランドのウェブサイト上で閲覧できる。さらに、影響力のある熱心なコンテンツクリエイターのチャネルから数百本の動画が配信されている。こうした動画投稿者がモーフィーで制作したコンテンツに熱心なファンがつけば、そのネットワーク効果は絶大だ。これがブランディングのキャンペーンとなり、世界の巨大ビューティチェーンを相手に渡り合うことも可能だ。同社では、こうしたスペースを北アメリカと英国の50カ所以上に展開する方針を掲げている。[10]

やはりここでも、店舗こそが、独自の魅力をライブで伝える強力なステージや場になっている。しかもコンテンツ制作の素晴らしいスタジオでもある。実際、パンデミック前に、私もこの考え方をはっきりと打ち出している。自ら経営する会社・リテールプロフェット内に、小売業向けライブストリーミングコンテンツ制作を手がける新規部門を設立したのだ。小売業者からの依頼を受け、週単位で店頭からのライブストリーミング配信を実施するために、店舗をセットやステージに変身させるサービスだ。わずか1年前までは、そこそこ斬新な取り組みに見えたが、今や誰でも思いつくアイデアになってしまった。パンデミック後の世界では、オフライン、オンラインを問わず、充実したコンテンツ制作の物理的な背景として、店舗を活用することが主流の考え方になったと言える。

ここで重要なポイントは、毎日、世界中で、規模の大小を問わず、小売りの現場でマジックが起こっている点だ。だが、全世界の膨大なオーディエンスに向けて発信するためには、こうした体験を店内に押し込めておく必要はない。どのリテールタイプにもストーリーがあり、どのストーリーにもオーディエンスがいる。

家賃は顧客獲得の新たなコスト

市場ではオンライン化の大きなシフトが始まっていて、それに伴って実店舗が流通チャネルからメディアチャネルへと軸足を移すことはこれまでに述べたとおりだ。となれば、実店舗の生産性や寄与度の測定方法も抜本的に考え直さなければならない。オンライン販売が2桁成長を遂げている一方、オフラインは1桁台前半で低迷している状況では、実店舗の売り上げが先細りと考えるのは当然である。それは店舗の重要性が低下することを意味するのか。そんなことは絶対にない。ただし、私たちが価値の測り方をがらりと変える必要はある。

私の友人に、レイチェル・シェヒトマンという人がいる。体験型小売りのコンセプトをいち早く実現してみせた「ストーリー（Story）」という店の創業者である。先ごろ私はレイチェルと小売りの評価方法について話し合っていた。レイチェルはこんなふうに説明する。

「人々が多く集まる場所ならどこでも、メディアは有効です。大事なのは、メッセージがあって、オーディエンスがいることなんです。メディアとしてのチャネルを持っているわけですから」

まったくもって彼女の言うとおりだ。1000年前なら、こんなふうに人々が集う場はバザールと呼ばれ、売り手を見つけて必需品を買うことはもちろん、人々が交流し、ニュースや情報を入手する場でもあった。

やがて印刷機が情報流通の効率的な手段となり、新聞が大きな力を持つようになった。ラジオの登場で、情報の即時性も到達範囲も新たな次元に突入した。それからほどなくしてテレビが主役の座を奪い、消費者の情報源もテレビに移行していった。

現在、デジタルメディアがあらゆるライバルを蹴落とし、人々の集いの場として主役に躍り出た。そこで人々は世の中の出来事や新しい動き、今後の見通しを知るようになっている。

ところが、このデジタルメディアのコストが高騰し、その割に有効性の伸びは徐々に頭打ちになりつつある。それだけに、これから10年の生き残りを考えている小売業者は、実店舗という物理的な資産をメディアとして活用するだけでなく、実店舗の評価方法もそれなりに変えていかなければならない。

実店舗の価値を正しく評価する

店舗が持つ真の生産性を的確に測るには、どうすればいいのか。実は、業界のマーケティング活動ではすでにお馴染みの指標があり、ここに注目すればいいのだ。だが、どういうわけか、今まで実店舗の評価に使われたことがない指標である。その重要な指標とは、「媒体別インプレッション」という指標である。言い換えれば、実店舗での体験によってブランドの印象がどのくらい上がるのか、あるいは下がるのかを数値化するのだ。

実例を挙げよう。以前、20以上のブランドを抱える大手美容企業のマーケティング責任者と話をしたことがある。同社が手がけるさまざまなブランドの実店舗を訪れた年間来店客数を尋ねた。すると、およそ1億人だという。

そこで、興味本位でこんな質問を重ねた。年間1億人の消費者にブランドを訴求するつもりで大手の広告代理店と組んだら、いくらくらいかかると思うか、と。ここで言う「訴求」とは、ユーチューブで30秒のプレロール広告（動画閲覧直前に挿入される広告）やインスタグラムのスポンサー投稿を消費者に見せるといったレベルではない。もっと長め（20〜30分）の尺で、内容に没頭できるくらいのメディアを味わってもらうことである。顧客がブランドのストーリーをしっかり咀嚼《そしゃく》し、商品について知識を深め、ブランドのコミュニティやカルチャーの一端に触れてもらうためのメディア体験だ。言い換えれば、本当に中身があって、簡単に忘れられないような内容で、人間の心に訴えるメディア体験のことである。

すると、「とんでもないコストがかかりますよ。それも天文学的な金額がね」と言う。確かにそうだろう。そのようなキャンペーンにかかるコストは、世界屈指の巨大企業でもおいそれと予算を組めない金額になるだろう。

だが、こう考えることもできる。彼の来店客数の説明から言えば、同社のブランドはすでに同等の効果のあるメディア体験を提供して、同じくらいの数のオーディエンスを取り込んでいたことになるではないか。問題は、同社がその価値を財務諸表のどこにも計上していないことなのだ。いや、そもそも価値を測ってもいなかったのである。

別の言い方をするなら、ある美容系のブランドが店舗で年間1億人の顧客と接触しているとすれば、これほどのブランドのインプレッションを生み出す店舗は、ＣＭなど他の方法で同等のインプレッションを生み出す場合の市場価値と最低でも同じと見ていいはずだ。実店舗はもはや、単なる商品流通の拠点ではない。実店舗固有の価値を生かしたリターンが期待でき、顧客獲得戦略の文脈で語るべき存在になっているのだ。この価値を説明しなければ、実店舗による小売りの価値を完全につかんだことにはならない。

体験の価値を見極める

では、実店舗の正しい価値とは何か。いい質問だ。2つの要素が必要である。まず顧客のインプレッション1件当たりの価値について、社内的に合意しておく必要がある。次に、平均的なインプレッションの「質」の測り方だ。

▼インプレッションを評価する

今挙げた2つの要素のうち、最初の要素であるインプレッション当たりの価値については、社内的な合意を得るうえで、専門的な知識に基づく想定が欠かせない。これは、四半期ごとの株主向け決算報告に書くような数値ではない。大事なのは、適切で現実味のある数字だと、社内的に受け入れられるかどうかだ。議論の足がかりとして、1つ提案しておこう。

店内で顧客が味わうプラスの体験1件の価値は、有効性の面から言えば、フェイスブックにちらっと現れる広告のインプレッションと比べて5倍の価値があるとの想定で考えてみてはどうか。フェイスブックのインプレッション単価が0・8ドルだとすると、店舗で得られるインプレッションの価値は4ドルになる。仮に、先ほど話題に上った某美容系ブランドの店内の年間インプレッションが1億回だとすれば、年間4億ドルの価値を生んでいることになる。ところが、同ブランドでは、売り上げと利益しか見ていないから、誰もこの店舗というメディアの価値を説明できないのだ。

▼インプレッションの質を見極める

インプレッション単価が決まったら、次のステップはインプレッションがどの程度のプラス効果またはマイナス効果だったかを見極めることだ。私の経験では、公正に評価する一番効果的でわかりやすい尺度としては、ネットプロモータースコア（NPS、顧客推奨度）を見ることだ。平たく言えば、NPSとは顧客があなたの店でショッピングしたときの体験を「いい」「悪い」「どちらでもない」のいずれかで格付けし、それぞれの割合を見るものである。店舗のNPSが非常に良好であれば、この価値を社内的なニーズに応じて、店舗の業績指標に加えればいい。要するに、ある店舗が100万ドルの売り上げを計上していたとしても、実はメディアとしてさらに10万ドルの価値を生み出しているかもしれない。

ＮＰＳが良好の場合、メディアとしての価値も同様に良好とみなすことができる。ＮＰＳが中立（「どちらでもない」の割合が多い）の場合、体験の良しあしについて賛否両論に分かれていて、インプレッションの価値が差し引きゼロになっていると考えられる。ＮＰＳが悪い（「推奨しない」の割合が多い）場合、メディアの価値もマイナスで、店を開けるたびにブランドに重大な傷をつけている可能性がある。

このような評価方法は極めて重要だ。というのも、今、小売りのデジタル化がとんでもないスピードで進んでいて、やがて大部分の商品の購入がネットに移ろうとしている。私は、早ければ２０３３年ごろには、そのような状況になっていると見ている。そんな流れのなかで、店舗の価値を判断する手段が売り上げと利益だけという状態では、ゆくゆくは全店舗を閉鎖したくなるはずだ。だが、それは大きな間違いだ。店舗にはメディアとしての価値があるからである。その価値を測らなければ、閉めなくていい店まで閉鎖してしまうだけでなく、多くの店の閉鎖とともに、何百万ドルにも及ぶメディアの価値をドブに捨てることになる。

わかりやすい例を挙げよう。A店は年間５００万ドル相当の商品を売り上げていて、同ブランドに対するプラスのインプレッションが２００万ドル相当だとすると、この店の真の貢献額は、少なくとも社内的な視点で見れば、７００万ドルの価値があるわけだ。一方、B店は、８００万ドルの売り上げがあるが、ブランドのマイナスのインプレッションが３００万ドルだとすると、貢献額は差し引き500万ドルに落ちる。

1店舗閉鎖せざるを得ないとすれば、どちらを選ぶだろうか。売り上げのみで判断するなら、単純にA店を閉鎖となるはずだが、これは完全な失策だ。そうではなく、社内で合意の取れた顧客1人当たりのメディア価値も含めて計算すれば、各店舗の真の貢献度を反映し、もっと正確な判断を下すことができる。

なるほど、私がよく訪れる小さな店があるのだが、こちらは顧客として素晴らしい体験が味わえて、ブランドへのインプレッションも非常に高い。一方、価格帯がかなり高く、凝ったつくりの旗艦店に足を運ぶこともあるが、こちらはどう見てもひどい応対で、ただただブランドの価値を落としているだけの店だ。売り上げだけで比較するなら、この隠れた違いはつかめない。いや、それどころか、閉めるべきではない店を閉めてしまう可能性さえある。

実店舗内にクリックできる店舗を用意する

パンデミック前の時点で、来店客が煩わしいと感じていたような要素は、パンデミック後には、ますます耐え難くなる。ロックダウン中にすっかり慣れてしまったオンラインの利便性に比べると、実店舗のスペースでは、いろいろな葛藤を覚えることも少なくない。商品について尋ねれば待たされる。サービスも待たされる。レジでも待たされる。要は何ごとも待たされるわけで、こんな店はやがて時代から取り残されざるを得ない。

消費者にしてみれば、2020年より前には、デジタル世界と実世界を隔てる垣根があったかもしれないが、新型コロナウイルスという超弩《ど》級の隕石が激突して吹き飛んでしまった。売り場で商品を眺めながら携帯端末で情報や使用方法をチェックする機能はもちろん、ひょっとしたら店内でネット注文したりする機能まで、当たり前のように期待される日がすぐに来る。これは、サービス集約型ではないビジネスモデルの小売業者に特に当てはまる。アプリ上でオンラインのショッピングカートに商品を入れてから、実店舗を訪れ、さらに売り場で見た商品もカートに加え、購入商品をまるごと自宅に配送してもらう。こんな自由度が求められるようになるのだ。

テクノロジーを駆使すれば、顧客を店舗に結びつけることはもちろん、体験全体を通じて顧客を追うことも可能だ。すると、顧客にとっては、体験全体の価値が高まるだけでなく、体験のさまざまな場面で顧客のデータを吸い上げ、コミュニケーションを図るチャネルを確保することも可能になる。顧客の動きや商品力、売り場づくりの効果、滞在時間に関してリアルタイムに入ってくる知見だけでも、十分に魅力的だろう。そうなれば、O2O（オンラインとオフラインをつなぐ顧客誘導）施策による顧客行動の情報は、どうでもよくなるかもしれない。

誤解なきように付け加えておくと、無分別に店舗内を画面だらけ、ＩＴ設備だらけにしろと焚《た》き付けているわけではない。顧客もスタッフも、「ここぞ」という場面でほしい情報や必要な情報にアクセスできるインターフェイスを用意してはどうかと言っているのだ。

さようなら旗艦店

少々刺激的な見出しを掲げてしまったが、もちろん理由がある。「顧客の体験」というコンセプトを語るときに「旗艦店」ありきの発想はもう終わりにしたいのだ。

これにはいくつか理由がある。第1に、私の経験上、旗艦店は、社内的に、やりたい放題の手に負えない子供のような存在になりがちなのだ。店舗全体の運営を担うチームにしてみれば、こうした旗艦店は、往々にしてマーケティング上、不必要な存在である。軽薄でカネ食い虫で見掛け倒しと見られていることも少なくない。業務の面からは「実店舗」とは言い難い存在なのである。

逆に、マーケティング関係者は、旗艦店を店舗運営の領域と見ていて、体験を構成する美的な部分や贅沢な部分に息を吹き込むのが旗艦店だと考えている。旗艦店が力を発揮できず、期待に応えられなければ、たびたび責任のなすり合いに発展する。全員に責任があるからこそ、誰も責任を負わないのだ。

第2の問題は、旗艦店には独自性があるにもかかわらず、通常の店舗の財務実績を測る際に使う従来の基準で旗艦店も測られることが多い点だ。むろん、一般に旗艦店の売上高販管費率は、従来型店舗よりはるかに高いことも問題である。

何よりも、純粋に実益の面から言えば、なぜブランド各社は、旗艦店をつくるという、通常店舗がかすんで見えるようなことをあえてするのだろうか。顧客の体験は、特定の店舗や地域でしか手に入らないようなノベルティグッズではいけない。旗艦店に限らず、顧客との接点になるありとあらゆる場に広く行き渡るべきである。突き詰めれば、すべての店舗がいわば旗艦店でなければならないはずだ。

すべての店舗をコンセプトストアに

だからこそ、私は、ブランド各社には旗艦店ではなく「コンセプトストア」という発想を持ってもらいたいと常々思っている。コンセプトとは、繰り返しの取り組みや創意工夫、継続的な開発を示唆する言葉だ。コンセプトストアは、本格展開も視野に入れた価値あるイノベーションを生み出す傾向があり、当然、全店舗へと展開できる可能性も高い。また、コンセプト自体は、マーケティング部門と営業部門の双方が共同で所有・運営することも可能だ。旗艦店なら「これが私たちに精一杯できること」と言いそうなところが、コンセプトストアなら「私たちはイノベーションへの取り組みをやめない」となる。

旗艦店は、大がかりな体験ほどいいと考える。だが、実生活でよくあるように、ちょっとした体験に大きな満足感を覚えることは少なくない。オートキュイジーヌ（高級フランス料理）がいい例だ。腕利きシェフが創り出す素晴らしい料理は、量的にはほんのちょっとだけだ。「料理の盛りが小さいのは、食材を減らして儲けを増やすため」と冷ややかな見方をする人もいるが、実は小盛りのほうが生理学的に理にかなっているのだ。

まず、量が少ないほうが見た目が美しくなる。小盛りは食器の上で見栄えがよく、芸術的な盛り付けができるため、見た目で食欲がそそられる。だが、もっと重要なポイントは、科学的に、いかなる食べ物も最初の3〜4口は舌の味蕾《みらい》の反応が飛び抜けていいと言われる。その後は、あまり代わり映えがしなくなる。また、少ない量に抑えれば、1回の食事で多くの種類の料理を味わうことができる。

こんなふうに、大がかりな体験だからと言って、いい体験になるわけではないのである。確かに、私自身、ショッピングの場で、とことん洗練されていて、おもしろく、記憶に残るような体験を思い出してみると、極めて小さな小売りスペースが舞台になったものもいくつかある。

会員に「なっていただく」のではなく、会費を請求せよ

ロイヤリティ（愛着心・信頼）を重視してポイントカードなどを導入している業界には、あまり外部に知られたくない不名誉な秘密がある。実はポイントプログラムは、得意客を増やす効果がないのだ。各種調査によれば、小売業界のポイントカード会員と非会員の行動に関して、店に対するロイヤリティの差はごくわずかだという。実際、ポイントカード制度の多くが促進するのは、ブランドに対するロイヤリティでも何でもなく、専門家の間で指摘される「特典に対するロイヤリティ」に過ぎない。要は、買い物客が割引目当て、特典ほしさで反応しているというわけだ。だが、私が考えるポイントカード制度の問題点は、ブランドと顧客の間でごく限られた一方通行のやり取りになってしまっている点だ。やり取りといっても、特典、ポイント、購入くらいしかないのだ。

たとえば、夫婦がそんな要素だけでまともな相思相愛の関係が成立するだろうか。

「あなた、今月は浮気もせずにまじめにがんばってくれたから100ポイントね。ゴミを出してくれたらボーナスポイントよ。ポイントが貯まっているので、夕食か映画に交換する？」

こう考えると、入会無料のポイントカード制度が一番威力を発揮するのは、食品や航空、ホテル、クレジットカード、ガソリンなど、競合との差別化が難しい分野だろう。要するに、ヒルトンとシェラトンという2つのホテルチェーンの最大の違いは、どちらがポイントをたくさんくれるかに尽きるのだ。そこに問題がある。小売業者は、単に客が「惰性」で利用しているだけなのに、ロイヤリティと勘違いしているのだ。客は、とりたてて忠誠心も愛着もないのだから、最後まで浮気せずにとどまってくれるわけではない。とどまってくれているのは、競合に乗り換えたところで、体験内容に大した差はないからだ。

ほとんどのポイントカード制度には、もう1つの問題がある。それは「ポイントカードが、体験自体と本質的には無関係」という点だ。要は、ポイントカードで得られるポイントは、ショッピングの体験とは切り離されて、別物になってしまうのである。なぜなら、その日のショッピングという体験が終わらなければ、ポイントは手に入らない。たとえば、私はスターバックスに行くたびに不思議に思うのだが、オーダーを聞かれ、（商品受け渡し時に呼び出すための）名前を聞かれ、ようやく会員カードアプリがスキャンされる。最初にアプリをスキャンしておけば、私を名前で呼ぶこともできるし、「いつものでよろしいですか」といった気の利いた応対もできるではないか。そうすれば、私がいつもオートミールクッキーを一緒に買っていることもわかるはずで、「クッキーもいかがですか」と一言添えることも可能だ。

結局、私のポイントカードは、店での体験とまるで無関係ということがわかる。それでは本末転倒だ。そこで強く推奨したいのが、有料会員制の採用である。

有料会員制は、さまざまな面でポイントカード制度に勝る。何よりも有料会員制は、本当にブランドや店舗に思い入れのある顧客を浮かび上がらせる手段になる。たとえば、アマゾンプライム会員は、非会員に比べてアマゾンでの年間消費額が3・5倍以上に達する。会員制の威力を生かしているブランドは、アマゾンだけではない。2016年、高級家具・インテリア販売の「レストレーションハードウェア（Restoration Hardware）」が総合戦略を見直し、販促策としての値引きを一切取りやめて、有料会員制を導入した。会員になると、全商品が毎日会員価格で購入できるほか、年1回のインテリアデザイン相談など目に見えるかたちの特典も多数ある。

同社が〝値引き症候群〟から抜け出したまではよかったが、売り上げが低下したことから、会員制移行を疑問視する声が多数上がった。だが、2018年には好調な業績を達成し、売り上げの95％が有料会員による購入であることを公表して、同社に対する批判の声を封じ込めたのである。

また、会員制には、はるかに有意義な交流も期待できる。会員にしてみれば、自分だけの個別化されたやり取りにブランドが優先扱いで応じてくれる。だから、自らの行動に関する情報をかなりオープンにブランドに提供しても惜しくない。ブランドが顧客についての深い情報を獲得すればするほど、顧客が味わう体験も充実していく。だから顧客はさらにデータを差し出すようになり、信頼の好循環が加速していくのだ。

さらに、有料会員制は、継続的な収益の源泉にもなる。一方、ほとんどのポイントカード制度は、バランスシートの上では負債である。この本質的な違いゆえに、各社はあの手この手でポイントカードの価値に制限をかけたり、あれこれ条件をつけたり、ときには価値自体を引き下げたりする。かたや、有料会員制を用意している小売業者は、制度を拡充して、付加価値を高める施策を常に模索する傾向がある。

取扱商品や客層は関係ない。魅力的な有料会員制戦略を打ち出し、一番の得意客向けにこれまで以上におもてなしの精神を発揮した体験を提供すべきだ。

頂点に立つ怪物企業がビッグデータで群を抜いているというのなら、こちらは会員制を駆使して「ベストデータ」を獲得しようではないか。

値引きすることなかれ、絶対に

こんなことを言うと、「いくらなんでも純粋主義に走り過ぎではないか」と思われるかもしれないが、値引きは麻薬みたいなもので、そこに依存したからといって、状況が好転するわけではない。実際、「もっと、もっと」と深みにはまっていく。

今年、セールを1日やったら、来年は2日連続で開催したくなる。販売目標と株主の期待が重くのしかかるなか、今月「1個買ったらもう1個プレゼント」の企画を打てば、来月には「1個買ったら2個プレゼント」にエスカレートする。そういうものだ。私自身、そのプレッシャーに追いまくられていたことがある。だが、改めて言いたい。値引きはダメだ。

第1に、値引きをしたからといって、後日、それに見合う売り上げ増につながることはまずない。たとえば、10％の値下げをしたら、仮にがんばって20％多く売っても、しょせん本来得られたはずの利益にしかならない。そんな売り上げ増は不可能なだけでなく、そんな売り方をしているうちに、顧客には「そのうち、また値引きするさ」と期待を抱かせることになる。

「上得意客に報いたい」とか「おもてなしの気持ちを表したい」という理由であっても、値引き策は使ってはいけない。値引きをすることで、「普段は高値を吹っかけているのか」と見られても仕方ないし、せっかくの得意客が売買だけの関係になりかねない。おまけに値引きは、商人としての腕前やブランドとしての商品を安っぽく見せてしまう。

むしろ、大切な伴侶のように、顧客との関係を捉えるべきだろう。「顧客の暮らしに何らかの価値をもたらすには、どうしたらいいのか」と考えるべきだ。価格と価値のバランスをとることに関して、もっと広い視野で可能性を模索するのである。仮に商品に高めの価格を設定しても、その分、顧客を魅了する手段があればいいのだ。競合他社は、徹底的な安値を狙って消耗戦を繰り広げている可能性がある。今ではすっかり有名になった高級ビール「ステラアルトワ」の「reassuringly expensive」(「頼もしいくらい高い」の意)という広告コピーを思い出さずにいられないが、「それなりに払うけれど心強い、頼もしい」と思われるブランドをめざすべきである。

アドベンチャー精神を発揮せよ

パンデミック後の小売りの世界では、頂点に君臨する怪物企業や急成長のミニマーケットプレイス企業が、あくなき欲望を満たそうとうろうろしている。そのなかで生き残ることができ

〔図16〕「ありきたり」店vs「したたか」店

「ありきたり」店	「したたか」店
市場でのポジションを自ら掲げる	消費者のために定めた目的を満たす
商品を販売する	人間中心の大きなアイデアを売る
あらゆる物をあらゆる人々に売る発想	特定の選ばれた顧客に愛されようと考える
売り場面積当たり売上高と1クリック当たりのコストが尺度	売り場面積当たりの体験内容と1クリック当たりの売上高が尺度
店舗は流通の拠点	店舗はメディアとして活用
メディアは広告という信条	メディアは店という信条
商品と対価の取引	経験と価値の取引

る小売業のクラスがあと2つある。「ありきたり」店と「したたか」店だ。あなたはどちらを選ぶだろうか〔図16〕。

もし、表の左側のほうが自分の考えに合っているとしたら、軌道修正が必要だ。逆に右側のほうが自分の考えに近いと思ったら、未来は明るい。私たちは、あなたのような経営者を待っていたのである。

第7章

ショッピングモールの再生

REINCARNATION OF THE MALL

アメリカには大きな失望を抱いた。
著書にも書いたが、他の社会が文明を創造し、
われわれはショッピングモールを造る。

ビル・ブライソン

CNBCのインタビューで、ジャン・ニッフェンが「ショッピングモール全体のうち、3分の1は思ったよりもかなり早い段階で消えゆく見通しだ」と語った。[1]

どのくらい早い段階なのか。ニッフェンによれば、予測より10年も早まるという。学者先生がそっくりかえって「この世の終わりだ」と言い放っているのとはわけが違う。実は、小売業界で何十年も過ごしてきた元百貨店重役である。ショッピングモールが置かれた状況について悲観的な見方をしているのは、ニッフェンだけではない。

すでに2017年の時点で、クレディ・スイスは、「アメリカのショッピングモールの25%が、早ければ2022年に閉鎖に追い込まれる」と予測している。しかもパンデミック前の予測である。パンデミック後の予測はさらに踏み込んだ内容となり、被害規模は当初予測の2倍になりそうだという。

現在、業界では、自分たちがまったく未知の領域にいることに気づいている。依然としてパンデミックに翻弄され続けているショッピングモール関係者は、壊滅的な被害をもたらしかねない内部崩壊の脅威と背中合わせの状態にあり、金融市場への影響は2021年まで続く見通しだ。

当面モール頼みの経営はできない

2020年5月の『ウォール・ストリートジャーナル』紙によれば、5月1週目にジョージア州やテキサス州など7州でショッピングモールの営業再開のサンプリング調査を実施したところ、客足が前年比で平均83％減、つまり前年の2割にも満たなかった。また、7月にアメリカで実施された消費者調査によると、ショッピングモールに出かけることが「危険だと思う」または「非常に危険だと思う」との回答は32％に上った。[2]

多くの高級モールのなかでも揺るぎない地位を築いている老舗のノードストロームでさえ、モール経営から手を引く意向だ。同社CEOのエリック・ノードストロームによれば、同社はショッピングモール頼みの経営からの脱却を図るという。同社のショッピングモール事業は売り上げの36％を占めている。

ショッピングモールは、消費者が安全を実感するまで、通常営業への完全復帰は難しい。有効なワクチンが登場したとしても、配布作業が複雑になるため、消費者が安心感を取り戻すまでには、しばらく時間がかかりそうだ。

テナント離れが止まらない商業不動産

ショッピングモールの約60％が中核テナントとして百貨店を入れている点も、問題を余計に悪化させている。というのも、グリーンストリートアドバイザーズのレポートによれば、この中核テナントで入っている百貨店の50％が1年以内に閉店の見込みなのだ。[3]

当然、賃料収入がなくなれば、運営会社やオーナーの収入が圧迫され、ただでさえ疲弊しているショッピングモールにとっては、大きな痛手となる。たとえば、2020年9月に『ウォール・ストリートジャーナル』紙は、有力不動産投資会社スターウッドキャピタルグループが「最近の債務不履行でモール7カ所の支配権を失い、7年前に16億ドルで取得した不動産を手放すことになった[4]」と伝えている。

ショッピングモール業界が、テナントの債務不履行や変化の激しい資金市場への対応を迫られるなか、こうした債務不履行や支配権喪失は、いつどこで発生しても不思議ではない。

モール運営会社のなかには、破綻する小売業者の所有権取得に動き出したところもある。アメリカ各地でショッピングモールを手がける有力運営会社サイモンプロパティーズは、ファストファッション大手フォーエバー21や百貨店チェーンのＪＣペニーを買収した。サイモンプロパティーズCEOのデイビッド・サイモンは、投資家向け収支報告の際、こうした投資に踏み切った理由として「投資リターンがあると思う」と述べている。[5]

具体的な説明がなかったのは、その方法だ。賃料は払われるとしても、JCペニーのような死に体ブランドを買収して、どう稼ぐというのだろうか。JCペニー買収について、私を含め業界関係者の多くは、そのうちなるべくしてなる事態を未然に防ぐためだけの措置と受け止めた。むしろ、ショッピングモール運営会社が、特定の中核テナントに過度に依存してきたために、自分の首を絞めることになった典型例と言えなくもない。

運営会社に負担がのしかかって影響が出てくれれば、商業用不動産の取得に利用した融資の返済を停止する可能性が高い。しかも、こうした不動産の多くは、債務に見合う価値がなくなっている。現に最近の『ウォール・ストリートジャーナル』紙の調査によれば、ある業界は、パンデミック前の段階で崖っぷち状態だった。2013年から2019年にかけて設定された抵当権6500億ドルについて調査したところ、「通常の経済状況下でも、抵当不動産の純利益は、貸し手の引き受け額を下回ることもたびたびあった」という。[6]

つまり、調査の対象となった抵当権は、サブプライムローンだったことがわかる。実は、この由々しき事態は、2019年6月の時点で国際決済銀行（BIS）がアメリカとイギリスを名指しして、気がかりな傾向が顕著として、次のように指摘していた。

「近年、信用スコアの低い企業による借入が増加しており、社債市場が不安定化していたことを意味する」[7]。しかも「不安定」だったのは、パンデミック前の話である。当然、事態は悪化している。

同レポートは次のように指摘していた。

この調査から、1兆4000億ドル規模の商業用不動産担保証券(CMBS)市場のリスクが浮かび上がった。このCMBSは、ショッピングモールや集合住宅、ホテルなどに実施した融資をまとめて証券化した金融商品で、多くの場合、政府系機関の保証がつく。調査からわかるのは、パンデミック前に販売されたこうした金融商品は、粉飾決算も絡んでいる可能性が高く、ひとたび景気が下降局面に入れば、さらに厄介なことになりかねない[8]。

要するに、「あなたの年金基金が吹き飛びました」と言っているのと同じだ。2008~2009年のリーマン・ショックへの突入前夜のように、証券業界はサブプライムローンをうまいこと忍ばせて、ピカピカの新しい金融商品に仕立てる傾向があった。サブプライムの住宅ローンを舞台にした砂上の楼閣が崩れ去ろうとしたときに、商業用不動産ローンに舞台を移し、新たな砂上の楼閣をつくりはじめていたのである。

もうパンデミック前の世の中には戻らない

こうやって世界的な信用危機が生まれるのだ。小売業界で巨額の商業ローンを実施した貸し手が、今度は債務返済もままならない収入の不動産を相手に、サブプライムローンを実施して債権（紙屑同然である）を抱えているわけだ。そうこうしている間にも、こうしたローンの多くがまとめられて証券化され、担保資産のある質のいい金融商品として販売された。むろん、今だから言えるが、とんでもない金融商品だったわけだ。つまり、いつ崩壊しても不思議ではないし、危機的状況にあるのは、世界の商業用不動産業界だけではない。崩壊ともなれば、ゾッとするような被害に遭うのが、銀行や機関投資家である。保有する資産が、もはや格付けの対象ではなくなるからだ。

このままいったら、2008年のリーマン・ショックの再来になるのか。それは誰にもわからない。たとえ最悪のシナリオを回避できて、融資先の事業がパンデミック前の水準に戻ったとしても、ショッピングモールは振り出しに戻るだけだ。残念ながら、世の中はもう別の方向に動き始めていて、そこにショッピングモールが同じ商売を続けても、ジリ貧になっていくだけなのだ。

ショッピングモールが凋落した3つの要因

ショッピングモール、とりわけ欧米のモールは、どうしてこんな悲惨な状況になってしまったのか。アメリカには1000以上のショッピングモールがあるが、その50%ほどが、死んだも同然のJCペニーやシアーズといった昔ながらの百貨店を中核テナントにしている。さらに、60%以上がヴィクトリアズシークレットのような中堅ブランドを客寄せに使っているが[9]、こうしたブランドは、パンデミックで特に壊滅的な影響を受け、来店客が集まらず、かなり厳しい状況にある。もっとも、ショッピングモールの凋落は、アメリカに限った話ではない。

2018年後半、BBCは「イギリス国内にある200以上のショッピングモールが危機的状況にある」と報道した[10]。報道によれば、業績不振のショッピングモールの多くは、アメリカの未公開株式投資会社が所有している。カナダなどほかの地域でも、キャディラックフェアビューなど有力ショッピングモール運営会社は、営業時間を最大30%も短縮するなど、惨事を食い止めようと躍起になっている。

だが、これほど多くのショッピングモールがバタバタと倒れている理由を求めて、あれこれデータを分析しても、真実は浮かび上がってこない。そもそも数字や統計は、ほとんどの人々が知っていることを列挙しているに過ぎない。ショッピングモールは、私たちが知っているように、工業化時代のビジネスモデルであり、それに対するニーズがない世の中になれば、朽ち果てていくしかない。現代のショッピングモール業界は、そもそも揺籃期から、次の3つの基本条件を土台に発展してきたからだ。

①アクセス性

私は1970年代後期から1980年代初めにかけて中高生時代を過ごしたのだが、当時、ショッピングモールは、言ってみればアナログ版のインターネットのような存在だった。フェイスブックのように、友達や家族が集う場だった。出会い系サービスのティンダーのような側面もあった。ここで知り合い、交際に発展し、あるいは別れを迎えたカップルも少なくなかった。ネットフリックス的な役割もあった。地元の映画館が入っていて、町で唯一の映画館ということも多かった。フードコートで各自が好みのメニューを選べるという意味では、ウーバーイーツ的な面もあった。ショッピングモールは、チケット販売も担っていた。今は、世界最大のチケット販売会社「チケットマスター」(Ticketmaster)のようなサービスがネットにあるが、当時、ライブイベントのチケットが買えたのは地元で唯一ショッピングモールだけということも珍しくなかった。しかも、何時間も並ぶ覚悟も必要だった。そして、ショッピングモールはアマゾンでもあった。当時としてはクラクラするほど多種多様なジャンル、ブランド、商品が並ぶなかで、ほとんどのショッピングを済ませることができたのだ。

今でこそ、ショッピングモールといえばアパレルブランドだらけだが、当時の地方のショッピングモールでは、サンダルでも、スノータイヤでも、芝刈り機でも、口紅でも、あらゆるものが揃っていた。体調が悪ければ、買い物がてらクリニックに立ち寄ることもできた。地元のショッピングモールは、中産階級の人々の生活の中心であり、商業活動の基盤であり、中流家庭の子供たちや家族の遊び場でもあった。ショッピングモールは、ブランド、商品、交友関係、娯楽などにアクセスする場であり、場合によっては唯一のアクセス手段だった。

ところが、ポストデジタル時代には、ショッピングモールは、こうした機能を担えなくなってしまった。かつて私たちは、電卓や目覚ましなど用途に応じて40種類くらいの電子機器を使い分けて暮らしていたが、スマートフォンの登場ですべてが淘汰された。同じように、かつてショッピングモールが担っていた役割が、ほぼすべてインターネットに取って代わられてしまった。実際、世界最大のショッピングモールが、手のひらに難なく収まってしまうのである。しかも製品・サービスの品揃えで比べたら、普通のショッピングモールは、庭先のガレージセールかと思うほど見劣りする。

さらに、小売業界が衣料・靴などのバーチャル試着などの便利な技術を投入し、オンラインでますます安心して衣料品が買えるようになれば、ショッピングモールにとっては致命的なテナント流出という悪夢に襲われることになる。

②経済性

北米のショッピングモールの成長の原動力となったのが、第2次大戦後に爆発的に増加した中産階級だ。現在、中産階級の消費者は絶滅危惧種かと思うほどに減少してしまったが、消費者の大多数が、中産階級にうまく収まる時代が確かにあった。

大戦後に発展した先進国世界では、中産階級は、政府が超党派で情熱を持って進めたプロジェクトが生み出したもので、復員軍人に教育や住宅購入資金の貸し付け、労働組合による保護といった便宜を図る目的があった。1980年代初期以降、多くの国々で中産階級が消えつつある。1980年代後期から1990年代にかけて、共働き世帯が増えたにもかかわらず、平均世帯の暮らし向きが良くなることはなかった。進行するインフレについていくのがやっとだったからだ。

ロボットやコンピュータなど革新的な新技術が導入されたことに加え、労働組合の力が低下し、賃金は頭打ち、仕事が海外に流出した結果は、主に2つある。まず1つめの結果は、企業にとっては、過去最高の利益と株価が達成されたことだ。2つめは、アメリカでも他の国々でも、中産階級の労働者にとっては、不安になるほど賃金が伸び悩んでいることだ。端的に言えば、1978年から今日までに、アメリカの労働者の賃金は12％増加した。CEOクラスになると、もっと伸びている。どのくらいの伸びか気になるだろう。普通の労働者が1割強しか増えていないのに対して、CEOは10倍弱が上乗せされたのだ。誤植ではない。アメリカの非営利のシンクタンクである経済政策研究所によれば、CEOクラスの報酬は1978年当時を100とすると、現在は1028と、爆発的に増加している。実に10倍以上である。今度、ファストフードのドライブスルーでスピーカーから聞こえてくる声が心なしか元気がないなと感じたら、察してあげてほしい。

その間にも、住宅、医療、教育などにかかる費用は、天井知らずだ。たとえば、1979年から2005年までの期間を見ると、住宅ローンの返済は76％増、健康保険料は74％増、自動車購入費用は52％増（アメリカの場合、一家で2台必要な家庭が多い）、保育園費用は100％増、共稼ぎ世帯の税率は実に25％も上昇している。[11]

持てる者と持たざる者の格差は広がる一方だ。

現在、アメリカの株式の80％以上が、社会全体の10％しかいない富裕層の手にある。[12]

2018年のアマゾン従業員の賃金の中央値は、3万5000ドルだった。一方、2020年1月30日のたった1日だけで、同社の株価が上昇した結果、アマゾンの前CEO、ジェフ・ベゾスに130億ドルが転がり込んだ計算になる。

2020年には、アメリカの貯蓄率は50年ぶりの高水準に達している。貯蓄が増えたと言っても、富裕層以外の90％に相当する私たちにとって、総所得の1％をわずかに上回る額が増えただけのことである。こうなる前は、貯蓄率がゼロを下回る時期が長く続いていた。だが、上位10％の富裕層では貯蓄率は10％を超えていて、上位1％ともなると、その数値は40％に跳ね上がる。

たとえば、アメリカで最後に最低賃金の引き上げがあったのは2009年のこと。世界金融危機の真っ只中の措置で、ちょうど連邦最低賃金が時給7・25ドルだった。それ以降、アメリカの生活費は平均で20％上昇している。[13]住宅や教育など一部の費用は、もっと上昇している。

パンデミックで所得格差は、さらに拡大するだろう。

その末に、「高級ショッピングモールか、アウトレットモールか」という二極化が進みつつあり、その中間では、何もかもが吹き飛ぶほどの悪い知らせがある。中産階級の消費者を想定して誕生したショッピングモールだが、その中産階級の消費者自体が消えつつあるのだ。

③郊外化

欧米の百貨店の成長は、戦後の郊外流出の動きと符合している。さらに、格安の土地が豊富にあり、まじめなショッピングモール労働者を大量に確保でき、さらに自家用車を持っていて可処分所得に余裕のある中産階級の人口が多かったことも無関係ではない。1950年代から1990年代までは、ショッピングモールを次々に造っても需要に追いつかないほどだった。

潮目が変わったのは2000年代に入ってからだ。雇用、富、所得の都心回帰が始まると、一部の郊外型ショッピングモールは、巨額を投じて高級モールへの模様替えと路線転換に動いたものの、ほとんどは何も手を打てないまま、業績回復に転じることはなかった。2007年に入ってから、アメリカでは、エンクローズドモール（巨大な建物内に全テナントが入る屋内型ショッピングモール）の新規建設が途絶え、ごく最近になってニューヨークシティの「ハドソンヤーズ」やニュージャージー州イーストラザフォードの「アメリカンドリーム」といったメガモールが誕生したくらいだ。現在、パンデミックの影響もあり、こうした久々の新規オープン組でさえ先行きは不透明だ。

ショッピングモールの役割を再定義する

短期的には、郊外型ショッピングモールの用途転用が相次ぐだろう。実際、2017年以降、ショッピングモールから産業用スペースへの用途転用が増えている。住宅地から近いショッピングモールの地の利を生かし、商品宅配を担う配送センターや倉庫施設への転用が進んでいるのだ。2020年7月時点で、こうしたプロジェクトがアメリカだけで59件も進行していた[14]。

シアーズ百貨店は、各地のショッピングモールに出店していたが、あえなく経営破綻。これを受け、ショッピングモールの中核テナントとしてシアーズが利用していたスペースに目をつけたアマゾンは、2020年8月、すでに報道にもあったとおり、用途転用に向け、モール運営会社サイモンプロパティーズとの交渉に入った。報道によれば、アマゾンは、シアーズ退去後のスペースを小規模物流拠点に転用する計画だという。このような動きが順調に進めば、アマゾンは配送をさらに迅速化できるうえ、物流コストを劇的に削減できる。

家具量販店イケアの世界各地にあるほぼすべての店舗を所有するインカグループなどは、パンデミックを追い風に、主要都市・近郊の不動産の値下がりを見込んでいる。これは地殻変動の一端に過ぎない。2015年、私の会社はイケアの戦略プロジェクトに関わっていたのだが、その際、イケアが引き続き成長を続けるとすれば、都心部に進出したほうがいいとの結論に達していた。そこで、都心向けのデザインストアのコンセプトを策定した。これはキッチンや浴室、保管庫のプラン作成業務を主要都市に持ち込み、裕福な若い世代をターゲットにしたものだった。その後、このコンセプトに沿っていくつかのスペースが展開されており、今後も同様の出店が計画されている。イケアの場合、郊外型ショッピングモールも上手に選べば、新たな勝負の駒を手にすることになる。

自然界の食物連鎖では、生物の残骸は別の生物の餌になる。小売業界も同じだ。

一部の非営利団体などが、破綻寸前のショッピングモールを低所得者向け住宅に転用するよう、政府に働きかける動きさえある。ただ、コストの面から言えば、ショッピングモールを長期的に居住できる住宅に改修するよりも、最初から住宅用の建物を建設したほうが安上がりと指摘する声もある。

そう考えると、やはり結論は変わらないように思える。つまり、ショッピングモールは、ポストデジタルの世界に適した産業用途を模索するほうがいい。純粋に消費目的のために存在するショッピングモールは、生き残る可能性があるものの、「ディスカウント系か、高級系か」

の二極化の流れから逃れられないだろう。ただ、最終的には、こうしたコンセプトとて、はっきり主張できなくなる。高級志向とオフプライス志向のどちらも、オンラインで広く普及するからだ。

このようにショッピングモール凋落の現実的な理由はいろいろあるのだが、そのすべての根源とも言うべき重大な真実がある。ショッピングモールに未来がない根本的な原因は、その所有・運営企業がいまだに自分たちが商業不動産業だと信じ込んでいるからなのだ。

だが、現状をまったく違う視点で捉えている少数派もいる。その1人がマーク・トロだ。トロは、複合用途商業スペースの設計・建設を手がけるノースアメリカンプロパティーズ（本社テキサス州アトランタ）の会長である。最近では、ジョージア州アルファレッタのユニークな複合用途施設開発プロジェクト「アバロン」などを手がけている。

マークと初対面のときに、「もう商業不動産業は長いんですか」と尋ねた。すると、「商業不動産業には携わっていません」と思わぬ言葉が返ってきた。「うちはホスピタリティとエンターテインメントの会社なんですよ」

わが耳を疑った。そんな回答は聞いたことがなかった。

マークとの付き合いが深まり、同社についていろいろなことを知るうちに、彼の言葉の意味がはっきりとわかってきた。たとえば、右に挙げた複合目的施設「アバロン」では、年間ざっと260件のイベントが開催されている。週に5件のペースである。こうしたイベントが、周辺地域から数千人の観客を集めることも珍しくない。コンサート、屋外映画会、花火はもちろん、ここで結婚式を挙げたカップルまでいるという。さらに、マークらは、あのリッツカールトン主催のホスピタリティ（おもてなし）講座にも通っている。だから、ショッピングモール運営会社という意識はなく、「体験仕掛人」と自覚しているのだ。

マークらは、単にホスピタリティやエンターテインメントの業界動向を追っているだけでなく、徹底的に研究している。では、同社が提供しているものとはいったい何なのか。そんな疑問をぶつけると、トロは「当社が売っているのは、人間のエネルギーです」と胸を張る。[15] このエネルギーこそ、人から人へと広がる力を持ち、しかも物事の根底を支えるのであって、これが成功につながるのだ。

その視点に立てば、ショッピングモールの開発運営会社の大多数が抱えている問題が浮き彫りになる。その多くは「自分たちがショッピングモール業に携わっている」と信じて疑わない。要するにモールという巨大な「箱」を造って、長期テナント契約を結び、修繕を続けながら、小売業者などのテナントから賃料を回収するというビジネスである。賃料は売り上げに対する歩合率で算出することも少なくない。

こうした施設運営企業が気づいていないのは、業界はすでに20年前に死んでいるという事実だ。パンデミック前にネットショップが実店舗のほぼ4倍のペースで成長を遂げていたような世の中で、そもそも「店の集合」を意味する「ショッピングモール」とか「ショッピングセンター」といった言葉自体に、どれほどの意味があるだろうか。ビジネスモデルとして、ショッピングモールはすでに終わっているのだ。最近でさえ、業界のテーマは、目先のことばかりだ。モールはもっと大型化すべきか、小型化すべきか。物販を増やすべきか、減らすべきか、屋内スキー場やジェットコースターのようなアトラクションを導入すべきか。モール出店数自体を増やすべきか、減らすべきか。そんな話ばかりである。

いろいろな議論はあるようだが、その答えは、極めて重要なポイントにかかっている。つまり、どういうストーリーを描いているかだ。

こう考えてみるとよい。たとえば、エンターテインメント集団のシルク・ドゥ・ソレイユが新たなショーを企画する場合、最初に話し合うのは、会場テントのサイズや色ではないはずだ。だいいち、シルク・ドゥ・ソレイユの仕事は、会場テントの設営ではない。素晴らしいストーリーを生み出すのが仕事である。

独自の魅力あるストーリーを書き上げることが、最初の仕事なのである。テーマは何か。登場人物は誰か。ストーリーをサーカスのスキルでどう盛り上げられるのか。観客をどういう方向に誘導したいのか。こうした点を1つひとつ明確にしないことには、ショーの規模など想定のしようがないではないか。ショーの規模がわからなければ、テントのサイズも決められないし、どういう外観にすべきかわかるわけがない。

話を戻すと、商業不動産業界の根本的な問題は、自分たちがいまだにテント屋だと思い込んでいる点にあるのだ。テントは重要ではあるが、客がやってくるお目当てはショーなのだという理解に欠けているのである。

では、未来のショッピングモールはどうあるべきか。工業化時代のご先祖さまの姿からどう脱却していくのか。設計は建築家に任せればいい。だが、経験上、運営面で絶対に手を抜けないことがある。

2018年後半にイギリスを訪れた際、ロンドンのキングス・クロス地区の「コールドロップスヤード」と呼ばれる新しい複合用途開発施設を視察した。「コールドロップ」(石炭荷降ろし場)の名称からもわかるように、ビクトリア朝時代の貨物鉄道石炭置き場跡地を活用した斬新な再開発プロジェクトで、設計は著名建築家のトーマス・ヘザーウィックが手がけた。美しさは主観的なものゆえ、ここのデザインを賞賛する声もあれば、それほどでもないといった声もある。

ただ、この再開発に独特の土地柄が取り入れられていることは、誰の目にも明らかだ。キングス・クロス地区は歴史があり、少々波乱に富んだ過去を持つが、その土地らしさがそのまま見事に取り込まれている。このデザインのおかげで、中央広場が際立ち、ここを取り囲むように、住宅エリアやディケンズの小説に出てきそうな雰囲気の小売りスペース、総合オフィススペースが混在するほか、敷地内外にホスピタリティ施設や外食施設が並ぶ。

ショッピングモールは「実在する場所」でなければならない。そう言うと、「何を当たり前のことを」と思われるかもしれないが、今、ショッピングモールの多くは、巨大なコンクリートの塊があり、周囲はアスファルトだらけというのが実態だ。独自性とか心躍る雰囲気とか個性のかけらも感じられない。出店地域を彷彿とさせるものは何もない。強いて言えば、モールの名称にそれらしい地名が入っているかもしれないが、そんな程度で本物のコミュニティらしさは生まれない。どこにあっても大差なく、土地とのつながりが見えないのだ。無意味なのだ。

残念ながら、コールドロップスヤードのような開発事業ばかりではないし、むろん、すべてがそうである必要もない。だが、ショッピングモールをどこかに建てるのであれば、その場所を独自性のあるストーリーの舞台として捉えなければならない。その舞台が本格的で、借り物でない独自の味わいがあるほど、人々は魅了される。土地柄が強く滲み出ているほど、人々がそこに集いたいと思う気持ちも強くなる。

コミュニティとしての役割を担えるか

アメリカの建築家のビクター・グルーエンは、近代的なショッピングモールの生みの親とされるのだが、今日、私たちの街で見かけるようなものを生み出そうとしたことはない。実際、1978年に亡くなる前に、次のように語っている。

「よくショッピングモールの父と呼ばれるが、（中略）この場を借りて言うと、その父という称号は金輪際、勘弁していただきたい。血を分けた覚えもないようなまがいものの開発施設に息子ヅラをされるのは、まっぴらごめんだ。ああいうのがわれわれの街を破壊したんだ」[16]

確かに、伝えられるように、グルーエンの当初の狙いは、古代ローマの市場や古代ギリシャのアゴラのように、人々が集い、地域生活に参加できる場を建設することにあった。

ヨーロッパの街を歩いてみればわかるが、必ず広場など人々が集う場にたどり着く。こういう場こそ、グルーエンが本来描いていた姿なのである。現に、多くの都市はそういう中心地にたどり着くように設計されていて、それが数千年の長きにわたって続いている。人間というものは、帰属意識を大切にする社会的な動物なのである。ヨガウェアの好みは変わっても、地域社会や共同体を必要とする気持ちはいつまでも色褪せない。そう考えると、ショッピングモールは、最初に地域社会の集いの場をめざす前提で設計する必要がある。そういう基軸なくして、他の要素がうまく収まるだろうか。

他にもヨーロッパの広場や市場を見ていて素晴らしいと感じるのは、人々の暮らしや仕事、食、休息、息抜きの中心になっていることだ。地域社会や共同体の然《しか》るべき機能を果たす中心になっている。取ってつけたような施設とは一線を画する人間味あふれる活動や、そこからほとばしるエネルギーが人々を引き込むのである。

ショッピングモールが郊外にあるか都市部にあるかを問わず、何よりも大切な土地柄を生み出すうえで、正真正銘の複合用途コミュニティとそこに暮らす人々から自然にあふれ出るエネルギーが欠かせない。

メディアネットワークとしての役割

当然のことながら実店舗での販売数量は減少し、オンラインへと流れる売り上げの割合が大きくなっている。すると、ますます多くの小売業者が店を閉めるか、第6章で取り上げたように、実店舗の軸足を流通チャネルからメディアチャネルへと移すかの二者択一を迫られることになる。ショッピングモール運営会社は、融通のきかない考え方を脱却して、一種のメディアネットワークとしての役割を担うべきだろう。

ちょうどクオリティの高いコンテンツで定評あるアメリカの有料ケーブルテレビ局、HBOのように、文字どおりのネットワーク的な面を前面に押し出すのだ。オリジナルのドラマや映画でクオリティと独自性を追求するのがHBOの役割だが、それと同様に、ショッピングモールもメディアネットワークとして、独自の催し物や特別イベント、地域の集まりなどを企画し、買い物客という名のオーディエンスを、各テナントの〝ショー〟に誘導するのだ。そうなれば、ショッピングモールは、各テナントのブランドインプレッションが高まるように積極的な役割を担い始める。言い換えれば、各テナントがショッピングモールに客を引っ張ってくる役割は担わなくていいのである。各テナントに客を引き込むのは、ショッピングモール運営サイドの仕事なのだ。

その意味では、典型的なショッピングモールのマーケティングチームも、発展的解消を遂げて、テレビ局の制作チームのような存在になるべきだ。ショッピングモールは、いわば365日年中無休のバラエティショーだ。担当チームは、綿密に計画を立てる能力だけでなく、地元の行事や事情に応じて計画を自在に変更するなど、当意即妙な行動力も求められる。目標は、いわばオーディエンスである客に、仮に何も買う予定がなくても、ショッピングモールへと足を運んでもらうことである。オーディエンスが集まってくれれば、ショッピングモールのテナントである店にとって、メディアとしての価値が高まる。

新しい収益モデル

実店舗をメディアチャネルに移行させると、誰もが気になるのは賃料の仕組みだ。そう時間もたたぬうちに、ショッピングモール業界で、新たな収益モデルを策定することになるだろう。運営側があえて変えたくて変えるというよりも、そうせざるを得なくなるわけだ。オンライン販売が支配する世界がまもなくやってくる。すると、テナントの賃貸契約は、従来の販売指標や賃貸借条件だけで締結できなくなる。多くの小売業者が顧客獲得を目的に実店舗スペースをメディアとして維持するようになれば、ショッピングモール運営サイドは、各ブランドに対する消費者のインプレッションの価値を把握しなければならない。正直なところ、ショッピングモール運営会社にとって、消費者インプレッションこそ、最も価値ある資産のはずなのだが、その金銭的価値を評価しようという動きが皆無に近いのである。

そこで必要になってくるのが、新たな算定方式だ。ショッピングモール内のテナントである各小売業者が、どのくらいの消費者インプレッションを獲得しているのか、どうやって調べるのか。テレビ界が参考になる。アメリカならNBCやCBSといったテレビ局は、視聴者の数や年齢構成・属性、番組別に適した放送時間帯を把握している。これと同じように、ショッピングモールも、来店客の属性をきめ細かく把握し、それに合った小売り版の〝番組編成〟になるように配慮する必要がある。さらに重要なことがある。ショッピングモールは、来店客に「また来たい」と思ってもらえるような、新しい理由を生み出すスキルが必要になる。

ＦＯＭＯの拠点へ

人類史上最強のマーケティングツール、マーケティング施策がある。それが「ＦＯＭＯ」だ。「fear of missing out」（自分だけ取り残されることや何かを見逃すことへの恐怖感）の頭文字を取った言葉である。ＦＯＭＯは、顧客インセンティブ（意欲刺激策）として見ると、効果も確実性もダントツなのだ。ミレニアル世代（１９８０年代序盤から１９９０年代中盤までに生まれた世代）を対象にした調査によれば、何らかの体験から自分だけが取り残されることに不安を覚えるとの回答は70％弱に上った。[17] もっともなことだ。今の時代は、ほぼ何でも無制限に、オンデマンドで時間に縛られることなく手に入るし、何でも大量に生産されているような世の中だ。それだけに、自分が何かを見逃したり、取り残されたりしていると感じたら、いてもたってもいられないのではないか。

ショッピングモールの役割は、そういうひとときやイベント、出演、ショーの機会を生み出すことである。しかも、うっかり見逃しかねない余地を意図的につくり、「がっかり感」を煽るのだ。タイミングや運がよければ遭遇できるような独創的なエンターテインメントや感動の瞬間を用意することで、「何としても見なきゃ」というファン心理を刺激するのだ。イベントを体験できるチャンスに何らかの制限をかけることで、FOMOの火にさらに油を注ぐことになる。

改めてまとめると、ショッピングモールの役割とは、ほかの場所では味わえないような何かを創り出すことであり、そのためには豊かな創作力が求められるのだ。

万華鏡のように多彩な味わいを

最近人気の恋人探しのアプリをご存じだろうか。スマートフォンの画面に1人の候補の写真が大きく表示され、興味がなければ画面を払いのけるように左にスワイプして（右にスワイプすれば興味あり）却下する。すると、次の候補が表示される。そんな単刀直入な操作がすっかりおなじみになったが、今の時代は、まさにパッと見て興味がなければ即座に〝左スワイプ〟されてしまう。インターネットの登場以降、私たちの脳は、もっと違うもの、もっと新しいものを際限なく期待するのが当たり前になっている。いや、渇望すると言ったほうが正しいかもしれない。

インスタグラムでは、アカウントからアカウントへと際限なく漂いながら、気に入った写真があれば、「いいね」を残していく。フェイスブックでは、膨大なフィード（友達が投稿した近況や写真など）を高速にスクロールしながら、何か目新しいことがないか探している。ネットフリックスでは、新しい映画が果てしなく並んでいる。

そういう生活に慣れてしまった私たちが、ショッピングモールで代わり映えのしない200軒のテナントの前を通り過ぎるとき、何とも気が重くなる。どの店も似たようなものを売っていて、売り方も大差がない。ずっと昔から同じである。

実店舗が抱えている課題とは、インターネット出現以来、私たちがいつのまにか期待するようになってしまった目新しさとか多様性に対抗することなのだ。このため、ショッピングモールは、物販にせよ、エンターテインメントにせよ、飲食にせよ、体験にせよ、もっと多彩で常に新しさを追求していくような設計にしなければならない。

同じく、テナントスペースも、短期賃貸やポップアップストア出店の推進、イベント、マーケットプレイス型のコンセプトなどを取り入れて、自由自在に変更できるように設計する必要がある。ショッピングモール全体としては、4～6週間の周期で見た目や雰囲気、BGMやサウンド効果、匂いや香り、活動をがらりと変え、地元の人々が常に訪れたくなる理由を作り出すべきだ。

ヨガウェアのルルレモンやリーバイスといった有力ブランドに出店してもらって困ることは

ひとつもないが、それがあるだけでは、「このショッピングモールを常に訪れたい」という理由にはなりにくい。誤解のないように言っておくが、ブランドの問題ではない。むしろ、どちらも有力ブランドである。ただ、ブランドの力だけで客足は維持できないのが、現実なのだ。結局のところ、ショッピングモールの成否を最終的に決めるのは、運営会社自体の創造力や独創性にかかっている。

モールからプラットフォームへ

まずは、ショッピングモールを「大きな賃貸スペースのある有形資産」と捉えるのをやめてみよう。「デジタル世界と実世界の両方に切れ目なく広がる無限のプラットフォーム」がそこにあると考えてみてはどうか。そのプラットフォームは、テナントも買い物客も設備保守点検業者も地域住民も自由にアクセスできる場である。

このプラットフォームは、買い物客にとっては次のような特徴がある。

- 何かニーズがあれば、顧客とモールの間で相談できる双方向のコミュニケーション窓口
- 多様なチャネルの垣根を越えた購入方式（オンラインで商品をカートに入れて、そのまま実

店舗へ移動して続きを購入など）
・上質なサービスや体験、特別イベント入場などを含む会員制プログラム
・ジャンルを問わないパーソナルショッパー（買い物同行・支援）サービス
・ライブイベントやストリーミング配信の拠点
・携帯端末ですみずみまで検索可能なスペース（ショップ、ブランド、商品など）
・暮らしのなかで、思い出に残るひとときになるような体験

地元コミュニティにとっては、次のような特徴がある。

・地元の行事や活動・運動の支援と会場提供
・施設のサステナビリティや社会的責任に関わる取り組みについて、リアルタイムに情報発信

テナントにとっては、次の特徴がある。

・テナントに役立つリアルタイムの市場関連情報やデータの提供

- 物販、エンターテインメント、飲食はもちろん、斬新なテナント形式も含めた実験の場
- オンラインでもオフラインでも、手早く簡単に販売の場を設置できるプラグアンドプレイ型のプラットフォーム
- スタートアップの販売店向けの資金調達・インキュベーション機能を備えたプラットフォーム
- 宅配、クリック&コレクト（オンライン注文後に自宅以外の場所で受け取るサービス）、海外発送などを支援するロジスティクスのプラットフォーム
- ライブ配信型、録画配信型など、魅力的なメディアづくりのための制作スペース

ショッピングモールが単なるコンクリートの巨大な箱ではなく、ハイテクを駆使した自由度の高いプラットフォームと捉えれば、前記のすべてが可能になる。

さまざまなリテールタイプが揃ったパラダイス

ショッピングモールのポジショニングの考え方はすでに触れたが、優れたショッピングモールは、テナント構成でも同様の考え方を採用する。1つひとつのテナントに明確な目的と価値

があるかどうかの確認が重要になる。よくある退屈なブランドが何となく並んでいるのではなく、いろいろなリテールタイプの小売業者が集まり、それぞれの小売りスペースが顧客の抱く問いかけに生き生きと確かな答えを出す——。そんなテナントのラインナップにすべきではないか。テナント選定に当たっては、先に解説したカルチャー、エンターテインメント、ノウハウ、商品の各領域で訴求力があり、独自の店内体験を生き生きと演出しているかどうかを重視する。

結局のところ、世の中は何の代わり映えもしないショッピングモールをいくつもほしいとは思っていないからだ。求められているのは、独自性があって見掛け倒しではない集いの場であり、マーク・トロの言う人間のエネルギーが感じられる場だ。今や、手のひらの上に膨大な商品の海が広がっていて、ほしいものがあればタップ2つで手に入るような時代である。「ショッピングモール」とか「ショッピングセンター」という工業化時代の遺物にできることといえば、「ポストデジタル時代、ポストパンデミック時代のコミュニティの中心」としての新たな役割を確立する他に道はない。

第8章

小売の未来

RESURRECTING RETAIL

灰の中から炎が再び燃え上がり、
影から光があふれ出る。

J・R・R・トールキン

本書の執筆が最終段階に差し掛かっていたころ、たまたま自宅の地下倉庫を整理していて、自分が持っていることさえ忘れていた本を見つけた。イギリスの高級百貨店セルフリッジの創業者で、今日に至るまで時代を超えて世界の偉大な小売業界のエンターテイナーの1人とされているハリー・ゴードン・セルフリッジの『The Romance of Commerce』の初版本である。実はありがたいことに、素晴らしいクライアントからのいただきものである。

古い本とあって、綴じも粗いが、美しい木版刷りの挿絵があり、小売りの歴史を総合的に取り上げた第一級の書と言っていい。さらに奇遇というか、不気味ささえ覚えたのだが、なんと初版発行は1918年だったのである。この年に心当たりがあるだろうか。

約100年前、セルフリッジは、小売業界について自らの思いをしたためようとペンをとったのだろうが、それはまさに世界でスペインかぜが猛威を振るっていた年だったのである。それから100年以上も後世に、小売業界や私のような関係者が同じような状況に遭遇しているとは、思いもよらなかったろう。もし今、セルフリッジがこの世に生きていたら、どんな助言をくれただろうか。風を失って帆がたるんだ私たちの船に、セルフリッジは、いったいどんな知恵の風を吹き込んでくれるだろうか。

彼の本を手に取り、しばしページを繰っていると、すぐにある文が目に飛び込んできた。

世界は新しい哲学を受け入れる機が熟した。もっと広い意味で言えば、新たな主義信条と言ってもいいだろう。もっと崇高な理想、もっと創造的な刺激、これまで思い描いてきた常識を超えるような高い水準が渇望されている。だが、われわれの知性には限界がある。確かにわれわれは体調を整えられるし、実際に取り組んでいる。われわれの暮らしは絶えず便利になっている。暮らしを楽にする数々の創意工夫がある。われわれのやり方も、われわれの制度も改良できるし、実際に取り組んでいる。完成の域に達するまでに達成すべきことはいくらでも残っているのでたやすいが、精神面の発達には限りがある。[1]

100年以上も前の言葉であるが、今も的を射ていて心に訴える内容だと感じる。小売業界は、時代の流れとともに前には進んできたが、「革新的」だったとは言い難い。私たちは、当時のセルフリッジには想像もできなかったような、多くの「創意工夫」の成果を享受しているのだが、どれひとつとして小売業界を偉大な業界へと押し上げるには至っていない。少なくとも今のところは。私たちの頭脳は、賢くなっているものの、大きな視点で物事を考える先見性と創造性に欠けている。

効率化と増益を追い求めるがために、この業界から巧みな技や劇的な効果を奪い取ってしまった。今、セルフリッジがショッピングに出かけたとしたら、どう思うだろうか。私たちがふだん大規模小売店とか、ハイパーマーケットとか、モールと呼んでいる冷たいコンクリートの塊のような消費の殿堂に足を踏み入れれば、エネルギーも劇的な効果もわくわく感もないことに、さぞかし失望するのではないか。本来なら、小売業界にはこうしたものを生み出す能力も必然性もあるはずなのに、まるで感じられないからだ。

今日、小売業界が動かしているサプライチェーンは、昔に比べれば多少手の込んだものになっているかもしれないが、かつての綿貿易のころの延長線上に過ぎない。フェアトレードについて盛んに議論されるようになってはいるが、安価な労働力の源泉となっている根深い不平等や現代の奴隷制には見て見ぬふりだ。この業界が引き起こしている環境破壊には、かつてないほどに意識が高まっているが、私たちの無謀な行動を実質的に抑制しようという動きは見られない。

事実、私たちが生きている世界では、物質的な富や財産に対する欲望を満たそうと一部の連中が国から国へと渡り歩き、そこに暮らす人々の資源や権利、労働力を奪い取っている。ある国で金目のものを搾り取れるだけ搾り取ったら、次の国に移動して再び搾取を続けている。何千年とまでは言わなくとも、数百年はこんな調子で続いているのだ。

この状況を前にすれば、思わず「もう万事休す。もはや望みはない」と弱音を吐きたくもなる。だが、現在の苦境に対して別の見方もできる。新型コロナウイルスが実は大いなる宇宙であり、私たちの肩を叩いて「おまえはいったい何をしているんだ？」と問いかけているのかもしれない。パンデミックにしても、私たちがグローバルなコミュニティの一員として、助け合いなしに成り立たない現実を直視する絶好のきっかけなのかもしれない。この業界にとって、今こそ根本から変革すべきではないだろうか。良心があったら、今日の小売業界のようなシステムをもくろむだろうか。

もっと重要な問題は、「誰がこれを直すのか」である。悲しいかな、私たちの政治指導者ではなさそうだ。

ブランドの道徳観が問われる時代に

実際、グローバルなコミュニティとして見ると、私たちの政府に対する信頼は坂を転げ落ちるように低下している。2019年にピュー研究所が実施した調査によれば、アメリカ人のうち、政府は「正しいことをする」と信頼を寄せる回答はわずか17%にとどまった。[2] 1964年には、同じ回答は77%を占めていた。同様に、イギリスで3万3000人以上を対象にした調査では、3分の2以上が「主要政党のいずれも国民の声を十分に代弁していない」と答えている。

さらに、私たちの不安に拍車をかける問題もある。私たちは、礼節の心や共同体意識を守るために昔から政府機関を頼りにしてきたが、こうした政府機関自体、分裂して一枚岩になれず、派閥争いの様相を呈しているため、かえってイデオロギー対立を深め、溝を広げていることも少なくない。アメリカの消費者を対象とした最近の調査によれば、「社会の分断に大きく加担している張本人として、政府や政治指導者を挙げた消費者は72％に上った」[3]。パンデミックでこの傾向はますます強まると思われる。

世界の多くの地域で、既成宗教の魅力も薄れている。2018年にセントメアリーズ大学（ロンドン）がヨーロッパ全体で実施した調査によると、「宗教とのつながりはない」との回答は若い世代の間で急増しており、たとえばスウェーデンでは16〜29歳の75％が宗教とのつながりは一切ないとしている[4]。また、同じ調査で、スペイン、ドイツ、イギリス、ベルギーの同じ年代の若者の大多数が「宗教上の何らかの礼拝に出席したことがない」と回答している。北アメリカでも「自分がキリスト教徒だ」と答えた割合は同様に低下している一方、「無神論者」「神の存在について何とも言えない」「特になし」との回答は増加している。

国家にせよ、教会にせよ、伝統的に人々が拠り所としてきた社会制度・機関に対して、信頼が低下していることがわかる。一方、本来、人間には、帰属意識や目的意識、生きることの意味を問う欲求があり、その思いの行き場がない。「自分の道徳観に合うコミュニティの一員でありたい」という思いは、人間の奥深くに刻み込まれている。それだけに、どれほど社会的、政治的に不信感を抱いていようと、その思いを捨て去るわけにはいかないのである。「何かを信じて、あるいは誰かを信じて生きたい」と思う動物なのだ。

その結果として生じる社会的な空白は、気概のあるブランドなら埋めることも可能だ。2018年にエデルマンが世界8カ国の消費者8000人を対象に実施した調査では、商品購入にあたって、「社会的問題や政治的問題に対するブランドの姿勢を見て、購入を判断する」との回答がほぼ3分の2を占めた。さらに注目すべきは、「社会問題の解決に関して、ブランド各社のほうが政府よりもできることが多い」と信じている消費者は53%に上った。[5] こうした声にじっくり耳を傾け、その意味を熟慮すべきだろう。現在、私たちの大多数は、「政府や宗教といった伝統的な社会制度・機関よりも、むしろブランドのほうが世界を変えてくれる」と信頼を寄せているのである。

ブランド各社にとっては、千載一遇の素晴らしいチャンスでもある。単にランニングクラブやヨガクラスの主催に甘んじることなく、いわばグローバルな〝ブランド国家〟となって、政府や宗教では埋めることができていない価値観や意味、帰属意識の空白を埋める可能性があるのだ。
これが業界として名誉挽回を図るチャンスだとすれば、まずは舞台裏から見直して、新たなビジネスを構築していかなければならない。

コスト対策ではなく、不確実性の解消を

パンデミックの最も早い段階で、グローバルな小売りの世界で最初に寸断したのがサプライチェーンだった。一部の小売業者は注文が積み上がるばかりで、売りたくても売れない状況に陥った。メーカーへの発注をキャンセルしたり、メーカーへの支払いを拒否したりする動きも見られた。収益確保に欠かせない商品さえ手に入らない小売業者もあった。こうした問題は、何らかの不具合によるものではなく、グローバルな小売業界全体がコスト最小化という自分たちの身勝手なニーズのためだけに構築したシステムの〝仕様どおり〟の結果になっただけである。

このような体制は変えねばならないと見ている1人が、ジョン・ソーベックだ。ソーベックは、ブランド各社向けにサステナブルで強靭《きょうじん》なサプライチェーンシステムの構築を支援する企

業、チェインジキャピタルの会長である。

ソーベックに言わせると、過去数百年の間、私たちはコスト削減を目標にサプライチェーン整備に突っ走ってきたのだという。この結果、長期的な需要予測、発注間隔の長期化、発注の大量化、世界中で繰り広げられる安価な労働力探しへの依存が深まるばかりだ。だから小売業者は、コスト競争力を高めるために、舞台裏よりも売り場や商品在庫に資本を投じる一方になる。

だが、「この考え方には問題がある」とソーベックは言う。そんなやり方では、バックエンドとなる舞台裏のサプライチェーンにどうしてもリスクが生じる。そこにパンデミックが襲いかかったため、そのリスクが一気に噴出し、大きなしっぺ返しを食ったのである。

ソーベックの指摘からこんなことも言える。パンデミックの脅威はもちろん、自然災害や政治不安、社会不安が積もり積もって世界が先行き不透明になっていることを考えると、ブランド各社の資本のリスクはますます高まっていくのではないか。おまけに、さまざまな影響や膨大な情報にさらされている消費者は、ますます移り気になっていて、消費者の嗜好を見極めることはさらに難しくなる。その結果、値下げ幅が大きくなり、多くの場合、売れ残った衣料などの商品の大量廃棄につながっている。

新型コロナウイルスが襲いかかる前でさえ、特にファッション系のサプライチェーンはかなり危険な賭けに打って出ていた。将来のファッショントレンドを予測し、何カ月も前から大量の事前発注を実施するため、供給の中断や、購入客からの返品、最終的な値下げとマージンへの打撃が発生するリスクは高い。

ソーベックによれば、スペインのファストファッションチェーン、ザラ（Zara）など一部の小売業者の間で、これまでのやり方を見直す動きが見られるという。「ハイリスクのビジネスを見直して、リスク解消に打って出たのです。発注周期を早めて店頭で紹介するファッションを多頻度で変化させていくことで、商品の回転率を上げ、顧客の来店頻度を高めています。もちろん、マージンが増えて、値下げは少なくなります」[6]

現実的な意味で、資本投資のリスクを抑えるためには、少しだけ手をかけて、何かあっても耐えられる強靭なサプライチェーンを構築しなければならないとソーベックは言う。

- 現行のサプライチェーンが掲げているゴールを再検討し、現行システムを強化するには、どのようなゴールや指標が必要かを見極める。
- パートナーと協力し、低コストのみを追いかける行動を断ち切り、サプライチェーンに参加する全パートナーとともに、スピードと柔軟性と強靭性（回復力）を高める行動を推進する。

・テクノロジーを駆使して、サプライチェーンの流れに沿って、全パートナー間でリアルタイムのデータフロー、コミュニケーション、情報共有が可能な仕組みを構築する。

長いリードタイム、安価な労働力、馬鹿げた商品廃棄の日々には、別れを告げなければならない。

「直線型」ではなく、「循環型」のビジネスへ転換せよ

先ごろウィリアム・マクダナーをインタビューする機会に恵まれた。マクダナーは、2002年に話題を呼んだ『Cradle to Cradle: Remaking the Way We Make Things』(邦題:『サステイナブルなものづくり―ゆりかごからゆりかごへ』)の共著者でもある。小売りのサステナビリティに関して語るマクダナーの言葉のなかに、なんとも刺激的な一言があった。業界として「有害慣行を減らすこと」をゴールに掲げただけで、あたかも手柄を立てているかのように振る舞うまやかしはやめるべきだという。「有害な慣行を減らすこと」と「いいことをすること」はまるで違うというのが彼の指摘だ。

ミシガン州フリント（訳註：2014年以降に鉛に汚染された水道水で住民に健康被害が相次いだ問題で知られる）で、子供たちの脳に悪影響を与える水道水の鉛を2025年までに段階的に減らすつもりだと語っている人間がいたらどうだろう。「あんたの頭も鉛でやられちまったのか」と言いたくなる。そんな言い分が通るわけがない。相手は毒なのだ。減らすのではなく、止める以外に対策はない。[7]

つまり、「有害な慣行を減らす」ことは、「有害な慣行を今後も続ける」と宣言しているのと同じで、決してほめられた話ではない。改めて問うが、有害な慣行を減らすことがなぜ手柄になるのか。プラスチックゴミの海洋投棄削減にしても、CO_2排出量削減にしても、不平等の緩和にしても、業界として胸を張って宣言するようなゴールではない。そうではなく、いいことをする目標を掲げよというのが、マクダナーの指摘だ。彼によれば、売ったきり、作ったきりの「直線型」のビジネスをやめ、「循環型」の精神を掲げることが大切である。

真に循環型のビジネスをめざせ

コンセプトとしての「循環」は、環境のサステナビリティと関係の深い言葉だが、環境分野にとどまらず、経済全体に広く応用できる。循環型経済推進団体のエレン・マッカーサー財団では、循環性を次のように定義している。

「循環型経済の3原則は、ゴミ・汚染を出さないように設計すること、製品と原材料を継続的に使用すること、自然の摂理を再生することである」

つまり、循環型経済では、エネルギーでも資源でも原材料でも、使用されるものは最終的にリユース（再使用）、リサイクル、リターン（返却）を経て再生可能なかたちで環境に戻し、未来の世代が使えるようにすることである。商品の製造・販売について言えば、製品を作ったら最終的に使い道のない廃棄物になる直線型で捉えるのではなく、作ったら最終的に再使用されていく循環型をめざすべきだ。インプット（投入）とアウトプット（産出）が常に同量になるシステムである。

だが、循環性というコンセプトは、環境分野にとどまらず、もっと広く応用可能だし、そうすべきではないかと思う。そこで、経済的・社会的不平等を手始めに、あらゆる意味で循環型のビジネスを築くことだ。たとえば、不平等の問題も解決できなければ、気候変動への対策など掛け声だけで終わってしまう。なぜか。

イギリスの『ガーディアン』紙の２０１９年の報道によれば、バングラデシュの縫製工場労働者の法定最低賃金は月８０００タカ（約１万４００円、１タカ＝約１・３円）だった。[8]時給でも日給でも週給でもなくて、１カ月働いて１万円ちょっとなのだ。その賃金で家族を養う女性を前に、世界の海洋汚染やCO_2排出量が最優先課題だと説得できるだろうか。いくらそんな課題を訴えても共感は得られないだろう。何よりも、この女性が日々を生き抜く戦いに全力を注がざるを得なくさせたのは、私たちなのである。

もっとも、バングラデシュまで足を運ばなくても、不平等の現実は目の当たりにできる。私たちの小売業界に蔓延しているではないか。販売の現場で働く労働者は、やっとのことで生活の糧を得る一方、ＣＥＯは、ときとして会社を傾かせるようなことをしでかしても、退任時に何百万ドルもの大金をもらっている。アメリカの小売労働者は、時給15ドル（年3万１０００ドルほど）を苦労して稼いでいるが、インフレ率を考慮すると、１９７０年当時の労働者の賃金を大幅に下回っている計算になる。小売業界はもちろん、他の業界でも似たようなケースは多いのだが、こうした不平等の最大の犠牲者が女性やマイノリティだ。

こうした状況は、いずれも直線型ビジネスの特徴であり、投入する労働力などの経営資源がいくらでも入れ替えが利くとか、ただの使い捨てとみなしている証拠だ。

循環型ビジネスでは、視点が違う。あるシステムから生み出されるアウトプットは、別のシステムのインプットになる。

- 賃金……公正・公平であり、従業員が安心感と充足感を持ち、実りある生活を送ることができ、地域社会への貢献や投資が可能になる水準であること
- 製造工程……事業拠点となっている地域社会に対して最終的に経済面・環境面でメリットをもたらすこと
- 原材料……安全で非毒性の天然由来であることに加え、食物源またはエネルギー源として将来使えるように環境に戻すことができること
- 製品……リユース（再使用）、再販売、修理、リサイクルが可能で、有用な期間が劇的に長くなること

ただし、こうした取り組みをすべて実現するには、新しいリーダー像が求められる。

パンデミック後の「H・E・R・O」に求められる4つの条件

2020年5月15日、『ニューヨークタイムズ』紙に「女性リーダーの国が新型コロナウイルスとの戦いに強いのはなぜか」と題する記事が掲載された。パンデミックで世界が混乱に陥っていた初期段階に、感染の抑え込みにずば抜けて良好な成果を上げた国がいくつかある。そうした国々のリーダーはいずれも女性だった。台湾の蔡英文《ツァイインウェン》総統をはじめ、ニュージーランドのジャシンダ・アーダーン首相、ドイツのアンゲラ・メルケル首相、フィンランドの35歳のサンナ・マリン首相である。ここからはっきりと言えることがあるとすれば、女性リーダーのほうが男性リーダーよりも危機的状況で有能ということだろう。なるほどそうかもしれない。

だが、私が特に興味を惹かれたのは、もう少し違う部分にある。パンデミックに揺れるビジネスの世界で、性別を問わず模範的なリーダーシップとはどういうものなのか、吟味してみると、この4人のグローバルな女性リーダーが示した行動や資質と見事に重なるのである。この行動や資質こそ、新しい時代のビジネスに不可欠なスキルと考えられる。

①謙虚さ（Humility）

明日を担うリーダーは謙虚で、不確実性を潔く認める。また、そう認めることで、弱さを正面から受け止めている。リーダーは本質的に自らのやり方に好奇心を持って取り組んでいる。だから大家《たいか》ぶることもなく、自分が率いる組織が正解にたどりつけるような質問を見極めることに長けている。成功も失敗も同じように大切に扱い、どちらの場合でもその過程で組織が何を学び取れたのかに着目する。

②共感力（Empathy）

明日のリーダーは、他者が置かれている社会的・経済的な状況に敏感である。スタッフと顧客のどちらに対しても、その人の身になって寄り添える機会を重視している。とても熱心な聞き上手で、パートナーや顧客、スタッフの不安解消に積極的に取り組む。あらゆるステークホルダー（利害関係者）の利益と感情のバランスをとるために、公平・公正を追求する。

③立ち直りの早さ（Resilience）

元来、意欲にあふれ、障害や課題にぶつかっても立ち直りが早い。生まれつき、新しい手法やシステム、手順を積極的に試す姿勢がある。普通なら失敗プロジェクトと判断されるような場面でも、こうしたリーダーは、実験としてうまくいった部分に目を向ける。ピンチをチャンスと捉え、変化はプラスのエネルギーと捉えて取り込む。

④寛大さ（Openness）

専門家の意見や情報にしっかりと耳を傾けつつ、組織全体の幅広い声を見失わない。他者の見解をしっかりと受け入れる一方、自分の意見に対する異議や自分の行動に対する批判を積極的に受け止める。とりわけ危機的な状況下で、組織力の中核として多様性を重んじ、複数の視点や経験を生かすことができる。

私は、謙虚さ（Humility）、共感力（Empathy）、立ち直りの早さ（Resilience）、寛容さ（Openness）のそれぞれの英語の頭文字を取って、「H・E・R・Oリーダーシップ」と呼んでいる。そして、今こそ、あなたが「H・E・R・O＝ヒーロー」をめざすべきなのだ。

新たな明るい時代をめざして

セルフリッジの言葉を胸に、前に進むかどうかは私たち次第だ。むろん、パンデミックで誘発されたチャンスを無駄にするとか、未来から逃げるとか、現状にしがみつくといった選択肢がないわけではない。実際、明らかにそう決め込んだ企業は多い。だが、もっと勇気ある選択は、これまでを顧みて再考し、復活に挑むという、100年に一度の機会を受け入れることだ。事業、コミュニティ、業界を復活させると言っても、以前の状態に戻るのではなく、新しい世界を築き上げることである。かつての「平常」に戻るのではなく、もっと明るく充実した状態をめざして歩み出すのである。

機が熟して振り返ったとき、「パンデミックがきっかけで、新世代の素晴らしい独創的な小売業者が誕生した」と実感する日が来るはずだ。それは、オンライン、オフラインの双方で舞台に上がり、明確な目的意識と価値観を消費者に示すことができる小売業者である。そして、小売りの未来へと道を開くのが、前出のリテールタイプである。そのいずれも、独自の素晴らしいストーリーに裏打ちされている。特に卓越した企業は、オンラインとオフラインで圧倒的なコンテンツを武器に、消費者中心のエコシステムを構築し、カルチャーの醸成、エンターテインメントの演出、ノウハウの提供、優れた商品の設計に取り組み、こうした独自の魅力を強化する。

過去のショッピングモールは、未来のコミュニティの拠点となり、見た目も中身も充実した空間として、私たちが暮らす都市や郊外に溶け込んで機能するようになる。エネルギーと活気がはっきりと伝わってきて、時間や費用を投じるだけの価値があると感じられる場だ。

新型コロナウイルスは、手に負えない山火事のように、小売りというグローバルな森で猛威を振るい、焼け野原のようにしてしまった。枯れ木は灰と化した。だが、その灰のなかから、これまでより進化した、健全で勢いのある業界が芽生えるだろう。目下の危機がもたらすチャンスを傍観せずに正面から受け止める先見性、気概、強みを持った企業こそが小売りの新時代の主役を担うはずだ。

RE
SURRECTING

RE
TAIL

原注

序章

1. C. Todd Lopez, "Corps of Engineers Converts NYC's Javits Center into Hospital," U.S. Department of Defense, April 1, 2020, https://www.defense.gov/Explore/News/Article/ Article/2133514/corps-of-engineers-converts-nycs-javits-center-into-hospital/.
2. C. Todd Lopez, "Corps of Engineers Converts NYC's Javits Center into Hospital," U.S. Department of Defense, April 1, 2020, https://www.defense.gov/Explore/News/Article/ Article/2133514/corps-of-engineers-converts-nycs-javits-center-into-hospital/.
3. Janet Freund, "Credit Suisse Warns That U.S. Store Closings May Worsen in 2020," *Bloomberg*, October 14, 2019, https://www.bloomberg.com/news/articles/2019-10-14/store-closures-may-be-even-worse-next-year-credit-suisse-says?sref=5zifHlEP.
4. Patricia Cohen, "We All Have a Stake in the Stock Market, Right? Guess Again," *The New York Times*, February 8, 2018, https://www.nytimes.com/2018/02/08/business/economy/ stocks-economy.html#:~:text=A%20whopping%2084%20percent%20of,savings%20 programs%20like%20529%20plans.
5. Josephine Ma, "Coronavirus: China's First Confirmed Covid-19 Case Traced Back to November 17," *South China Morning Post*, March 13, 2020, https://www.scmp.com/news/china/society/article/3074991/coronavirus-chinas-first-confirmed.
6. "Record Fall in G20 GDP in First Quarter of 2020," OECD, June 11, 2020, https://www.oecd.org/sdd/na/g20-gdp-growth-Q1-2020.pdf.
7. Noah Smith, "Why Coronavirus Is Punishing the Economy More Than Spanish Flu," *Bloomberg*, May 6, 2020, https://www.bloomberg.com/opinion/articles/2020-05-06/why-coronavirus-is-punishing-the-economy-more-than-spanish-flu?sref=5zifHlEP.
8. Drew Desilver, "10 facts about American workers," Pew Research Center, August 29, 2019,https://www.pewresearch.org/fact-tank/2019/08/29/facts-about-american-workers/.
9. Holly Briedis et al., "Adapting to the Next Normal in Retail: The Customer Experience Imperative," McKinsey & Company, March 14, 2020, https://www.mckinsey.com/industries/retail/our-insights/adapting-to-the-next-normal-in-retail-the-customer -experience-imperative#.
10. Rob Walker, "Why Most Post-Pandemic Predictions Will Be Totally Wrong," Marker, April 20, 2020, https://marker.medium.com/why-most-post-pandemic-predictions -will-be-totally-wrong-4e1bc1c71614.
11. Mary Mazzoni, "A Longstanding Pandemic Response Team Helped Intel Act Swiftly

in the Wake of COVID-19," Triple Pundit, May 8, 2020, https://www.triplepundit.com/ story/2020/intel-pandemic-response-team-covid-19/88991.

第1章

1. Rachel Siegel, "Hard-Hit Retailers Projected to Shutter As Many As 25,000 Stores This Year, Mostly in Malls," *The Washington Post*, June 9, 2020, https://www.washingtonpost.com/ business/2020/06/09/retail-store-closure-mall/.
2. Nathan Bomey and Kelly Tyko, "Can Shopping Malls Survive the Coronavirus Pandemic and a New Slate of Permanent Store Closings?" *USA Today*, July 4, 2020, https://www.usatoday.com/story/money/2020/07/14/coronavirus-closings-retail-mall -closures-shopping-changes/5400200002/.
3. "Who's Gone Bust in Retail?" Center for Retail Research, 2020, https://www.retailresearch.org/whos-gone-bust-retail.html.
4. Chantel Fernandez, "The Contemporary Market Needs a Rebrand," *The Business of Fashion*, August 3, 2020, https://www.businessoffashion.com/articles/professional/contemporary-market-designers-department-stores-wholesale-retail.
5. Jeannine Usalcas, "Labour Market Review 2009," Statistics Canada, April 2010, https://www150.statcan.gc.ca/n1/pub/75-001-x/2010104/article/11148-eng.htm.
6. "Hard Times Forecast for Global Job Recovery in 2020, Warns UN Labour Agency Chief," UN News, June 30, 2020, https://news.un.org/en/story/2020/06/1067432.
7. Janet Adamy and Paul Overberg, "'Playing Catch-Up in the Game of Life.' Millennials Approach Middle Age in Crisis," *The Wall Street Journal*, May 19, 2019, https://www.wsj .com/articles/playing-catch-up-in-the-game-of-life-millennials-approach-middle-age -in-crisis-11558290908.
8. Janet Adamy, "Millennials Slammed by Second Financial Crisis Fall Even Further Behind," *The Wall Street Journal*, August 9, 2020, https://www.wsj.com/articles/millennials-covid-financial-crisis-fall-behind-jobless-11596811470.
9. Charlotte Swasey, Ethan Winter, and Ilya Sheyman, "The Staggering Economic Impact of the Coronavirus Pandemic," Data for Progress, April 9, 2020, https://filesforprogress .org/memos/the-staggering-economic-impact-coronavirus.pdf.
10. Ben Staverman, "Half of Older Americans Have Nothing in Retirement Savings," *Bloomberg*, March 26, 2019, https://www.bloomberg.com/news/articles/2019-03-26/almost-half-of-older-americans-have-zero-in-retirement-savings?sref=5zifHlEP.
11. Doug Stephens and BoF Studio, "Retail Reborn Episode 1: How Trauma Transforms the Consumer Psyche: Interview with Sheldon Solomon," *The Business of Fashion*, September 15, 2020, https://www.businessoffashion.com/articles/podcasts/retail-reborn-podcast-doug-stephens-consumer-psyche?source=bibblio.
12. Doug Stephens and BoF Studio, "Retail Reborn Episode 1: How Trauma Transforms the Consumer Psyche: Interview with Sheldon Solomon," *The Business of Fashion*,

September 15, 2020, https://www.businessoffashion.com/articles/podcasts/retail-reborn-podcast-doug-stephens-consumer-psyche?source=bibblio.

13. Doug Stephens and BoF Studio, "Retail Reborn Episode 1: How Trauma Transforms the Consumer Psyche: Interview with Sheldon Solomon," *The Business of Fashion*, September 15, 2020, https://www.businessoffashion.com/articles/podcasts/retail-reborn-podcast-doug-stephens-consumer-psyche?source=bibblio.
14. Nidhi Arora et al., "Customer Sentiment and Behavior Continue to Reflect the Uncertainty of the COVID-19 Crisis," McKinsey & Company, July 8, 2020, https://www.mckinsey.com/business-functions/marketing-and-sales/our-insights/a-global-view-of-how-consumer-behavior-is-changing-amid-covid-19.
15. Cory Stieg, "Sports Fans Have Higher Self-Esteem and Are More Satisfied with Their Lives (Whether Their Teams Win or Lose)," CNBC Make It, July 23, 2020, https://www.cnbc .com/2020/07/23/why-being-a-sports-fan-and-rooting-for-a-team-is-good-for-you.html.
16. Utpal Dholakia, "How Terrorist Attacks Influence Customer Behaviors," *Psychology Today*, December 1, 2015, https://www.psychologytoday.com/us/blog/the-science-behind-behavior/201512/how-terrorist-attacks-influence-consumer-behaviors.
17. Quoted in Anand Damani, "Does It Really Take 21 Days to Form Habits?," Behavioural Design, June 28, 2016, http://www.behaviouraldesign.com/author/ananddamani/page/8/#sthash.x6IH9ST3.dpbs.
18. Benjamin Gardner, Phillippa Lally, and Jane Wardle, "Making Health Habitual: The Psychology of 'Habit-Formation' and General Practice," *British Journal of General Practice*, vol. 62, issue 605, December 2012, pp. 664–66.

第2章

1. "The Rise of the City," Lumen, no date, https://courses.lumenlearning.com/boundless -ushistory/chapter/the-rise-of-the-city/.
2. CitiesX, "The Rise of Suburbs: Edward L. Glaeser in Conversation with Lizabeth Cohen," YouTube, January 29, 2018, https://www.youtube.com/watch?v=WpO3qRYn52A.
3. Steven Pinker, *The Better Angels of Our Nature*: Why Violence Has Declined (New York: Penguin Books, 2012).
4. Parag Khanna, "How Much Economic Growth Comes from Our Cities?" World Economic Forum, April 13, 2016, https://www.weforum.org/agenda/2016/04/how-much-economic-growth-comes-from-our-cities/.
5. Robert D. Atkinson, Mark Muro, and Jacob Whiten, "The Case for Growth Centers: How to Spread Tech Innovation Across America," Brookings ITIF, December 2019, https://www.brookings.edu/wp-content/uploads/2019/12/Full-Report-Growth-Centers_PDF_BrookingsMetro-BassCenter-ITIF.pdf.

6. Saša Petricic, "Japan's Traditional Work Culture Takes Precedence over Physical Distancing in Tokyo," CBC, May 3, 2020, https://www.cbc.ca/news/world/japan-covid-19-coronavirus-1.5549504.
7. Casey Newton, "Facebook Says It Will Permanently Shift Tens of Thousands of Jobs to Remote Work," The Verge, May 21, 2020, https://www.theverge.com/facebook/2020/5/21/21265699/facebook-remote-work-shift-workforce-permanent-covid-19-mark-zuckerberg-interview.
8. Candy Cheng, "Shopify Is Joining Twitter in Permanent Work-from-Home Shift," *Bloomberg*, May 21, 2020, https://www.bloomberg.com/news/articles/2020-05-21/shopify-is-joining-twitter-in-permanent-work-from-home-shift?sref=5zifHlEP.
9. Rob Copeland and Peter Grant, "Google to Keep Employees Home until Summer 2021 amid Coronavirus Pandemic," *The Wall Street Journal*, July 27, 2020, https://www.wsj.com/articles/google-to-keep-employees-home-until-summer-2021-amid-coronavirus-pandemic -11595854201?mod=e2tw.
10. Lawrence White, "Barclays CEO Says 'Putting 7,000 People in a Building May Be Thing of the Past,'" Reuters, April 29, 2020, https://uk.reuters.com/article/uk-barclays-results -offices-idUKKCN22B101.
11. Nicholas A. Bloom et al., "Does Working from Home Work? Evidence from a Chinese Experiment," *The Quarterly Journal of Economics*, vol. 130, issue 1, February 2015, pp. 165–218.
12. "The Benefits of Working from Home," Airtasker, March 31, 2020, https://www.airtasker .com/blog/the-benefits-of-working-from-home/.
13. Nicola Jones, "How Coronavirus Lockdowns Stopped Flu in its Tracks," *Nature*, May 21, 2020, https://www.nature.com/articles/d41586-020-01538-8.
14. Matt Clancy, "Remote Work Is Here to Stay," *The Economist*, May 27, 2020, https://eiuperspectives.economist.com/technology-innovation/remote-work-here-stay.
15. Matthew Haag, "Manhattan Faces a Reckoning if Working from Home Becomes the Norm," *The New York Times*, May 12, 2020, https://www.nytimes.com/2020/05/12/nyregion/coronavirus-work-from-home.html.
16. Clara Hendrickson, Mark Muro, and William A. Galston, "Countering the Geography of Discontent: Strategies for Left-Behind Places," Brookings Institute, November 2018, https://www.brookings.edu/research/countering-the-geography-of-discontent-strategies -for-left-behind-places/.
17. George Avalos, "Tech Employment in Bay Area Reaches Record Highs," *The Mercury News*, July 3, 2019, https://www.mercurynews.com/2019/06/14/tech-employment-bay-area-reaches-record-highs-google-apple-facebook-adobe/.
18. Andrew Chamings, "2 out of 3 Tech Workers Would Leave SF Permanently If They Could Work Remotely," *San Francisco Gate*, May 22, 2020, https://www.sfgate.com/living-in-sf/article/2-out-of-3-tech-workers-would-leave-SF-15289316.php.
19. Enrico Moretti, "Local Multipliers," *American Economic Review: Papers &*

Proceedings, vol. 100, May 2010, http://click.nl.npr.org/?qs=02337b1a805597a0155821 2eb5e89755c4f6497f8c30f2eb6418641de8767ea65289307f9470c4f097646725a7df5d4f1e6edd9 b28950abd.

20. "Activities US Adults Are Likely to Do Once the Coronavirus Pandemic Ends," eMarketer, April 2020, https://www.emarketer.com/chart/236000/activities-us-adults-likely-do-once-coronavirus-pandemic-ends-april-2020-of-respondents.
21. Simon Kuper, "How Coronavirus Will Change Paris Forever," *Financial Times*, May 7, 2020, https://www.ft.com/content/52ae6c52-8e75-11ea-a8ec-961a33ba80aa.
22. Derek Thompson, "The Pandemic Will Change American Retail Forever," *The Atlantic*, April 27, 2020, https://www.theatlantic.com/ideas/archive/2020/04/how-pandemic-will-change-face-retail/610738/.
23. Sarah Paynter, "There's a Record Number of Vacant Rental Apartments in Manhattan," Yahoo Finance, August 14, 2020, https://finance.yahoo.com/news/manhattan-rent -down-vacancy-up-193314128.html.
24. Matthew Haag, "Manhattan Vacancy Rate Climbs, and Rents Drop 10%," *The New York Times*, August 18, 2020, https://www.nytimes.com/2020/08/18/nyregion/nyc-vacant -apartments.html?smtyp=cur&smid=tw-nytimes.
25. Prashant Gopal and John Gittelsohn, "Urban Exiles Are Fueling a Suburban Housing Boom across the U.S.," *Bloomberg Businessweek*, August 20, 2020, https://www.bloomberg.com/news/articles/2020-08-20/covid-pandemic-fuels-u-s-housing-boom-as-urbanites -swarm-suburbs.
26. Sarah Butrymowicz, The Hechinger Report, and Pete D'Amato, The Hechinger Report, "A Crisis Is Looming for U.S. Colleges —And Not Just Because of the Pandemic," NBC News, August 4, 2020, https://www.nbcnews.com/news/education/crisis -looming-u-s-colleges-not-just-because-pandemic-n1235338.
27. Alexandra Witze, "Universities Will Never Be the Same after the Coronavirus Crisis," *Nature*, June 1, 2020, https://www.nature.com/articles/d41586-020-01518-y.
28. Lara Takenaga, "4 Years of College, $0 in Debt: How Some Countries Make Higher Education Affordable," *The New York Times*, May 28, 2019, https://www.nytimes.com/ 2019/05/28/reader-center/international-college-costs-financing.html.
29. James D. Walsh, "The Coming Disruption: Scott Galloway Predicts a Handful of Elite Cyborg Universities Will Soon Monopolize Higher Education," *New York Magazine*, May 11, 2020, https://nymag.com/intelligencer/2020/05/scott-galloway-future-of-college.html.
30. Doug Lederman, "Online Education Ascends," Inside Higher Ed, November 7, 2018, https://www.insidehighered.com/digital-learning/article/2018/11/07/new-data-online-enrollments-grow-and-share-overall-enrollment.
31. "Canadian Kids Bored and Missing Friends in Isolation, New Poll Suggests," CBC, May 11, 2020, https://www.cbc.ca/news/canada/toronto/canada-covid-children-poll-1.5564425.

32. Robert Puentes, "COVID's Differing Impact on Transit Ridership," ENO Center for Transportation, April 24, 2020, https://www.enotrans.org/article/covids-differing-impact-on-transit-ridership/.
33. Richard Florida et al., "How Life in Our Cities Will Look after the Coronavirus Pandemic," *Foreign Policy*, May 1, 2020, https://foreignpolicy.com/2020/05/01/future-of-cities-urban-life-after-coronavirus-pandemic/.
34. Laura Laker, "Milan Announces Ambitious Scheme to Reduce Car Use after Lockdown," *The Guardian*, April 21, 2020, https://www.theguardian.com/world/2020/apr/21/milan-seeks-to-prevent-post-crisis-return-of-traffic-pollution.
35. David Folkenflik, "NPR Radio Ratings Collapse as Pandemic Ends Listeners' Commutes," NPR, July 15, 2020, https://www.npr.org/sections/coronavirus-live-updates/2020/07/15/891404076/npr-radio-ratings-collapse-as-pandemic-kills-listeners-commutes.
36. Randal O'Toole, "The Future of Driving," New Geography, August 10, 2020, https://www.newgeography.com/content/006738-the-future-driving.
37. Liam Lahey, "Survey: 28% of Canadians Will Work from Home after COVID-19 Lockdown Lifts," RATESDOTCA, June 22, 2020, https://rates.ca/resources/survey-28-canadians-will-work-home-after-covid-19-lockdown-lifts.
38. Cathy Buyck, "Novel Coronavirus Shakes Up Global Airline Industry," AIN Online, July 20, 2020, https://www.ainonline.com/aviation-news/air-transport/2020-07-20/novel-coronavirus-shakes-global-airline-industry.
39. Eric Rosen, "How COVID-19 Will Change Business Travel," *Conde Nast Traveler*, May 28, 2020, https://www.cntraveler.com/story/how-covid-19-will-change-business-travel.
40. Eric Rosen, "How COVID-19 Will Change Business Travel," *Conde Nast Traveler*, May 28, 2020, https://www.cntraveler.com/story/how-covid-19-will-change-business-travel.
41. Hayley Skirka, "Are Flight Prices Set to Rise after the Pandemic?," The National News, May 18, 2020, https://www.thenationalnews.com/lifestyle/travel/are-flight-prices-set-to-rise-after-the-pandemic-1.1020897.
42. Chip Cutter, "Business Travel Won't Be Taking Off Soon amid Coronavirus," *The Wall Street Journal*, June 15, 2020, https://www.wsj.com/articles/business-travel-wont-be-taking-off-soon-amid-coronavirus-11592220844?mod=e2tw.
43. "Travel Retail Market by Product and Channel: Global Opportunity Analysis and Industry Forecast, 2018–2025," ReportLinker, October 2018, https://www.reportlinker .com/p05663919/Travel-Retail-Market-by-Product-and-Channel-Global-Opportunity -Analysis-and-Industry-Forecast.html?utm_source=GNW.
44. Jaewon Kang and Sharon Terlep, "Forget the Mall, Shoppers Are Buying Gucci at Airports," *The Wall Street Journal*, June 17, 2019, https://www.wsj.com/articles/forget-the-mall-shoppers-are-buying-gucci-at-airports-11560772801.

45. Dave Grohl, "The Day the Live Concert Returns," *The Atlantic*, May 11, 2020, https://www .theatlantic.com/culture/archive/2020/05/dave-grohl-irreplaceable-thrill-rock-show/611113/?utm_campaign=the-atlantic&utm_source=twitter&utm_medium=social&utm _term=2020-05-11T12%2525253A30%2525253A06&utm_content=edit-promo.
46. Taylor Mims, "Livestreams Are Moving to Hard Tickets to Replace Lost Touring Revenue," *Billboard*, April 2, 2020, https://www.billboard.com/articles/business/touring/9349897/livestreams-tickets-replace-lost-touring-revenue.
47. Taylor Mims, "Livestreams Are Moving to Hard Tickets to Replace Lost Touring Revenue," *Billboard*, April 2, 2020, https://www.billboard.com/articles/business/touring/9349897/livestreams-tickets-replace-lost-touring-revenue.
48. *Bloomberg* and Michelle Lhooq, "People Are Paying Real Money to Get into Virtual Zoom Nightclubs," *Fortune*, August 14, 2020, https://fortune.com/2020/04/14/zoom -nightclubs-virtual-bars-video-calls-coronavirus/.
49. Josh Ye, "Razer CEO Says Pandemic Will Change Sports and Entertainment Forever as Live-Streaming Comes to the Fore," *South China Morning Post*, March 27, 2020, https://www.scmp.com/tech/tech-leaders-and-founders/article/3077135/razer -ceo-says-pandemic-will-change-sports-and.
50. Josh Ye, "Razer CEO Says Pandemic Will Change Sports and Entertainment Forever as Live-Streaming Comes to the Fore," *South China Morning Post*, March 27, 2020, https://www.scmp.com/tech/tech-leaders-and-founders/article/3077135/razer -ceo-says-pandemic-will-change-sports-and.

第3章

1. Jon Swartz, "Amazon Is Officially Worth $1 Trillion, Joining Other Tech Titans," MarketWatch, February 4, 2020, https://www.marketwatch.com/story/amazon-is -officially-worth-1-trillion-joining-other-tech-titans-2020-02-04#:~:text=Shares%20of%20Amazon%20increased%202.3,last%20July%20and%20on%20Sept.
2. Wendy Liu, "Coronavirus Has Made Amazon a Public Utility—So We Should Treat It Like One," *The Guardian*, April 17, 2020, https://www.theguardian.com/commentisfree/2020/apr/17/amazon-coronavirus-public-utility-workers.
3. Zoe Suen, "Amazon vs Alibaba: Which E-Commerce Giant Is Winning the Covid-19 Era?" *The Business of Fashion*, May 28, 2020, https://www.businessoffashion.com/articles/professional/amazon-vs-alibaba-in-the-covid-19-era.
4. "Target Corporation Annual Report 2019," Target Corporation, no date, https://corporate.target.com/annual-reports/2019.
5. "Can Amazon Keep Growing Like a Youthful Startup?" *The Economist*, June 18, 2020, https://www.economist.com/briefing/2020/06/18/can-amazon-keep-growing-like-a-youthful-startup.

6. Ingrid London, "Amazon's Share of the US E-Commerce Market Is Now 49%, or 5 Percent of All Retail Spend," Tech Crunch, July 13, 2018, https://techcrunch.com/2018/07/13/amazons-share-of-the-us-e-commerce-market-is-now-49-or-5-of-all-retail-spend/.
7. Todd Spangler, "Amazon Prime Tops 150 Million Members," *Variety*, January 30, 2020, https://variety.com/2020/digital/news/amazon-150-million-prime-members-1203487355/.
8. Jay Greene, "10 Years Later, Amazon Celebrates Prime's Triumph," *The Seattle Times*, February 2, 2015, https://www.seattletimes.com/business/amazon/10-years-later-amazon-celebrates-primes-triumph/.
9. Kana Inagaki, "Amazon's Scale in Japan Challenges Rivals and Regulators," *Financial Times*, June 24, 2018, https://www.ft.com/content/f50c5f24-752f-11e8-aa31-31da427 9a601.
10. Tiffany C. Wright, "What Is the Profit Margin for a Supermarket?" *azcentral*, 2013, https://yourbusiness.azcentral.com/profit-margin-supermarket-17711.html.
11. "Amazon's $4 Billion Coronavirus Investment Will Shred Its Competitors," *New York Magazine*, May 5, 2020, https://nymag.com/intelligencer/2020/05/amazons-coronavirus-investments-will-shred-its-competitors.html.
12. Kiri Masters, "89 Percent of Customers Are More Likely to Buy Products from Amazon Than Other E-Commerce Sites: Study," *Forbes*, March 20, 2019, https://www.forbes.com/sites/kirimasters/2019/03/20/study-89-of-customers-are-more-likely-to-buy-products -from-amazon-than-other-e-commerce-sites/#6ea572c84af1.
13. Zoe Suen, "Amazon vs Alibaba: Which E-Commerce Giant Is Winning the Covid-19 Era?" *The Business of Fashion*, May 28, 2020, https://www.businessoffashion.com/articles/professional/amazon-vs-alibaba-in-the-covid-19-era.
14. Caleb Silver, "The Top 20 Economies in the World," Investopedia, March 18, 2020, https://www.investopedia.com/insights/worlds-top-economies/.
15. "Alibaba Group Announces September Quarter 2019 Results," Business Wire, November 1, 2019, https://www.businesswire.com/news/home/20191101005278/en/Alibaba-Group-Announces-September-Quarter-2019-Results.
16. Matthieu Guinebault, "Tmall's Luxury Pavilion Reports $159,000 Average Spend per Customer since Site Launch," Fashion Network, April 17, 2018, https:// www.fashionnetwork.com/news/tmall-s-luxury-pavilion-reports-159-000-average-spend-per-consumer-since-site-launch,968914.html.
17. Thomas Graziani, "How Alibaba Is Shaping the Chinese Entertainment Industry," Tech in Asia, July 30, 2018, https://www.techinasia.com/talk/alibaba-shaping-chinese -entertainment.
18. Adam Rogers, "A Look at JD.com's Revenue and Earnings Growth," Market Realist, June 21, 2019, https://marketrealist.com/2019/06/a-look-at-jd-coms-revenue-and-earnings-growth/ #:~:text=JD.com%20has%20managed%20to,%2C%20and%20

27.5%25%20in%20 2018.&text=Though%20decelerating%2C%20revenue%20growth%20 remains%20 impressive%20for%20JD.com.
19. "JD.com Statistics," Marketplace Pulse, 2019, https://www.marketplacepulse.com/stats/jd.
20. Jeremy Bowman, "Wal-Mart Shows It's Executing Its Turnaround Strategy Perfectly," The Motley Fool, October 14, 2017, https://www.fool.com/investing/2017/10/14/wal-mart-shows-its-executing-its-turnaround-strate.aspx.
21. Jason Del Rey, "Inside the Conflict at Walmart That's Threatening Its High-Stakes Race with Amazon," *Vox*, July 3, 2019, https://www.vox.com/recode/2019/7/3/18716431/walmart-jet-marc-lore-modcloth-amazon-ecommerce-losses-online-sales.
22. Jason Del Rey, "Inside the Conflict at Walmart That's Threatening Its High-Stakes Race with Amazon," *Vox*, July 3, 2019, https://www.vox.com/recode/2019/7/3/18716431/walmart-jet-marc-lore-modcloth-amazon-ecommerce-losses-online-sales.
23. Phil Wahba, "Walmart's Online Sales Surge during the Pandemic, Bolstering Its Place as a Strong No. 2 to Amazon," *Fortune*, March 19, 2020, https://fortune.com/2020/05/19/ walmart-online-sales-amazon-ecommerce/.
24. Cindy Liu, "Walmart Is an Ecommerce Winner during Pandemic," eMarketer, May 25, 2020, https://www.emarketer.com/content/walmart-is-an-ecommerce -winner-during-pandemic.

第4章

1. Harry de Quetteville, "Amazon's $4bn Push to Vaccinate Its Supply Chain," *The Telegraph*, May 16, 2020, https://www.telegraph.co.uk/technology/2020/05/16/amazons-4bn-push-vaccinate-supply-chain/.
2. Doug Stephens, "On the Frontlines of Retail There Are No Heroes, Only Victims," *The Business of Fashion*, April 21, 2020, https://www.businessoffashion.com/articles/opinion/ on-the-frontlines-of-retail-there-are-no-heroes-only-victims.
3. Verne Kopytoff, "How Amazon Crushed the Union Movement," *Time*, July 16, 2014, https://time.com/956/how-amazon-crushed-the-union-movement/.
4. Adele Peters, "Why This Clothing Company Is Making Its Factory Wages Public," *Fast Company*, August 8, 2018, https://www.fastcompany.com/90213069/why-this-clothing-company-is-making-its-factory-wages-public.
5. Jaewon Kang and Sharon Terlep, "Retailers Phase Out Coronavirus Hazard Pay for Essential Workers," *The Wall Street Journal*, May 19, 2020, https://www.wsj.com/livecoverage/coronavirus-2020-05-19/card/ioEmzIleJ8lFWee2cpPU.
6. Alyssa Meyers, "For Consumers, Brands' Care for Staff amid Pandemic as Important as Stocked Items," Morning Consult, April 15, 2020, https://morningconsult.com/2020/04/15/consumer-crisis-brand-communications-report/.
7. Aaron Smith and Monica Anderson, "2. Americans' Attitudes toward a Future in

Which Robots and Computers Can Do Many Human Jobs," Pew Research, October 4, 2017,https://www.pewresearch.org/internet/2017/10/04/americans-attitudes-toward-a-future -in-which-robots-and-computers-can-do-many-human-jobs/.

8. Olivier de Panafieu et al., "Robots in Retail: What Does the Future Hold for People and Robots in the Stores of Tomorrow?" Roland Berger, 2016, https://www.rolandberger.com/publications/publication_pdf/roland_berger_tab_robots_retail_en_12.10.2016.pdf.
9. Drew Harwell, "As Walmart Turns to Robots, It's the Human Workers Who Feel Like Machines," *The Washington Post*, June 6, 2019, https://www.washingtonpost.com/ technology/2019/06/06/walmart-turns-robots-its-human-workers-who-feel-like-machines/.
10. Sarah Nassuaer, "Welcome to Walmart. The Robot Will Grab Your Groceries," *The Wall Street Journal*, January 8, 2020, https://www.wsj.com/articles/welcome-to-walmart -the-robot-will-grab-your-groceries-11578499200.
11. Drew Harwell, "As Walmart Turns to Robots, It's the Human Workers Who Feel Like Machines," *The Washington Post*, June 6, 2019, https://www.washingtonpost.com/technology/2019/06/06/walmart-turns-robots-its-human-workers-who-feel-like -machines/.
12. Brian Dumaine, "How Amazon's Bet on Autonomous Vehicles Can Help Protect Us from Viruses," *Newsweek*, May 18, 2020, https://www.newsweek.com/how-amazons -bet-autonomous-vehicles-can-help-protect-us-viruses-1504169.
13. Brian Dumaine, "How Amazon's Bet on Autonomous Vehicles Can Help Protect Us from Viruses," *Newsweek*, May 18, 2020, https://www.newsweek.com/how-amazons -bet-autonomous-vehicles-can-help-protect-us-viruses-1504169.
14. Reuters, "Amazon Sweetens $1.3 Billion Zoox Acquisition with $100 Million in Stock to Keep Workers," VentureBeat, July 9, 2020, https://venturebeat.com/2020/07/09/amazon-sweetens-1-3-billion-zoox-acquisition-with-100-million-in-stock-to-keep-workers/.
15. Prophecy Marketing Insights, "Global Autonomous Delivery Vehicle Market Is Estimated to Be US$ 196.2 Billion by 2029 with a CAGR of 11.2% during the Forecast Period—PMI," GlobeNewswire, June 12, 2020, https://www.globenewswire.com/news-release/2020/06/12/2047504/0/en/Global-Autonomous-Delivery-Vehicle-Market-is-estimated-to-be-US-196-2-Billion-by-2029-with-a-CAGR-of-11-2-during-the-Forecast-Period-PMI.html.
16. Lauren Thomas, "Most Shoppers Are Still Leery of Buying Their Groceries Online. But Delivery in the US Is Set to 'Explode'," CNBC, February 5, 2019, https://www.cnbc.com/2019/02/04/grocery-delivery-in-the-us-is-expected-to-explode.html.
17. Melissa Repko, "As Coronavirus Pandemic Pushes More Grocery Shoppers Online, Stores Struggle to Keep Up with Demand," CNBC, May 1, 2020, https://www.cnbc.com/2020/05/01/as-coronavirus-pushes-more-grocery-shoppers-online-stores-struggle-with-

demand.html.
18. Jim Armitage, "Ocado Revenues Surge 27 Percent as Locked Down Shoppers Buy Food Online," *Evening Standard*, July 14, 2020, https://www.standard.co.uk/business/business-news/ocado-shopping-food-supermarkets-rose-a4497371.html.
19. Bernd Heid et al., "Technology Delivered: Implications for Cost, Customers, and Competition in the Last-Mile Ecosystem," McKinsey & Company, August 27, 2018, https://www.mckinsey.com/industries/travel-logistics-and-transport-infrastructure/our-insights/technology-delivered-implications-for-cost-customers-and-competition-in-the-last-mile-ecosystem#.
20. Doug Stephens and BoF, "Retail Reborn Podcast Episode 3," *The Business of Fashion*, September 29, 2020, https://www.businessoffashion.com/articles/podcasts/retail-reborn-podcast-doug-stephens-ecommerce-online.
21. Doug Stephens and BoF, "Retail Reborn Podcast Episode 3," *The Business of Fashion*, September 29, 2020, https://www.businessoffashion.com/articles/podcasts/retail-reborn-podcast-doug-stephens-ecommerce-online.
22. Liz Flora, "Brands Look to VR E-Commerce to Replace the In-Store Experience,"Glossy, April 21, 2020, https://www.glossy.co/beauty/brands-look-to-vr-e-commerce-to-replace-the-in-store-experience.
23. Cecilia Li, "Alibaba Pictures Helps Drive China's Billion-Dollar Box Office in 2019," Alizila, December 20, 2019, https://www.alizila.com/Alibaba-pictures-helps-drive-chinas-billion-dollar-box-office-in-2019/.
24. Todd Spangler, "Amazon's Prime Video Channels Biz to Generate $1.7 Billion in 2018 (Analysts)," *Variety*, December 7, 2018, https://variety.com/2018/digital/news/amazon-prime-video-channels-tv-revenue-estimates-1203083998/.
25. Sarah Perez, "Twitch Continues to Dominate Live Streaming with Its Second-Biggest Quarter to Date," TechCrunch, July 12, 2019, https://techcrunch.com/2019/07/12/twitch-continues-to-dominate-live-streaming-with-its-second-biggest-quarter-to-date/.
26. Dieter Bohn, "Amazon Says 100 Million Alexa Devices Have Been Sold —What's Next?" The Verge, January 4, 2019, https://www.theverge.com/2019/1/4/18168565/amazon-alexa-devices-how-many-sold-number-100-million-dave-limp.
27. Dieter Bohn, "Amazon Says 100 Million Alexa Devices Have Been Sold —What's Next?" The Verge, January 4, 2019, https://www.theverge.com/2019/1/4/18168565/amazon-alexa-devices-how-many-sold-number-100-million-dave-limp.
28. Steve Cocheo, "Amazon Forges Financial Alliances as Bank Execs Brace for Full Invasion," The Financial Brand, June 24, 2019, https://thefinancialbrand.com/84807/amazon-banking-checking-payments-small-business-lending-prime/.
29. Steve Cocheo, "Amazon Forges Financial Alliances as Bank Execs Brace for Full Invasion," *The Financial Brand*, June 24, 2019, https://thefinancialbrand.com/84807/amazon-banking-checking-payments-small-business-lending-prime/.

30. Jacqueline Laurean Yates, "Century 21 Is Closing Its Doors after 60 Years," ABC News, September 11, 2020, https://abc13.com/century-21-is-closing-its-doors-after-60-years/6418840/#:~:text=%22While%20insurance%20money%20helped%20us,unforeseen%20circumstances%20like%20we%20are.
31. Alicia Adamczyk, "Health Insurance Premiums Increased More Than Wages This Year," CNBC, September 26, 2019, https://www.cnbc.com/2019/09/26/health-insurance -premiums-increased-more-than-wages-this-year.html#:~:text=Premium%20 increases %20have%20outpaced%20wage,%25%20and%20inflation%20by%202%25.
32. "Everything You Need to Know about What Amazon Is Doing in Financial Services," CB Insights, 2019, https://www.cbinsights.com/research/report/amazon-across-financial -services-fintech/.
33. Bethan Moorcraft, "Amazon and Google 'the Next Generation' of Insurance Competition in Canada," *Insurance Business Canada*, November 3, 2018, https://www.insurancebusinessmag.com/ca/news/healthcare/amazon-and-google-the-next-generation-of-insurance -competition-in-canada-117644.aspx.
34. *Fortune* Magazine, "FedEx CEO Says Amazon Is Not a Problem," YouTube, April 19, 2017, https://www.youtube.com/watch?v=ODS1qlcZUqY.
35. "Amazon's Challenges in Delivery," Investopedia, April 13, 2020, https://www.investopedia .com/articles/investing/020515/why-amazon-needs-dump-ups-and-fedex-amzn-fdx-ups.asp#:~:text=Key%20Takeaways,FedEx%2C%20UPS%2C%20and%20USPS.
36. Marianne Wilson, "Amazon to Open 1,000 Neighborhood Delivery Hubs, Reports *Bloomberg*," Chain Store Age, September 16, 2020, https://chainstoreage.com/amazon -open-1000-neighborhood-delivery-hubs-reports-bloomberg.
37. Benjamin Mueller, "Telemedicine Arrives in the U.K.: '10 Years of Change in One Week,'" *The New York Times*, April 4, 2020, https://www.nytimes.com/2020/04/04/world/europe/ telemedicine-uk-coronavirus.html.
38. "The $11.9 Trillion Global Healthcare Market: Key Opportunities & Strategies (2014–2022)—ResearchAndMarkets.com," Business Wire, June 25, 2019, https://www .businesswire.com/news/home/20190625005862/en/The-11.9-Trillion-Global -Healthcare-Market-Key-Opportunities-Strategies-2014-2022---ResearchAndMarkets.com.
39. John Tozzi, "U.S. Health Care Puts $4 Trillion in All the Wrong Places," *Bloomberg Businessweek*, June 11, 2020, https://www.bloomberg.com/news/articles/2020-06-11/u-s-health-care-system-was-totally-overwhelmed-by-coronavirus.
40. John Tozzi, "U.S. Health Care Puts $4 Trillion in All the Wrong Places," *Bloomberg Businessweek*, June 11, 2020, https://www.bloomberg.com/news/articles/2020-06-11/u-s-health-care-system-was-totally-overwhelmed-by-coronavirus.
41. "Amazon in Healthcare: The E-Commerce Giant's Strategy for a $3 Trillion Market," CB Insights, no date, https://www.cbinsights.com/research/report/amazon-

transforming -healthcare/.
42. "Amazon Pilots Opening Health Care Centers Near Its Fulfillment Centers," Day One, July 14, 2020, https://blog.aboutamazon.com/operations/amazon-pilots-opening-health-care-centers-near-its-fulfillment-centers?utm_source=social&&utm_medium=tw&&utm_term=amznnews&&utm_content=Amazon_CrossoverHealth&&linkId=93844131.
43. Madhurima Nandy, "Amazon India Launches Online Pharmacy Service," Live Mint, August 13, 2020, https://www.livemint.com/companies/news/amazon-india-launches-online-pharmacy-service-11597331465887.html.
44. "Alibaba Raises $1.3B for Push into Online Pharmacy Business," PYMNTS.com, August 5, 2020, https://www.pymnts.com/healthcare/2020/alibaba-raises-1-3b-for-push-into-online-pharmacy-business/.
45. Christina Farr, "Walmart Buys Tech from Carezone to Help People Manage Their Prescriptions," CNBC, June 15, 2020, https://www.cnbc.com/2020/06/15/ walmart-buys-tech-from-carezone-to-help-people-manage-prescriptions.html.
46. Bailey Lipschultz, "Walmart a 'Sleeping Giant' in Health Care, Morgan Stanley Warns," BNN Bloomberg, July 10, 2020, https://www.bnnbloomberg.ca/walmart-a-sleeping-giant-in-health-care-morgan-stanley-warns-1.1463512.
47. "Alibaba Launched the 'Help Help' App. Is It to Follow the Trend or Accelerate the Layout of the Online Education Field?" iiMedia, March 8, 2020, https://www.iimedia.cn/c460/69655.html.
48. "Smart Education," Tencent, no date, https://www.tencent.com/en-us/business/smart-education.html.
49. Aaron Holmes, "Allbirds Cofounder Calls Out Amazon for Its Knockoff Shoes That Cost Way Less, Calling Them 'Algorithmically Inspired,'" Business Insider, November 20, 2019, https://www.businessinsider.com/allbirds-cofounder-criticizes-amazon-for-knockoff -shoes-that-cost-less-2019-11.
50. Dana Mattioli, "Amazon Continues to Probe Employee Use of Third-Party Vendor Data, Jeff Bezos Says," *The Wall Street Journal*, July 29, 2020, https://www.wsj.com/articles/amazon-continues-to-probe-employee-use-of-third-party-vendor-data-jeff-bezos-says-11596063680.
51. Katharine Gemmel, "Amazon Announces 1,000 Jobs in Ireland, New Dublin Campus," *Bloomberg*, July 27, 2020, https://www.bloomberg.com/news/articles/2020-07-27/amazon-announces-1-000-jobs-in-ireland-new-dublin-campus?cmpid=socialflow-twitter-business&utm_campaign=socialflow-organic&utm_medium=social&utm_source=twitter&utm_content=business&sref=5zifHlEP.
52. Colin Leggett, "Amazon Is Hiring for Over 5,000 Positions across Canada," Narcity, June 2020, https://www.narcity.com/money/ca/amazon-canada-is-hiring-over-5000-new-employees-across-the-country.
53. Simon Goodley and Jillian Ambrose, "The Companies Still Hiring in the UK during

Coronavirus Crisis," *The Guardian*, July 31, 2020, https://www.theguardian.com/world/2020/jul/31/how-covid-19-has-reshaped-the-jobs-landscape-in-the-uk.

54. Joe Kaziukėnas, "Target Marketplace One Year Later," Marketplace Pulse, February 25, 2020, https://www.marketplacepulse.com/articles/target-marketplace-one-year-later.
55. James Knowles, "Analysis: Why 44% of Retailers Are Launching Marketplaces," *Retail Week*, April 17, 2018, https://www.retail-week.com/analysis/analysis-why-44-of-retailers-are-launching-marketplaces/7028844.article?authent=1.
56. Kiri Masters, "The Company That's Saving Retailers during the Pandemic by Launching Their Online Marketplaces," *Forbes*, April 16, 2020, https://www.forbes.com/sites/kirimasters/2020/04/16/the-company-thats-saving-retailers-during-the-pandemic -by-launching-their-online-marketplaces/#50c1a95078de.
57. Jon Brodkin, "$100,000 in Bribes Helped Fraudulent Amazon Sellers Earn $100 Million, DOJ Says," Ars Technica, September 18, 2020, https://arstechnica.com/tech-policy/2020/09/doj-amazon-workers-took-bribes-to-reinstate-sellers-of-dangerous-products.
58. Mary Drummond, "Joe Pine—The Experience Economy is All about Time Well-Spent— S5E6," Worthix, April 27, 2020, https://blog.worthix.com/s5e6-joe-pine-the-experience-economy-is-all-about-time-well-spent/.

第5章

1. Trefis Team and Great Speculations, "How Much Does Walmart Spend on Selling, General and Administrative Expenses?" *Forbes*, December 17, 2019, https://www.forbes.com/sites/greatspeculations/2019/12/17/how-much-does-walmart-spend-on-selling -general-and-administrative-expenses/#7be8be6e15bc.
2. "Nike Launches 'Find Your Greatness' Campaign," Nike, July 25, 2012, https://news.nike .com/news/nike-launches-find-your-greatness-campaign-celebrating-inspiration-for-the -everyday-athlete.
3. "Hey, How's That Lawsuit Against the President Going?" Patagonia, April 2019, https://www .patagonia.ca/stories/hey-hows-that-lawsuit-against-the-president-going/story-72248.html.
4. Maureen Kline, "How to Drive Profits with Corporate Social Responsibility," *Inc.*, July 24, 2018, https://www.inc.com/maureen-kline/how-to-drive-profits-with-corporate -social-responsibility.html.
5. Doug Stephens, "Interview: Matt Alexander," Retail Prophet, December 2018, https://www.retailprophet.com/podcasts/.
6. Doug Stephens, "Interview: Matt Alexander," Retail Prophet, December 2018, https://www.retailprophet.com/podcasts/.
7. a16z, "The End of the Beginning: Benedict Evans," YouTube, November 16, 2018,

https://www.youtube.com/watch?v=RF5VIwDYIJk&feature=emb_logo.

8. Doug Stephens and BoF Studio, "Retail Reborn Episode 4," *The Business of Fashion*, October 6, 2020, https://www.businessoffashion.com/podcasts/retail/retail-reborn-podcast-doug-stephens-experiential#comments.
9. Lauren Smiley, "Stitch Fix's Radical Data-Driven Way to Sell Clothes—$1.2 Billion Last Year—Is Reinventing Retail," *Fast Company*, February 19, 2019, https://www.fastcompany.com/90298900/stitch-fix-most-innovative-companies-2019.
10. "Stitch Fix Announces Fourth Quarter and Full Fiscal Year 2019 Financial Results," Stitch Fix, October 1, 2019, https://investors.stitchfix.com/news-releases/ news-release-details/stitch-fix-announces-fourth-quarter-and-full-fiscal-year-2019.
11. Lauren Smiley, "Stitch Fix's Radical Data-Driven Way to Sell Clothes—$1.2 Billion Last Year—Is Reinventing Retail," *Fast Company*, February 19, 2019, https://www.fastcompany.com/90298900/stitch-fix-most-innovative-companies-2019.
12. Katrina Lake, "Stitch Fix's CEO on Selling Personal Style to the Mass Market," *Harvard Business Review*, May–June 2018, https://hbr.org/2018/05/stitch-fixs-ceo-on-selling -personal-style-to-the-mass-market.
13. Vanessa Page, "How Costco Makes Money," Investopedia, December 13, 2018, https://www.investopedia.com/articles/investing/070715/costcos-business-model-smarter-you-think.asp#:~:text=Costco%20doesn't%20publish%20its,is%20key%20 to%20that%20 definition.
14. Catherine Clifford, "How Costco Uses $5 Rotisserie Chickens and Free Samples to Turn Customers into Fanatics," CNBC Make It, May 23, 2019, https://www.cnbc.com/ 2019/05/22/hooked-how-costco-turns-customers-into-fanatics.html.
15. Trefis Team and Great Speculations, "An Overview of Costco's Q2 and Beyond," *Forbes*, March 8, 2019, https://www.forbes.com/sites/greatspeculations/2019/03/08/an-overview-of-costcos-q2-and-beyond/#181387b83905.
16. B&H Photo Video, "A Brief History of B&H," YouTube, December 24, 2018, https://www.youtube.com/watch?v=j6a3b9NBCvg.
17. Clare Dyer, "Hoover Taken to Cleaners in £4m Dyson Case," *The Guardian*, October 4, 2002, https://www.theguardian.com/uk/2002/oct/04/claredyer.
18. John Seabrook, "How to Make It," *The New Yorker*, September 13, 2010, https://www.newyorker.com/magazine/2010/09/20/how-to-make-it.
19. Aleesha Harris, "Dyson Engineer Talks New Vancouver Demo Shop," *Vancouver Sun*, February 20, 2020, https://vancouversun.com/life/fashion-beauty/dyson-engineer-talks-new-vancouver-demo-shop.
20. Sam Knight, "The Spectacular Power of Big Lens," *The Guardian*, May 10, 2018, https://www.theguardian.com/news/2018/may/10/the-invisible-power-of-big-glasses-eyewear-industry-essilor-luxottica.
21. "Culture/Life," Patagonia, no date, https://www.patagonia.com/culture.html.

第6章

1. "Are You Experienced?" Bain & Co., April 8, 2015, https://www.bain.com/insights/are-you-experienced-infographic/.
2. "State of the Connected Consumer, Second Edition," Salesforce, 2018, https://c1.sfdcstatic.com/content/dam/web/en_us/www/documents/e-books/state-of-the-connected-customer-report-second-edition2018.pdf.
3. Mark Abraham et al., "The Next Level of Personalization in Retail," BCG, June 4, 2019, https://www.bcg.com/publications/2019/next-level-personalization-retail.
4. James Ledbetter, "Why an Advertising Pioneer Says Advertising Is Dead," *Inc.*, May 30, 2017, https://www.inc.com/james-ledbetter/why-an-advertising-pioneer-says-advertising -is-dead.html.
5. Jennifer Mueller, "Most People Are Secretly Threatened by Creativity," *Quartz*, March 13, 2017, https://qz.com/929328/most-people-are-secretly-threatened-by-creativity/.
6. Robert Williams, "1/3 of Instagram Users Have Bought Directly from an Ad, Study Finds," Mobile Marketer, September 19, 2019, https://www.mobilemarketer.com/news/13-of-instagram-users-have-bought-directly-from-an-ad-study-finds/563239/.
7. William Comcowich, "Follow These Best Practices to Create Superb Marketing Videos," Ragan's PR Daily, August 6, 2019, https://www.prdaily.com/follow-these-best-practices-to-create-superb-marketing-videos/.
8. Ginny Marvin, "Shopping Ads Are Eating Text Ads: Accounted for 60 Percent of Clicks on Google, 33 Percent on Bing in Q1," *Search Engine Land*, May 2, 2018, https:// searchengineland.com/report-shopping-ads-are-eating-text-ads-accounted-for-60-of-clicks-on-google-33-on-bing-in-q1-297273.
9. Emily Bary, "Viral Videos Helped Candy Me Up Transition to the Online Age after the Pandemic Hurt Its Confectionery Catering Business," MarketWatch, September 14, 2020,https://www.marketwatch.com/story/tiktok-saved-my-business-candy-retailer-finds -internet-fame-as-covid-19-forces-a-pivot-11599847515.
10. Marissa DePino, "Morphe Beauty Is Tapping the Creative Customer with In-Store Studios," PSFK, April 17, 2020, https://www.psfk.com/2020/04/morphe-store-expansion-studios.html.

第7章

1. Lauren Thomas, "A Third of America's Malls Will Disappear by Next Year, Says Ex-Department Store Exec," CNBC, June 10, 2020, https://www.cnbc.com/2020/06/10/a-third-of-americas-malls-will-disappear-by-next-year-jan-kniffen.html.
2. Maurie Backman, "32 Percent of Customers Don't Feel Safe Shopping at Malls, and That Could Be Bad News for Investors," The Motley Fool, August 21, 2020, https://www.fool.com/millionacres/real-estate-market/articles/32-of-customers-dont-feel-safe-

shopping-at -malls-and-that-could-be-bad-news-for-investors/#.

3. Lauren Thomas, "Over 50 Percent of Department Stores in Malls Predicted to Close by 2021, Real Estate Services Firm Says," CNBC, April 29, 2020, https://www.cnbc.com/2020/04/29/50percent-of-all-these-malls-forecast-to-close-by-2021-green-street-advisors-says.html.
4. Esther Fung, "Real-Estate Giant Starwood Capital Loses Mall Portfolio," *The Wall Street Journal*, September 9, 2020, https://www.wsj.com/articles/real-estate-giant-starwood-capital-loses-mall-portfolio-11599684081.
5. Esther Fung, "Property Owner Simon Sees Buying Tenants as a Way to Boost Malls," *The Wall Street Journal*, June 23, 2020, https://www.wsj.com/articles/property-owner -simon-sees-buying-tenants-as-a-way-to-boost-malls-11592913601#:~:text=In%20previous%20earnings%20calls%2C%20Simon,investment'%2C%E2%80%9D%20said%20Mr.
6. Cezary Podkul, "Commercial Properties' Ability to Repay Mortgages Was Overstated, Study Finds," *The Wall Street Journal*, August 11, 2020, https://www.wsj.com/articles/ commercial-properties-ability-to-repay-mortgages-was-overstated-study-finds-11597152211.
7. Phillip Inman, "Corporate Debt Could Be the Next Sub-Prime Crisis, Warns Banking Body," *The Guardian*, June 30, 2019, https://www.theguardian.com/business/2019/jun/30/corporate-debt-could-be-the-next-subprime-crisis-warns-banking-body.
8. Cezary Podkul, "Commercial Properties' Ability to Repay Mortgages Was Overstated, Study Finds," *The Wall Street Journal*, August 11, 2020, https://www.wsj.com/articles/ commercial-properties-ability-to-repay-mortgages-was-overstated-study-finds-11597152211.
9. Cathleen Chen, "Is This the End of the American Mall as We Know It?" *The Business of Fashion*, May 28, 2020, https://www.businessoffashion.com/articles/professional/american-retail-malls-middle-class-coronavirus.
10. Jennifer Harby, "More Than 200 UK Shopping Centres 'in Crisis,'" BBC, November 1, 2018, https://www.bbc.com/news/uk-england-45707529.
11. Doug Stephens, *The Retail Revival* (Hoboken, NJ: Wiley, 2013).
12. Jared Bernstein, "Yes, Stocks Are Up. But 80 Percent of the Value Is Held by the Richest 10 Percent," *The Washington Post*, March 2, 2017, https://www.washingtonpost.com/posteverything/wp/2017/03/02/perspective-on-the-stock-market-rally-80-of-stock -value-held-by-top-10/.
13. Aimee Picchi, "It's Been a Record 11 Years since the Last Increase in U.S. Minimum Wage," CBS, July 24, 2020, https://www.cbsnews.com/news/minimum-wage-no -increases-11-years/?ftag=CNM-00-10aab7e&linkId=94969144.
14. "U.S. MarketFlash: Retail-to-Industrial Property Conversions Accelerate," CBRE, July 23, 2020, https://www.cbre.us/research-and-reports/US-MarketFlash-Retail-to-Industrial-Property-Conversions-Accelerate.

15. Retail Prophet, "The Future of Shopping Centers in a Post-Pandemic World," YouTube, August 7, 2020, https://www.youtube.com/watch?v=iAN3Q7HaKf8.
16. Anne Quito, "The Father of the American Shopping Mall Hated What He Created," *Quartz*, July 17, 2015, https://qz.com/454214/the-father-of-the-american-shopping-mall-hated-cars-and-suburban-sprawl/.
17. "Millennials Fueling the Experience Economy," Eventbrite/Harris Poll, 2014, https:// f.hubspotusercontent00.net/hubfs/8020908/DS01_Millenials%20Fueling%20 the%20 Experience%20Economy.pdf?__hstc=195498867.61f6a96c9f06737318752a85f54c44b4.1600225862133.1600225862133.1600225862133.1&__hssc=195498867.2.1600225862133&__hsfp=2460104009.

第8章

1. H. Gordon Selfridge, *The Romance of Commerce* (Plymouth, U.K.: William Brendon & Son, Ltd, 1918).
2. "Public Trust in Government: 1958–2019," Pew Research Center, April 11, 2019, https://www.pewresearch.org/politics/2019/04/11/public-trust-in-government-1958-2019.
3. Dan Gingiss, "Study: Consumers Blame Government for Dividing the Nation but Look to Brands to Fix It," *Forbes*, February 11, 2019, https://www.forbes.com/sites/dangingiss/2019/02/11/study-consumers-blame-government-for-dividing-the-nation-but-look-to -brands-to-fix-it/#502716d26ac4.
4. Harriet Sherwood, "'Christianity as Default Is Gone': The Rise of a Non-Christian Europe," *The Guardian*, March 21, 2018, https://www.theguardian.com/world/2018/mar/21/christianity-non-christian-europe-young-people-survey-religion.
5. "Two-Thirds of Consumers Worldwide Now Buy on Beliefs," Edelman, October 2, 2018, https://www.edelman.com/news-awards/two-thirds-consumers-worldwide-now-buy-beliefs.
6. Doug Stephens and BoF Studio, "Retail Reborn Episode 2: Building Smarter, More Sustainable Supply Chains," *The Business of Fashion*, September 22, 2020, https://www .businessoffashion.com/articles/podcasts/retail-reborn-podcast-doug-stephens-supply-chains.
7. Doug Stephens and BoF Studio, "Retail Reborn Episode 2: Building Smarter, More Sustainable Supply Chains," *The Business of Fashion*, September 22, 2020, https://www .businessoffashion.com/articles/podcasts/retail-reborn-podcast-doug-stephens-supply-chains.
8. Sarah Butler, "Why Are Wages So Low for Garment Workers in Bangladesh?," *The Guardian*, January 21, 2019, https://www.theguardian.com/business/2019/jan/21/low-wages-garment-workers-bangladesh-analysis.

掲載許諾

p.17　写真：“Operation COVID-19” by New York National Guard. CC BY-ND 2.0.
p.24　図1：Hilary Brueck と Shayanne Galの各資料を基にダグ・スティーブンスが作成
p.25　図2：Gita Gopinathの各資料を基にダグ・スティーブンスが作成
p.26　図3：Elliot Smithの各資料を基にダグ・スティーブンスが作成
p.47　写真：Nick Bolton on Unsplash
p.61　写真：Sheldon Solomonの許諾により使用
p.63　写真：Mick Haupt on Unsplash
p.69　図4：Sheldon Solomonへの直接取材を基にダグ・スティーブンスが作成
p.86　図5：Janine Berg、Florence Bonnet、Sergei Soaresの各資料を基にダグ・スティーブンスが作成
p.96　写真：Paulo Silva on Unsplash
p.105　写真：Davyn Ben on Unsplash
p.109　写真：Camila Perez on Unsplash
p.120　写真：Art Gate VR
p.129　図6：Daniel Sparks の各資料を基にダグ・スティーブンスが作成
p.129　図7：Don Davis の各資料を基にダグ・スティーブンスが作成
p.133　写真：Simon Bak on Unsplash
p.137　写真：Bloomberg/Contributor
p.153　写真：JD.comメディアキット
p.159　写真：Walmartメディアキット
p.177　写真：ブランドの許諾により使用
p.189　図8：©Retail Prophetの許諾により使用
p.217　図9：©Retail Prophetの許諾により使用
p.235　図10：©Retail Prophetの許諾により使用
p.236　©Retail Prophetの許諾により使用
p.239　写真：Nikeの許諾により使用
p.241　©Retail Prophetの許諾により使用
p.243　ブランドの許諾により使用
p.247　©Retail Prophetの許諾により使用
p.251　ブランドの許諾により使用
p.254　©Retail Prophetの許諾により使用
p.256　ブランドの許諾により使用
p.262　©Retail Prophetの許諾により使用
p.264　写真：rblfmr/Shutterstock.com
p.266　©Retail Prophetの許諾により使用
p.267　写真：“Nordstrom” by Bill in DC. CC BY-ND 2.0.

p.271　©Retail Prophetの許諾により使用
p.274　写真：ブランドの許諾により使用
p.276　©Retail Prophetの許諾により使用
p.277　写真：ブランドの許諾により使用
p.280　©Retail Prophetの許諾により使用
p.281　写真：Nick Antonini on Flickr. CC BY-ND 2.0.
p.284　©Retail Prophetの許諾により使用
p.285　写真："Carvana Delorean Back to the Future time machine" by zombieite. CC BY 2.0.
p.289　図11：©Retail Prophetの許諾により使用
p.312　図12：©Retail Prophetの許諾により使用
p.314　図13：©Retail Prophetの許諾により使用
p.315　図14：©Retail Prophetの許諾により使用
p.316　図15：ダグ・スティーブンスが作成
p.348　図16：ダグ・スティーブンスが作成

PROFILE

著者　ダグ・スティーブンス | Doug Stephens

世界的に知られる小売コンサルタント。リテール・プロフェット社の創業社長。人口動態、テクノロジー、経済、消費者動向、メディアなどにおけるメガトレンドを踏まえた未来予測は、ウォルマート、グーグル、セールスフォース、ジョンソン&ジョンソン、ホームデポ、ディズニー、BMW、インテルなどのグローバルブランドに影響を与えている。著書に『小売再生 リアル店舗はメディアになる』(プレジデント社)など。

訳者　斎藤栄一郎 | Eiichiro Saito

翻訳家・ジャーナリスト。山梨県生まれ。早稲田大学社会科学部卒。主な訳書に『ビッグデータの正体 情報の産業革命が世界のすべてを変える』『1日1つ、なしとげる! 米海軍特殊部隊SEALsの教え』『イーロン・マスク 未来を創る男』(以上、講談社)、『小売再生 リアル店舗はメディアになる』『センスメイキング』『イノセントマン ビリー・ジョエル100時間インタヴューズ』『TOOLS and WEAPONs テクノロジーの暴走を止めるのは誰か』(以上、プレジデント社)、『データ資本主義 ビッグデータがもたらす新しい経済』(NTT出版)などがある。

小売の未来

新しい時代を生き残る10の「リテールタイプと消費者の問いかけ」

2021年6月14日　第一刷発行
2021年7月15日　第二刷発行

著者　ダグ・スティーブンス
訳者　斎藤栄一郎
発行者　長坂嘉昭
発行所　株式会社プレジデント社
〒102-8641 東京都千代田区平河町2-16-1 平河町森タワー13階
https://www.president.co.jp https://www.presidentstore.jp/
電話　編集(03)3237-3732
販売(03)3237-3731

装丁　HOLON
編集　渡邉 崇　田所陽一
制作　関 結香
販売　桂木栄一　高橋 徹　川井田美景　森田 巌　末吉秀樹

印刷・製本　萩原印刷株式会社

ISBN978-4-8334-2415-8
Printed in Japan